Gerhard Tersteegen

Geistl. Brotsamen von des Herrn Tisch gefallen

ISBN/EAN: 9783744600699

Hergestellt in Europa, USA, Kanada, Australien, Japan

Cover: Foto ©ninafisch / pixelio.de

Weitere Bücher finden Sie auf **www.hansebooks.com**

Gerhard Tersteegen

Geistl. Brotsamen von des Herrn Tisch gefallen

Geistliche
Brosamen,

Von des

HErrn Tisch

gefallen,

Von guten Freunden

aufgelesen,

und hungrigen Hertzen

mitgetheilt:

Bestehend'

in einer Sammlung verschiedener

Erweckungs-Reden,

weyland von

Gerhard Tersteegen

zu Mülheim an der Ruhr gehalten.

Vierte Auflage.

Erster Band. 1. Theil.

Mülheim a. d. Ruhr,
gedruckt bey G. W. Blech. 1798.

Joh. 6. ⅴ. 12.

Sammlet die übrigen Brocken,
nichts umkomme.

Vorbericht.

Es ist bekannt, daß ich, hungrigen Hertzen zu Gefallen, vorlängst eine von mir gehaltene Rede, die Kraft der Liebe Christi, heraus gegeben habe. Da ich nun damals weder Zeit noch Neigung hatte, mehrere derglei= chen Reden aufzuschreiben, so waren doch manche gute Freunde nicht damit vergnügt, sondern haben nachhero noch eine und andere, zu ihrer privat=Er= bauung, unter meinem Vortrag aufge= schrieben; welches ich weder befördern noch hindern wollen. Jetz waren sie Willens, dieses aus meinem Munde Aufgeschriebene, ohne mein Zuthun, vor und nach drucken zu lassen. Ich lasse es dann auch so geschehen. Da aber mein hohes Alter und kränkliche, Zustand mir nicht gestatten, diese ge=

brechlich

brechlich gesprochene, und auch ver-
muthlich gebrechlich nachgeschriebene
Sachen, selber (wie es wol seyn sollte)
nachzusehen, und in eine was füglichere
Form und Ordnung zu bringen, so wird
ein bescheidenes Auge nicht alles nach
critischer Schärfe beurtheilen, sondern
Erbauungs-begierigen Hertzen es gerne
gönnen, wann sie auch in diesem Ge-
brechlichen einige Ermunterung und
Nahrung für ihre Seelen finden: wozu
ich dann von Hertzen wünsche, daß der
segnende Heyland diese von seinem Tisch
gefallene und aufgelesene Brosämlein
wolle gesegnet seyn lassen.

Mülheim a. d. Ruhr,
den 17. Jan. 1769.

G. T. St.

Erste

Erste Rede.
gehalten
über Jesaid IX. V. 6.

Ehre sey GOtt in der Höhe, Friede auf Erden, und den Menschen ein Wohlgefallen.

Mit diesem himmlischen Jubel-Geschrey munterte die Menge der himmlischen Heerschaaren die liebe Hirten auf zu einer andächtigen Christ-Feyer. O wie so lebhaft! Wie so geschäfftig waren nicht diese selige Geister in dem Lobe, in der Verherrlichung ihres GOttes! Wie so willig waren sie nicht, uns Menschen-Kindern zu dienen und Heil zu verkündigen! Wie freuen sie sich nicht über der grossen Freude, die uns an diesem Tage zugewiesen worden! O mögten wir doch ihrer Mun-

A 3   terkeit

terkeit in etwa theilhaftig werden! Wolte
GOtt, daß ihr Lobgesang und Jubel-Geschrey
unsere träge Hertzen aus aller Schläfrigkeit auf-
wekte und aus aller Zerstreuung unserer Sinnen und Gedanken zurück riefe, und uns zu einer
heiligen Andacht erwekte, zu betrachten, was
GOtt an uns Menschen-Kindern gethan hat!

Nun, dem ist einmal also, wo in den Christ-
Tagen in der Kraft Christi die Geburt JEsu
verkündiget wird, da ist Christus selber gegenwärtig, und seine heilige Engel mit ihm. Lasset
uns denn hier also sitzen als vor dem höchst verklärten, um unsert willen erniedrigten GOtt-
Kinde JEsu; und ihn um seinen Göttlichen
Beystand und Segen zu unserer vorhabenden
Betrachtung demüthigst bitten.

Gebeth.

Heiligste, ja allerheiligste Drey-Einigkeit,
GOtt Vater, Sohn, und Heiliger
Geist, vor dir müsse sich beugen und anbä-
ten alles, was in uns ist: dich müssen inniglich loben, lieben, und dir Dank sagen unser aller Hertzen, daß du, Vater, uns geliebet und deinen Sohn gegeben hast? und
daß du, o Sohn GOttes, um unsert willen
ein armes Kind geboren worden in dem
Stalle zu Bethlehem; daß du uns armen
elenden Einwohnern der untern Welt, die

Freude

Freude vergönnet, und uns gewürdiget haft,
daß du hier auf Erden wollen geboren werden,
damit du uns helfen, erlösen, und zum Himmel hinauf führen mögeft. O HErr JEsu
Chriſte, laß uns dieſe deine Wunderliebe
an unſern Hertzen wichtig und immerwäh-
rend ſeyn. O Dank ſey dir, Immanuel in
der Krippen, daß du dich unſerer alſo haft
wollen annehmen. Dank ſey dir, daß du
uns das theure Evangelium, die fröhliche
Botſchaft von deiner unbegreiflichen Menſchen-Liebe, auch hier bey uns haft wollen
kund werden laſſen, da wir gewohnet mitten
unter den Heyden. O liebſter Immanuel,
laß uns aber auch die Frucht und die Kraft
dieſer deiner Geburt, in unſern Hertzen
theilhaftig werden. Wir danken es dir,
daß du uns noch einen Chriſt-Tag vergönnet
haft, da wir dieſe deine gütige Menſchen-
Liebe unſern Hertzen abermal, zu unſer aller
Aufweckung und Aufmunterung, anpreiſen
ſollen. O HErr JEsu, was ſollen uns die
Chriſt-Tage helfen, wann wir deiner, und
der Kraft deiner Geburt, in unſern Hertzen
nicht weſentlich ſolten theilhaftig werden.
O wie ſo manche dergleichen Tage haben wir
leider! fruchtlos, unandächtig, und, ach
leider! wol in Sünden zugebracht! Laß doch

deine Huld und Gunſt deßwegen nicht von
uns abgewandt werden. Laß uns dieſe Stunde, die du uns vergönneſt, zu dem Endzweck
geſegnet ſeyn, daß wir mögen aufgeweckt
und entzündet werden zu deiner Liebe, und
zur Verehrung deiner Liebe.

HErr JEſu, du biſt auf Erden gekommen, und haſt den Einwohnern der Welt
dein helles Licht vergönnet. O komm auch
in unſre Verſammlung, damit wir dich im
Glauben gegenwärtig ſehen, im Glauben
verehren, und im Glauben kräftig erfahren
mögen an unſern Hertzen. O liebſter Immanuel, HErr JEſu Chriſte, wir müſſen
verſtummen, wann wir gedenken an deine
Wunderliebe bey deiner Geburt, wann wir
anſehen das Geheimniß, dahinein die Engel
gelüſtet zu ſchauen, und können es doch nicht
durchſchauen noch ergründen, was das iſt,
daß das Wort iſt Fleiſch worden, und
daß ein Gott-Menſch kommen iſt auf die
Erde. O laß deßwegen unſern dunckeln
Verſtand erleuchtet werden durch deine Göttliche Klarheit, wodurch du die Hirten auf
dem Bethlehemitiſchen Felde umleuchtet,
und ihnen ſolch eine Freude vergönnet haſt,
welche ihr Herz und alles erfüllte. O laß
auch unſre Hertzen alſo beſtrahlet, und uns,

wie

wie durch ein Ritzgen, dieses einzusehen vergönnet werden in deiner Wunderliebe, damit wir alle durch die Betrachtung deiner
Liebe mögen gereitzet werden, dich wieder
zu lieben und uns dir zu ergeben in der
Wahrheit.

O heiliges GOtt-Kindlein in der Krippen, o beuge durch deine Erniedrigung die
noch hohen und stoltzen Hertzen, damit sie sich
auch zu dir wenden, und Gnade suchen,
weil noch Gnade zu finden ist. O liebster
Immanuel in der Krippen, reitze alle, die
nach dir begierig sind, auch die blöden, die
schüchternen Hertzen, daß sie auch in dieser
Stunde kräftiglich ermuntert werden, es zu
wagen sich zu dir zu kehren, dir aufs neue
zu huldigen, und dich zu küssen, dich als ihr
Eins und alles anzunehmen, und dir sich
zu verschreiben. Nun, erhöre uns, HErr
JEsu Christe, und laß unserer Untüchtigkeit und Unwürdigkeit wegen deine gnädige
Gegenwart von uns nicht abgewandt, sondern deinen Namen unter uns und in aller
Hertzen verkläret werden. Amen.

Wir wollen zu unserer Betrachtung und Erbauung die Worte zum Grunde legen
die wir finden,

A 5 Jesaiä

Jeſaiä IX. ℣. 6.

Alwo der Prophetiſche Geiſt alſo ſpricht:

Uns iſt ein Kind geboren, ein Sohn
iſt uns gegeben, welches Herrſchaft
iſt auf ſeiner Schulter; und er heißt
Wunderbar, Rath, Kraft, Held, Ewig-
Vater, Friede-Fürſt.

Die Worte, geliebteſten Freunde, welche
dort der Erzvater Lamech 1 Buch Moſ.
5. ℣. 29. von ſeinem erſtgebornen Sohn Noah
ſprach, können wir mit gröſſerem Recht von der
Geburt unſers Heylandes ſagen: Dieſer wird
uns tröſten in unſerer Mühe und Arbeit auf
Erden, die der Herr verflucht hat.

Nach dem Sünden-Fall iſt auf Erden nichts
als Mühe und Arbeit, oder Arbeit und Schmerzen, wie es eigentlich heißt. Nicht zu gedencken der Mühe und Arbeit, die ein gefallenes
Adams-Kind in ſeinen äuſſern Berufs-Geſchäff-
ten und Arbeit hat, um ſich und die Seinigen
durchzubringen, und den elenden Maden-Sack
zu verſorgen; nicht zu gedencken der Mühe und
Arbeit, Plagen, Verdrießlichkeiten und Unglücks-Fälle, die immer eins aufs andere folgen
in dieſem mühſeligen Leben; nicht zu gedencken
alle der Elenden, die wir von auſſen zu gewarten
haben, indem wir allem Ungemach der Elemen-
ten unterworfen ſind, der Kälte, der Hitze, dem
Donner, Hagel und allerhand Ungewitter, Krieg
und

und Peſtilentz; nicht zu gedencken alle der Mühe,
Arbeit und Schmertzen, die ein Menſch an ſeinem Leibe auszuſtehen hat durch Kräncklichkei-
ten, durch Widerwärtigkeiten an ihm ſelbſt und
an den Seinigen, durch Furcht des Todes, und
alles dergleichen, was über ihn kommen könte;
auch nicht zu gedencken alle der Mühe und Arbeit, Schmertzen und Pein, die einem gefallenen
Adams-Kinde ſeine eigene unordentliche Gemüths-Bewegungen verurſachen, durch Zorn,
durch Eigenwille, durch Eigennutz, durch Haß,
durch Neid, und durch ſonſt tauſendfache dergleichen Verdrießlichkeiten: ſo wollen wir haupt-
ſächlich nur ſehen auf den Grund, der durch
den Fluch auf uns gekommen, iſt, nemlich auf
das unruhige, auf das unvergnügte Hertz, auf
den Grund eines böſen Gewiſſens, das ein jeder
Menſch, der nicht mit GOtt in Chriſto wieder
verſöhnet iſt, bey ſich trägt.

O welch eine Mühe und Arbeit, welch eine
Pein iſt das nicht, mit einem unvergnügten Hertzen, mit einem unruhigen Gewiſſen in dieſer
Welt zu leben, da einem kein Ding in der Welt
recht iſt! Greift der Menſch eines an, bald will
er wieder ein anders angreifen, und entfällt ihm
das erſte wieder; und er fällt ſo immer von dem
einen auf das andere, um doch irgendwo ſeinen
Troſt, ſeine Luſt und ſeine Vergnügung zu haben. Ach leider! wenn der Menſch in ſeinem
Natur-Stand nur einmal wieder zu ſich ſelber,
zu ſeinem Hertzen kommt, wenn das unruhige
Gewiſſen nur ein wenig aufwachet, wenn er nur

einmal

einmal ſo weit zum Stillſtand gekommen iſt,
daß er an eine lange unendliche Ewigkeit geden-
cket, den Augenblick iſt alle ſeine Freude wieder
zu Ende. Sehet, liebſte Hertzen, ſolche Mühe
und Arbeit iſt, nach Auſſage des Erzvaters Lamech, von dem Fluch, der auf die Sünde gefolget, hergekommen.

Nun, was kan uns dann nun tröſten in dieſer Mühe und Arbeit auf Erden? Dieſer iſt es,
ſagt Lamech, der ſoll uns tröſten in aller unſrer
Mühe und Arbeit auf Erden, die der HErr verflucht hat. Ein Welt-Menſch, wenn er den
Verdruß, die Laſt und Beſchwerden an ſeinem
Leibe in aller Mühe und Arbeit, als auch die
tauſendfache Laſten, Plagen und Verdrießlichkeiten dieſes Lebens, erfähret, ſo ſuchet er ſich auf
ſeine Weiſe zu tröſten. die Kinder der Welt
in der erſten Zeit vor der Sündfluth, wie unſer
Erzvater lebte, die baueten ſich Städte, ſie lern-
ten Künſte, oder, wie unſer liebſter Heyland
Luc. 17, 27. es kürtzlich anzeiget, ſie aſſen, ſie
truncken, ſie freyeten und lieſſen ſich freyen: das
war ihre Sache, darin ſuchten ſie ihren Troſt,
dadurch wolten ſie ſich divertiren, damit ſie die
Noth, die Angſt, die Unruhe ihres Hertzens,
ihres nagenden Gewiſſens, nicht fühlen müſten.
Aber ach leider! es hilft nichts, ſondern, wie
geſagt, der Menſch fällt von einem auf das andere, und das Hertz bleibt unvergnügt. Es iſt
eben als wenn man einem Menſchen, der eine
ſchmertzhafte Kranckheit hätte, einen köſtlichen,
rothen, mit Gold beſetzten Mantel umhangen
                              wolte,

wollte, daß der ihm die Schmerzen benehmen
sollte: ach wie wenig würde es ihm doch helfen!
Das Weh, die Noth, sitzt in dem Grunde eines
unvergnügten, eines mit GOtt unversöhnten,
und in der Ungnade GOttes stehenden Hertzens
und Gewissens, dasselbe kan nichts äusseres trösten, vielweniger ihm helfen.

Was kan dann helfen? GOttes Kinder die
machen es so, wie der Ertzvater Lamech: Dieser
(sagt er) wird uns trösten in aller unsrer Mühe
und Arbeit auf Erden, die der HErr verflucht
hat. GOttes Kinder erkennen und glauben von
Hertzen, daß alle Mühe und Arbeit, die sie in
diesem Leben haben, es sey auf diese oder jene
Weise, ihren Grund habe in der Sünde, und
in dem aus der Sünde entstandenen Fluch.
Deßwegen beugen sie sich willig unter die gewaltige Hand Gottes; sie sehen die Sache an als
einen Weg der Buße, wodurch sie hier sollen
gedemüthiget, gebeuget, und vom Bösen zurück
gezogen werden. Aber dieses nicht allein, sondern sie suchen auch, wie gesagt, ihren Trost,
mit Lamech, am rechten Ort: Dieser ist es, der
uns trösten wird in unsrer Mühe und Arbeit
auf Erden.

Es ist nicht daran zu zweifeln, es wird dem
Ertzvater Lamech gegangen seyn, wie es unsrer
ersten Mutter Eva erging, als sie aus dem Paradies vertrieben war, und nun erst die Unruh
und Pein, die auf die Sünde folget, fühlet;
da war sie doch nicht bey ihrem ersten Sohn Cain
so froh, daß sie sprach ꝛc. Nun hab ich den
Mann,

Mann, den HErrn; nun, der Mann wirds
wieder gut machen. Das war zwar an Cain
weit gefehlt; indeſſen ihr Glaube, ihr Glaubens
Auge, ſahe doch auf den Mann, auf den Meſ=
ſiam, den hatte ſie im Auge. Und wann La=
mech von ſeinem Sohn Noah ſagt: Dieſer wird
uns tröſten in unſrer Mühe und Arbeit auf Er=
den, die der HErr verflucht hat; ſo kan es ja
auch wohl ſeyn, daß er von dieſem Sohn auch
gedacht hat, daß es der Meßias ſey. Dem
ſey indeſſen wie ihm wolle, ſein Glaube ſahe
doch auf den Meßiam: er ſahe den an als den
einigen, der tröſten könte; als den einigen, der
das Hertz wieder beruhigen und zu GOtt brin=
gen könte; als den einigen, der das unruhige
beängſtete Gewiſſen, wieder ſtillen und befrie=
digen könte.

Sehet, das ſoll nun auch unſer Werck ſeyn
an dieſem Chriſt=Tage. Jetzt wird uns ver=
kündigt das rechte Kind, der rechte Noah, der
uns in die Arche nehmen will; und dieſer iſt es,
der da geboren iſt zu Bethlehem. Dieſer wird
uns tröſten in aller Mühe und Arbeit, die wir
auf Erden haben. O Menſchen=Kinder, ſuchet
ſonſt Troſt wo ihr wollet, ihr werdet keinen fin=
den. Suchet Troſt in Ehre und Anſehen dieſer
Welt, ach es iſt nur eine glänzende Eitelkeit und
Phantaſie. Suchet Troſt in den Gütern dieſer
Erden, ach es ſind güldene Stricke, welche die
Seele verſtricken. Suchet Troſt in den Wol=
lüſten und vergänglichen Luſtbarkeiten dieſer Er=
den, es iſt nur ein erzauberndes Gift, dadurch
die

die Seele getödtet, und die Unruhe in dem Herzen und Gewissen grösser gemacht wird. Wer
soll uns dan trösten? Die Antwort ist in unsern
Textes-Worten: Ein Kind ist uns geboren, ein Sohn ist uns gegeben, welches Herrschaft ist auf seiner Schulter, und wie die Worte ferner lauten.

Wir haben jezt, geliebte Freunde, die Christ-
Tage. Die Welt feiret die Christ-Tage nach
ihrer Art; Christen aber thun es auf eine andere Weise. Die Welt feiret die Christ-Tage
mehrentheils nur zum Schein. So lang ein
Mensch unbekehret ist, weiß er nicht viel mehr
davon, als daß er einmal seine beßten Kleider
anthut und darin pranget; daß er sonderlich
seinem Fleische was zu gute thut in Essen und
Trinken, und das leider! oft in Ueberfluß: ein
Freund geht bey den andern, sie laden einander
zu Gast, und tractiren sich aufs beste.

Liebste Freunde, wann ich nun unsere Textes-Worte ansehe, dann deucht mich, der liebste
Heyland will uns auch einmal eine Christ-Tags-
Mahlzeit anrichten! wir sollen es auch einmal
gut haben; wir sollen auch von diesem Freund
tractirt werden: und wird uns in diesen Worten auf den Tisch gesetzt,

**I. Eine erquickliche Milch-Speise der
holdseligsten Menschwerdung und
Geburt Christi:**

II. wird

II. wird uns vorgesetzt, Eine nährende Kraft-
     Speise seiner herrlichen GOttheit:
     und es wird uns endlich.

III. darinn vorgesetzt, Das Cron - und Eh-
     ren-Gericht seiner Königlichen Ober-
     herrschaft.

Kommet dann, ihr meine Geliebten: esset und
trinket, und werdet mit trunken von alle dem
Guten, so wir haben in unserm neugebornen
König JEsu Immanuel, geboren zu Bethlehem.

O Jesu, wecke unsere Hertzen auf, und
sammle den Hunger unsers Hertzens, damit
wir nicht nur Schall und Worte, sondern
Kraft aus den Wahrheiten in unsern Hertzen empfangen mögen. Amen.

Erster Theil.

Wir sehen dann zuforderst in den verlesenen
     Textes-Worten an, die holdseligste
Menschheit unsers geliebten Heylandes, geboren zu Bethlehem, welche uns angedeutet
wird mit diesen kurtzen Worten: Ein Kind ist
uns geboren.

O eine süsse Milch-Speise, zur Erquickung
und Labung aller hungrigen, aller gebeugten,
aller blöden, armen Sünder! Ein Kind rei-
tzet uns zur Liebe und Vertrauen. Nichts ist dem
Menschen, um selig zu werden, nöthiger, als

                                                     daß

daß er, ein gutes Herz zu seinem GOtt und Heyland faffe, ihn zu lieben, und in seiner liebe selig
zu seyn. Von Natur aber haben wir alle nichts
weniger als dieses in unsern Herzen. In allen
gefallenen und noch unbekehrten Adams-Kindern, herrschet die Furcht und Bangigkeit. Ach
wie furchtsam, wie voller Unruhe ist nicht das
menschliche Herz, auch wenn man nur an GOtt
denket! Ach es ist keine liebe, kein Vertrauen zu
GOtt, zu dem gnädigen GOtt, im menschlichen
Herzen! Die allerfrechste Menschen, auch die
so genannten starken Geister in der Welt, die sich
zu solchen Helden machen wollen, wenn die einmal still stehen auf dem Punkt der Ewigkeit,
wenn sie einmal gedenken, nun soll es drauf an-
gehen, du solst sterben, du solst in die große Ewigkeit übergehen; ach wie werden sie so verzagt,
wie werden sie so bange! Der Mensch sagt zwar
wol mit seinem Munde, er liebe GOtt, aber
warum wird man denn so bange vor GOtt?
Können wir wol GOtt lieben und vertrauen?
Nein, GOtt lieben und vertrauen können wir
nicht ohne Christum und seine in unsere Herzen
einwirkende Gnade. GOtt läßt sich herunter;
wann er das aber nicht thäte, und wie solten
mit einem so bangen Herzen, zaghaftem Gemüth
und schüchterner Seele, vor dem hellen Auge
sicht GOttes erscheinen, was würde daraus werden? welch eine Sache?

Man sahe schon die Furcht in dem Menschen
so bald an gefallen wird. Denn sobald wann
unsere Eltern nicht gefallen, da verbargen sie

ſich vor der Stimme GOttes im Garten. als
Cain geſündigt hatte, meinte er, ein jeder wolte
ihn fangen. Ja ſelbſt die Frommen, wann ſie
nicht im Glauben und in der Gemeinſchaft GOt=
tes gegründet ſtehen, ſo iſt bey ihnen manchmal
auch noch Zaghaftigkeit genug. Denn als die
heiligen Engel mit himmliſcher Klarheit den Hir=
ten erſcheinen auf dem Felde, ſo muſten die Engel
ihnen einen Muth einſprechen: Fürchtet euch
nicht, wir verkündigen euch große Freude. Kan
nun eine Engliſche Geſtalt, ein Engliſcher Glanz,
jemand zu Boden werfen, was wird denn nicht
der Glanz der Majeſtät GOttes thun.

Nun, ich ſage, GOtt läßt ſich aufs aller=
tiefſte herunter. GOtt kommt zu uns in menſch=
licher Natur, er kommt als ein Kind zu uns,
damit wir Herz und Liebe zu ihm faſſen ſollen,
damit wir nicht ſchüchtern werden ſollen, damit
wir durch ſeine angenommene heilige Menſchheit
uns heilen und helfen laſſen ſollen. GOtt hätte
zu uns kommen können in ſeiner Klarheit; GOtt
hätte zu uns kommen können in dem allerhöchſten
Glanz ſeiner Reinheit und Heiligkeit; GOtt
hätte zu uns kommen können mit dem Schwert
und mit der Wagſchale ſeiner Gerechtigkeit: wo
wolten wir denn bleiben, und wo würden wir
bleiben ohne Chriſto, liebſte Menſchen? Nun,
GOtt kommt als ein armes Kindlein zu uns,
GOtt iſt ein Kind geworden; er kommt ganz
unbewaffnet, er kommt bekleidet mit unſerer ar=
men ſchwachen Menſchheit; er kommt in der
allerholdſeligſten unſchuldigſten Geſtalt, nur da=

mit wir nicht bange werden sollen, nur damit
wirs ertragen können, was er uns zu sagen habe,
und was er in unserm Herzen zu wirken habe.
Dann darum stellt sich der liebe Heiland uns
in seiner angenommenen Menschheit an dem
Christ-Tage dar als ein Kind, daß er kindlich
mit uns umgehen will; kindlich stellt er sich uns
dar, daß wir nicht sollen vor ihm laufen gehen;
kindlich und erträglich will er alle seine Werke in
unserm Herzen machen, damit er uns wieder
aushelfe aus allem Jammer und Elend, und
damit wir wieder zu seiner Gemeinschaft gebracht
werden können.

Ein Kind ist uns geboren. Ach wem
ist es geboren? Uns, uns ist das Kind geboren.
Zwar ja, uns, den Gläubigen, den Begnadigten,
ward dieses zuforderst verkündiget. Den Hirten
auf dem Felde ward gesagt: Euch ist der Heiland
geboren: denen andern, die zu Jerusalem sicher in
ihren Sünden lebten, dem Herodes mit seinem
ganzen Hof-Staat, den Pharisäern und Schriftgelehrten mit ihrer bloß schriftlichen Erkänntniß,
den andern Juden, die auf ihren Tempel und
Ceremonien-Werk nur baueten, nein, denen
ward es zuforderst nicht verkündiget; ach die hatten JEsum nicht nöthig, die hatten ganz was
anders zu thun, ein Kindlein das war denen
eine gar zu geringe Sache: den Hirten, den hungrigen Herzen, ward es verkündiget. Doch ward
den Hirten ein Wort dabey gesagt, nemlich:
Diese Freude wird allem Volk wiederfahren:
Gott schließt in seiner unpartheyischen Men-

ſchen=Liebe keinen aus, der ſich nicht ſelber durch
Unbußfertigkeit und Unglauben ausſchlieſſet.

Nun ſolten das billig die Sünder beherzigen:
Ein Kind iſt uns geboren. O Sünder nahe
nun zum Kinde, nun kanſt du Gnade finden.
GOtt will nicht mit dir zu Werk gehen als
ein Richter, er will nicht mit dir zu Werk gehen
als ein heiliger GOtt; ſondern er will dir Gnade
anbieten in ſeiner unſchuldigen, unbewaffneten,
armen und niedrigen Kindheit. O kommt doch
alle arme Sünder; nicht nur die ihr ſolche ſeyd,
ſondern auch inſonderheit die ihr gebeugte arme
Sünder worden ſeyd, und die wol kommen
wolten, aber noch blöde Kinder ſind, und nach
ihrer Schüchternheit und Blödigkeit denken, ſie
dürften nicht kommen.

Sehet, liebſte Herzen; es iſt ein Kind, das
euch vorgeſtellet wird zum Vorwurf eures Glau=
bens. Nahet doch zu dem Kinde. Ihr dürft
euch nicht ſelbſt fromm und heilig machen, das
Kindlein will es thun. Nahet euch zu ihm, wie
es ſich zu euch nahet. Mich deucht ich ſehe das
GOtt=Kind in der Krippen liegen mit ſeinem
freundlichen, holden, lächelnden Angeſicht, mit
ſeinen weinenden Aeuglein, mit ſeinen holdſelig
ſich bewegenden Lippen, mit ſeinen ausgeſtreck=
ten Händlein, mit ſeinem ganz unſchuldigen
Kinder=Weſen, um uns armen Sündern, uns
blöden Kindern, die gern wolten und nicht
dürfen, zu winken, und uns zu nöthigen daß
wir doch kommen ſollen: Komm doch, ich
will dich annehmen; komm doch und deo=
dich

dich vor meiner Krippen, ich will nicht hart
mit dir verfahren, ich will dir alles vergeben,
du kanst nun kindlich mit mir handlen, du sollst
nun Gnade finden, aber nur mit dem Beding,
daß du dich beugest, deine Missethat bekennest,
und mich nur allein für dein Ein und Alles
annimmst. Ein Kind ist uns geboren: wir
dürfen nicht dencken: Ach meine Sünden halten mich zurück, meine Sünden sind zu groß,
ich darf nicht kommen, das Kindlein JEsus
gehet mich nicht an, es ist doch der Sohn
GOttes in dem Kindlein, ich werde das ja
nicht wagen dürfen.

Nun, Seele, wiederkäue diese Worte, Ein
Kind ist uns geboren, noch etwas besser.
Hast du es wol gehört? Ein Kind ist uns geboren. Dieses Kind ist nicht so vom Himmel
gekommen, und hat sich da zu Bethlehem in
die Krippe gelegt, nein, das Kind ist würcklich geboren, und GOtt hat würklich unsere
Menscheit in diesem Kinde angenommen, das
Wort ist Fleisch worden in diesem Kinde.
GOtt hat sich auf eine uns unbegreiffliche
Weise herunter gelassen in unsere armselige
Menscheit, er ist in unsere Menscheit eingeboren worden. Durch diese seine Geburt ist er
in unsere menschliche Familie gekommen (daß
ich so rede,) er ist durch seine Geburt unser naher
Anverwandter worden, er ist unser Brüderlein
geworden. O das ist ein Wort, wobey man
wol ein Sela setzen mag, und wozu man wol
eine gantze Ewigkeit nöthig hat, das Wunder

B 3   aller

aller Wunder anzubethen und zu verehren, daß
der einige Sohn GOttes sich durch seine sichtbare Geburt herab gesenket hat in unsere armselige Menscheit, ist unser Bruder geworden,
hat sich unserer Elenden ganz und gar angenommen, und bringt in unsere menschliche Familie mit ein alle seine himmlische Reichthümer,
daß nun die allerärmsten Sünder in Christo
JEsu alles finden, haben und geniessen können,
was ihnen zeitlich und ewig zu ihrer innigen
Herzens-Freude vonnöthen ist.

Christus ist durch seine Geburt unser Bruder worden. Laßt uns dabey uns erinnern des
Gesetzes, das Gott gegeben hatte, 3 Mos.25.
wann nemlich irgendwo einer unter den Juden
verarmet war, daß er seine Güter, Haus, Hof,
Land und alles, was er hatte, verkaufen müssen,
und also ganz arm geworden war, so musten
seine nächste Anverwandten ihn lösen; und ein
solcher Löser ward ein Goel genannt, der muste
ihn los kaufen von allen seinen Schulden, und
machen, daß alle seine Güter bey der Familie
blieben. Von einem solchen Mann sagt Hiob
in seinem Büchlein, Cap. 19,25: Ich weiß,
daß mein Erlöser lebt, daß mein Goel
lebt; und darum, ob ich gleich ein armer
Mensch bin, ob ich gleich von schweren Schulden gedruckt werde, ich habe doch einen Löser,
der wird mich erlösen.

Nun, siehe, liebe Seele, die du sagest:
Meine Sünden sind zu groß; ja, meine und
deine Sünden hatten einen solchen Mann, ei-
                                              nen

nen solchen Löser nöthig, sonst hätte uns in alle
Ewigkeit nicht können geholfen werden. Wann
ein Mensch kommen wäre, uns zu lösen, was
würde es geholfen haben? Kann doch keinBru-
der den andern erlösen, noch Gott jemand
versöhnen, dann es kostet zu viel (steht dabey,)
seine Seel zu erlösen, Psalm 49, 8. 9. Wann
auch alle Königliche, alle Kaiserliche Schätze,
dargegeben würden, es könnte alles nichts helfen, eine einzige Seele zu erlösen. EinKaiser,
ein König, ein großer Monarch, kan seiner
eigenen Seele mit seinem ganzen Reich nicht
helfen. Wann auch ein Engel vom Himmel
gekommen wäre, der hätte nicht einmal einen
einzigenMenschen lösen noch ihm helfen können,
vielweniger dem ganzen menschlichen Geschlecht.
Nun aber ist ein Kind eingeboren in unsre Familie, ein Kind, das GOttes Sohn in Wahrheit ist. Kraft seiner Geburt, nimmt er nun
alle Schulden der Seinigen auf sich; kraft seiner Geburt ist er unser Erlöser, der unser aller
Sünden auf sich genommen hat: von der ersten
Minute der Geburt unsers Heilandes an, sehe
ich ihn schon in der Krippen liegen, das Lämmlein GOttes, welches meine, und deine, und
aller Welt Sünde auf sich hat. O welch ein
Seel, o welch ein Brüderlein ist das nicht!
O liebste Herzen, in ihm können wir alles haben und finden. Wann wir uns nur im Glauben mit ihm vereinigen und vermählen, so dürfen wir nicht mehr sagen: Meine Sünden sind
groß; sehet, hier ist Rath für unsre Sün-

den,

B 4

den, wann ſie uns nur recht drücken. Wann
wir auch die allerärmſten Bettler wären, ſo
daß wir nicht das allergeringſte von GOtt und
ſeinen Gütern in unſerm Herzen hätten, ſehet,
unſer Brüderlein bringt es uns alles mit aus
dem Himmel, den Augenblick, da er geboren
wird in unſre Menſchheit. Drum mag der
Glaube recht jubilirend ſagen: Ein Kind iſt
uns geboren! O welch ein Treue iſt dieſes
nicht! Dieſer uns geborne JEſus nimmt alle
unſre Schulden auf ſich, unſer Elend nimmt
er an; unſer verlohrnes Erbe will er wieder an
uns bringen, thätig würcklich in unſere
Herzen hinein bringen: er will uns aller ſeiner
Göttlichen Reichtümer theilhaftig machen, wann
wir uns nur mit ihm durch Glauben und Liebe
herzlich zu vereinigen ſuchen. O ſolten wir nicht
das Brüderlein herzlich wieder lieben, das uns
alſo geliebet hat! Solten wir nicht ſeine Freund-
und Brüderſchaft hoch ſchätzen über alle Güter
der Erden? lieber alle Menſchen zu Feinden, als
dieſen nicht zum Freunde haben. Solten wir
nicht um deſſentwillen, der ſo vieles für uns gethan hat, nun auch alles wagen und tragen
und dieſem unſerm Brüderlein uns zum Eigenthum ſchenken und übergeben!

Weiter: Ein Kind iſt uns geboren. Etliche tauſend Jahr war dieſes Kindlein verheiſſen.
Der glaube ſahe das Kind an, und erwartete
von ihm das Heyl; aber ach, man hatte es noch
nicht. Viele Heiligen und Propheten hatten
von dem Heilande geweiſſaget, aber ach ſo dun-
　　　　　　　　　　　　　　　　　ckel,

ckel, man könnte es kaum verstehen, man wußte
nicht wohl, worauf es zielte. Abraham, ein
Vater der Glaubigen, der ein Vorrecht vor andern hatte, und den Tag Christi gesehen hat, ja,
der sahe ihn, aber es war doch noch so weit, es
war doch noch so ferne. Nun aber können die
Glaubigen im Triumph sagen: Nun ist das
Kind geboren, es ist geboren, es ist geboren!
Nun ist er da, nun ist er da! wir können ihn
jetzund selber gegenwärtig haben, und wir dürfen auch nichts mehr haben. O Gnade, o große
Gnade, die so wenig erkannt und so wenig geschätzet wird, daß wir das Evangelium von einem schon würcklich gekommenen und großen-
harten Heilande haben in unsern Tagen. Ach
die Heiligen im Alten Testament, die freueten sich
alle in der Hoffnung; aber sie hatten die Ver-
heissung noch nicht erlanget: wir können es haben, wir können es erlangen; warum? Das
Kind ist uns geboren, der Sohn ist uns gegeben.
O liebste Herzen, sollte uns dieses nicht be-
schämen, daß wir dennoch so träg sind, und
nicht mehr Fleiß anwenden, um desselben würcklich, in der That, und kräftig theilhaftig zu werden. Hier sehen wir nun, wie es die Wahrheit
sey, was unser liebster Heiland dorten sagt von
dem König, der seinem Sohn die Hochzeit bereitet hatte, und zur Stunde der Hochzeit seine
Knechte aussandte, die zu dem Geladenen sagen
sollten: Kommet, es ist alles bereit. Siehe,
also ist es jetzt auch; diese Worte sind heute alle
erfüllet vor unsern Augen; jetzund hat der HErr

B 5   schon

schon würcklich seinem Sohn die Hochzeit be=
reitet: man darf nun auf nichts mehr warten;
das Kind ist geboren, wir sollen nun alle ein=
geladen werden. Nun, kommt, es ist alles bereit,
der Tisch ist gedeckt, wir werden nun eingeladen:
es ist weiter nichs nöthig, als nur kommen,
und nehmen was uns in Christo erworben und
angetragen wird.

O liebste Herzen, welch eine Schande, daß
wir dennoch so träge, daß wir dennoch so lau
sind! Ja wir wollen, wir wollen wol, aber es
schickt sich doch noch nicht. Ja wenn mir GOtt
die Gnade gäbe, sagt die träge Natur, so wolte
ich auch wol kommen. Eben als wenn es an
GOtt läge. Nein, lieber Mensch, der Tisch ist
gedeckt, das Kind ist geboren, du darfst auf
nichts mehr warten, es ist alles gegenwärtig da:
jetzt kanst du es haben; wo du dich nur bußfer=
tig zu ihm nahest, und nur mit hungrigem Her=
zen kommst, so kanst du des Kindleins theilhaf=
tig werden in deinem Inwendigen. Jetzt kön=
nen wir ihn noch als ein Kindlein in der Gnade
und Gunst seiner leutseligkeit finden, als einen
solchen, der uns annehmen will, der uns nichts
vorrücken will; er will uns alle annehmen, er
will es alles verfechten und ausmachen. War=
um wollen wir dann jetzt nicht? Wird uns dann
in jener Ewigkeit auch noch ein Christ=Fest gege=
ben werden? Wird uns denn auch noch verkün=
digt werden von einem Kinde, das geboren ist?
Wird Christus an jenem Tage noch als ein Kind
erscheinen? Ich meyne nein, als ein Richter
wird

wird er erscheinen mit der Menge seiner himmlischen Heerschaaren. O Sünder, Sünder,
spare deine Buße nicht! Nahe dich zu ihm als
zu einem Kinde, ehe du dich zu ihm nahen
must als zu einem Richter, o da wird es gar
zu spät seyn.

Es denke aber niemand: ja ich lebe nun
nicht in der Zeit, da Christus ist geboren worden; das ist ja schon so viel hundert Jahr,
wie kan ich seiner dann nun noch theilhaftig
werden als eines Kindes? Ist es dir ein wahrer Ernst, dessen theilhaftig zu werden, so kanst
du seiner so gewiß und so würklich theilhaftig
werden, als die Hirten und andere Glaubige
du der Zeit, die ihn gesehen, gegrüßet und ge-
küsset haben. Christus ist gestern und heute,
und eben derselbe bis in Ewigkeit. Jesaias,
dessen Worte wir zum Text haben, lebte etwa
noch achthundert Jahr vorher, und dennoch
sagt er: Ein Kind ist uns geboren; eben, als
wenn ers schon würklich hätte. Siehe, so
macht es der Glaube, der siehet alle, so wol
die zukünftige als auch die vergangene Sachen,
als gegenwärtig an. Viel besser aber können
wirs nun sagen. Der Prophet muste das alles
noch wie durch eine dunkele Decke sehen; jetzt
ist die Sache würklich geschehen, wir wissens,
daß es geschehen ist, das Kind ist würklich gebohren, es ist in dieser Welt gewesen; ja, was
sage ich gewesen? Es ist noch in dieser Welt.
Christus hat seine Kindheit, oder seine Menschheit nicht wieder abgelegt. Er ist zwar in sei-

　　　　　　　　　　　　　　　　　　　ner

ſer verklärten Menſchheit zu der Rechten des
himmliſchen Vaters aufgefahren, aber derge-
ſtalt, daß er auch als unſer Heiland, als unſer Immanuel, GOtt mit uns, noch bey uns
iſt alle Tage bis ans Ende der Welt. Er iſt
uns jetzt viel näher, wir können ihn nun noch
viel eigentlicher finden, da er verklärt iſt, als
damals, wie er in dem Stande ſeiner Nie-
drizkeit im Stalle zu Bethlehem war.

Ja, liebe Herzen, ihr alle, die ihr mit mir
der Göttlichen Gnade ſeyd theilhaftig worden,
wir können ihn jetzt mit unſern Glaubens-Ar-
men, mit unſern Liebes-Armen, mit unſern
Herzens-Neigungen, ſo inniglich, ſo nahe,
umfaſſen, lieben, anbethen und genieſſen, als
wenn wir auch mit den Hirten im Stalle zu
Bethlehem wären. Das ſey dann nun genug
von der erquicklichen Milch-Speiſe ſeiner
Menſchheit, ſeiner holdſeligen Menſchheit.

Zweiter Theil.

Nun nehmen wir das zweyte Stück vor uns,
nemlich, die nährende Kraft-Spei-
ſe ſeiner Gottheit, von welcher es in
unſern Textes-Worten heiſſet: Ein Sohn
iſt uns gegeben.

Ein Kind, ein Kind, konte die Vernunft
ſagen und denken, ja was macht man doch
viel termens davon? Werden nicht täglich Kinder geboren? Ein Kind, ein armes nacktes
Kind, ſoll das mein Heiland ſeyn? Solte wir
das

das helfen? Ey nein. Ach liebe Vernunft, ver=
siehe dich nicht an dem Kinde: in dem Kinde
ist mehr, als du und alle natürliche Augen sehen
können.   In diesem Kinde ist würklich der
Sohn Gottes selber? ein Sohn ist uns in
dem Kinde auch gegeben. Dieses Kind ist
JEsus Christus der HErr vom Himmel selbst:
in dieses Kind hat sich hinein gesenkt die gan=
ze Fülle der GOttheit, und die wohnet leib=
haftig in diesem Kinde. GOttes Herze, GOt=
tes Liebe, ja, was sage ich, der Sohn GOttes
selbst, im welchem der Vater all sein Wohlge=
fallen hat von Ewigkeit zu Ewigkeit, eben der
Sohn ist in diesem Kinde und mit diesem Kinde
auf eine uns unbegreifliche Weise vereiniget.
Wer dieses Kind, diesen Sohn, siehet, der
siehet den Vater in dem Sohn. O was sehen
diejenigen nicht, die das sehen können? Jener
Adler, ich meyne den Evangelisten Johannem
der sagt Joh. 1, 14. Wir sahen seine Herr=
lichkeit, seine Glorie, ein Herrlichkeit als des
eingebornen Sohnes vom Vater, voller Gnade
und Wahrheit. Das alles ist in dem Kinde zu
finden. Weilen dieses Kind vereiniget ist mit
der GOttheit, eben deswegen sind die Thaten
dieses Kindes, bey seiner Menschwerdung und
Geburt, so wol als die, so er hernach gethan
hat, ich sage, alle Thaten, alle Thränen, alle
Kind dieses Kindes, sind alle von unendlichem
Werth, von unendlichem Verdienst, für unsere
unsterbliche Seele. Mit Thaten dieses
Kindes JEsu Christi, das sind göttli=

liche

liche Thaten, weil er vereiniget war mit der
ewigen GOttheit, weil es nicht nur ein Kind,
ſondern auch ein Sohn war; alle Thränen dieſes Kindes, ſind Göttliche Thränen ; alle leiden dieſes Kindes, ſind Göttliche leiden. Ein
einziges Tröpflein ſeiner Thränen, ein einziges
Tröpflein ſeines Bluts, das es auch zum erſten mal vergoſſen hat, iſt mächtig genug,
meine und der ganzen Welt Sünde auszutilgen. O ſelige Herzen dann, welchen der
Sohn Gottes gegeben iſt!

Ein Sohn iſt uns gegeben. Wem iſt er
dann gegeben? Ich ſage frey heraus, allen
denen, die ihn herzlich gerne haben wollen:
und das kann kein Menſch wollen, oder die
Gnade Gotts bewege ihn dazu. Wilt du
ihn nun herzlich gerne haben, ſo iſt er dir
würcklich von dem lieben himmliſchen Vater
gegeben und geſchenckt. In dem Kinde, in
dem Sohn GOttes, haſt du auch ſein nunendliches Verdienſt, alle Vollkommenheiten und
die Erfüllung des Geſetzes. Alles, was er
gutes und heiliges gethan hat, das hat er
dir zu gut gethan; und alles, was er gelitten
hat, das hat er für dich gelitten: das iſt alles
das deine, wann du das Kind nur im Glauben kanſt umfaſſen und lieben

Weiter: Ein Sohn iſt uns gegeben. Dieſes iſt der einzige Grund unſerer Kindſchaft
und des Göttlichen lebens in unſren Herzen
Wir könnten nimmer Kinder oder Söhne GOttes werden, wann uns dieſes Kind, dieſer

Sohn

Sohn, nicht wäre gegeben worden. Adam war ein Sohn GOttes, er hatte GOttes Licht und Bildniß in und an sich: allein, durch die Sünde starb Adam, ob er gleich noch neun hundert Jahr im Elend leben mußte. Er starb. Wie das dann? GOtt, und alles Göttliche Licht, Leben und Friede, war von ihm gewichen, das Bild GOttes war in ihm erblichen. Er starb: er war ohne GOtt, und ohne GOttes Leben nach dem Sünden-Fall. Und so werden wir alle geboren, ohne GOtt, ohne GOttes Leben, ohne GOttes Bild, ohne GOttes Tugend, und ohne einig Göttliches an uns zu haben. Dem Jammer und Elend konnte auch durch keinen andere Wege und Mittel geholfen werden, als dadurch: GOtt muste seinen Sohn senden, er muste das Herz seiner Liebe, das wesentliche Liebes-Leben, wieder einsenken in unsere gefallene Menschheit; doch alles ohne Sünde. Es muste der Sohn GOttes Mensch werden, und uns zum Eigenthum geschencket werden. In dieser Vereinigung der Menschheit des Kindes und des geschenkten Sohnes, liegt nun wieder das Unterpfand, auch der Grund unsers einigen Heils, daß wir wieder der Kindschaft, und GOttes selbst, theilhaftig gemacht werden können, daß wir wieder Göttlichen Lichts, Göttlichen Friedens, können theilhaftig werden: es ist auch in Ewigkeit kein andrer Weg noch Mittel zu finden. So gewiß nun als GOtt seinen Sohn gegeben hat am Christ-Tage, so gewiß ist uns auch die Möglichkeit, daß uns armen

armen Adams-Kindern aus unſerm Tode wieder geholfen, und wir des Göttlichen lebens theilhaftig gemacht werden können. In d e m Kinde iſt alles beſchloſſen: wir müſſen uns nur mit ihm vereinigen im Glauben, ſo ſtößt er uns in dieſem geſchenkten Sohne, und in dieſem Kindlein, ſein Gottes-leben, licht, liebe und Friede, in unſer armes Herz hinein.

O liebſte Herzen, welche Gnade, welche Seeligkeit, liegt nicht in dieſer Schenkung! Das alles iſt uns gegeben. Ein Sohn iſt uns gegeben: es iſt weiter nichts nöthig, als nur, daß wir ihn nehmen. Es muß genommen werden. Ich muß es würklich annehmen im Glauben, und mich deſſen theilhaftig machen in meinem Herzen. Ach was würde es uns ſonſt helfen. Nun, es iſt gegeben, lieber Menſch nimm es doch, weil du es haben kannſt: ſonſt bleibſt du ja ewig ohne Gottes licht, ohne Gottes leben, ohne einige Tüchtigkeit zu einigem Guten. Kein Menſch kann fromm leben, kein Menſch kann gottſelig leben, kein Menſch kann wahre gründliche Tugenden ausüben, er habe ſie denn von dieſem Kinde, er ſchöpfe ſie denn aus dieſem Sohne, der uns gegeben werden. O durch den Glauben müſſen wir uns als arme, nackte, unvermögende Kinder, mit dieſem Kinde vereinigen, ihn im Glauben annehmen, ſo können wir ſelige Menſchen werden.

Nehmen ſollen wir, gläubige Herzen. Wie ſind wir denn ſo ungläubig, und ſammeln, als wenn kein Sohn gegeben wäre, als wenn kein

kein Kind geboren wäre. Iſt das wahr, daß
uns GOtt würcklich in dem Sohn gegeben
hat ſein Göttliches Licht und Leben, und alle
Gnade, ſeine Kinder werden zu können, gute
Früchte bringen zu können, warum ſind dann
des Königs Kinder ſo arm? warum bleiben
dann die Kinder ſo mager und beym Jammern?
Der Tiſch iſt ja gedeckt, der Vater giebt es ja
auf den Tiſch. Nun ſtreckt dann die Glau-
bens-Hände beſſer aus; nehmet doch fleißiger,
was euch vorgeſetzet wird. Der Sohn iſt uns
gegeben, und alle Gnade, die wir zur Gottſeligkeit und zum Leben nöthig haben. Da
können wir das Gute finden, das uns mangelt,
und alle Tugenden erlangen, die wir nicht ſelbſt
hervor bringen können. O liebſte Herzen, laßt
uns dann doch nehmen; uns mehr üben, will
ich ſagen, in dem Gebeth; mehr üben, in dem
Glaubens-Licht zu ihm zu nahen; mehr üben,
in dem unverrückten Ankleben an unſerm Immanuel, damit wir je länger je mehr mit ihm
im Glauben ſo mögen vereiniget werden, daß
wir, wie ſaugende Kinder, nehmen mögen Gnade um Gnade, wie ſie uns nöthig iſt, ihm
zu gefallen. Ach er will uns ſelber bilden nach
ſeinem Herzen. Das in Adam verlohrne Eben-
bild iſt nun ganz wieder dargeſtellt in dieſem
Kinde, daraus können wir nun alle, nach unsrer Maaſſe, nehmen, und zu GOtt gefälli-
ge Kindern GOttes gemacht werden.

Wie etwas koſtbares iſt in dieſen Worten:
Ein Sohn iſt uns gegeben. In dieſem Sohne,

und in der Schenckung dieſes Sohnes, haben
wir auch wiederum dasUnterpfand, denGrund
und das einige Mittel zu der Wiedervereinigung
mit GOtt, und zu der Inwohnung GOttes
in unſerm Herzen. Die Abſicht Gottes bey
der Schöpfung, war, daß das menſchliche
Herz die Wohnſtatt der Anbethungswürdigſten
Majeſtät GOttes und GOttes Tempel und
Thron ſein ſollte, worin er ſich verklären wolte,
worin er ſich verherrlichen könte, und worin er
im Geiſt und in der Wahrheit wolte gedienet
und angebethet ſeyn. Aber ach leider! durch
den Sünden-Fall iſt der Tempel verwüſtet und
zu einem Gözen-Tempel worden: er iſt nicht
mehr ein Beth-Haus; ſondern er iſt eine Mör-
dergrube worden. Ach wie ſiehet das menſchliche Herz aus! Hätten wir Augen es zu ſehen, wir würden erſchrecken vor unſrer eigenen
Geſtalt. Nun, der Tempel war ſo wüſte.
Der HERR erſchien zwar den Erzvätern
wol dann und wann; indeſſen das war ſo
äuſſerlich, und ſobald er erſchienen, war er auch
wieder weg. GOtt wohnte hernach in dem
Tempel zu Jeruſalem, da war ſeine Majeſtät
in dem Allerheiligſten; aber ach es war für
manchen ein weiter Weg zu gehen, wann man
ſolte nach Jeruſalem reiſen, um GOtt zu ſuchen. Nun iſt uns der Sohn gegeben, nun
iſt der Tempel aufgerichtet. Die Ewige GOttheit, die Fülle der Gottheit, wohnet leibhaftig in dieſem Kinde; der Sohn iſt uns gegeben. Nun hat die Göttliche Herrlichkeit, die
vor-

vormals in dem Tempel zu Jerusalem wohnte, sich gesencket in dieses Gott-Kind, damit
sie sich uns durch dieses Kind in unsern Herzen mittheilen könne. Wer nun diesen Sohn
hat, der hat auch den Vater. Von diesem
Sohne kan man nun sagen: Siehe da, die
Hütte Gottes bey den Menschen; nun wohnet Gottes Majestät wiederum in dem Menschen, nicht nur in einer menschlichen Person,
sondern Christus hat unsre Menschheit an sich
genommen, uns ist der Sohn gegeben; durch
Christum können und sollen wir aller dieser Seligkeit theilhaftig werden.

O laffet doch unsern Glauben sich aufmuntern, und gedencken an die hohe Absichten, die
GOTT nicht nur in der Schöpfung mit uns
gehabt, sondern die er auch in der Schenckung
seines Sohnes hat. In seinem Sohn will er
uns nun wieder zubereiten, daß wir sollen seine
Tempel werden, worinn er inwendig wohnen
und sich verklären könne. Wir sollen GOtt
nun nicht mehr ferne haben, sondern nahe können wir ihn haben. Wir sollen ihn nicht mehr
auswendig suchen; wir können ihn nun ganz
nahe in unserm Herzen suchen und finden, haben, schmecken und genießen. Durch Christum
ist er uns so nahe, so unaussprechlich nahe
worden. Ach liebste Herzen, gewöhnet euch
hieran, suchet JEsum in eurem Inwendigen. Dieß war eben das gröste Wunder aller
Wunder der Gnade GOttes: er mußte demnach durch eine solchen Mittler nahe kom-

C 2　　　　　　men

men, sonst hätten wir es nicht ertragen können, daß GOtt uns so nahe kommen wäre.
Nun aber können wir seiner Göttlichen Inwohnung in unserm Herzen thätig und wesentlich theilhaftig werden. GOtt will in unsre
arme Herzen kommen wohnen und thronen,
und sich verklären nach allen seinen Göttlichen
Eigenschaften; er will sich uns bekannt machen
in unserm Innern. O laßt uns dann diese
hohe Gnade werth schätzen. laßt uns doch
suchen auf diese Weise einen wahren Christ-
Tag zu halten. So gewiß Christus an dem
ersten Christ-Tage ist geboren worden zu Bethlehem, so gewiß sich seine GOttheit in seine
von uns angenommene Menschheit gesenket hat,
so gewiß will und muß auch Christus würcklich
und in der That in unserm Herzen geboren werden: er will sich uns würcklich und thätig mittheilen. Was helfen mir sonst alle Christ-Tage,
wenn ich nicht auch Christum solte in meinem
Herzen finden und haben können.

Liebste Herzen, wie so wenig wird dieses
betrachtet. Die mehreste Menschen dienen GOtt
nur so äusserlich; sie suchen ihn äusserlich; sie
vergnügen sich äusserlich mit ihren Ceremonien
und Mittel-Werken; das Herz bleibt ferne
von GOtt, man trägt nichts mit weg von
dem Christ-Tage. Ein Sohn ist uns gegeben.
Nun, das war das rechte Christ-Tags Ge-
schenk. Was nehmen wir dann nun mit vom
Christ-Tage? Haben wir den Sohn dann
auch umarmet? Sind wir seiner auch theilhaftig

tig worden? Wie ist es in unserm Herzen?
Wie siehet es da aus? Ists das Kripplein des
HErrn JEsu, oder sind noch Thiere darinnen?
Ach liebste Herzen, lasset doch euer Herz sich
jammern eures Zustandes. Wann wir nicht
Christum in unserm Herzen haben, ach was
wird es dann mit dem Herzen werden, wann
man einmal sterben soll? Was wirds dann
helfen, ob man einem allerhand Trost-Sprüche
vorschwätzet, und das Herz ist leer von Christo,
von seinem Leben, von seinem Licht, von seiner
Liebe, von der innigen Gemeinschaft mit ihm?
Nein, nichts wird haften, nichts wird zurei-
chen, die arme Herzen zu trösten, die ohne
Christo sterben. Ach welcher Jammer und
was Herzeleid ist das nicht!

Nun, höret dann doch das Evangelium: Ein
Sohn ist uns gegeben. Mensch, bist
du auch der allerelendeste Mensch der in der
Welt ist, wohnet schon Sünde, Satan und
Tod, in deinem Herzen, dir kann geholfen
werden, ein Sohn ist dir gegeben. Durch den
Sohn wird dir GOttes Licht, Leben und Gnade, angeboten. Christus selber will dein Herz
reinigen, und darin kommen wohnen. Es sind
uns so große Verheissungen gethan, sollten wir
dann nicht mit den Worten Pauli 2 Cor. 7, 1.
den Entschluß fassen: Dieweil wir nun solche
Verheissungen haben, daß GOtt in uns will
wohnen und wandeln, so lasset uns
von aller Befleckung des Fleisches und des
Geistes uns reinigen, und unsere Heiligung

C 3 vollen-

vollenden in der Furcht GOTTes. Ja, Seelen, räumet eure Herzen aus von Sünden, von der Welt und von allen ihren Eitelkeiten, dann Chriſtus will kommen und in uns geboren werden. O daß es nicht auch heiſſe: Er fand keinen Raum in der Herberge! Nehmet ihn dann auf in eure Herzen, daß er darin wohnen möge. Ein Sohn iſt uns gegeben; wollt ihr ihn jetzt nicht an- und aufnehmen, ſo wird es euch dereinſt ewiglich gereuen.

Noch mehr: Ein Sohn iſt uns gegeben. O ein herrliches Chriſt-Feſt! Iſt mir der Sohn gegeben, ſo habe ich auch ein gewiſſes Unterpfand, daß mir die ewige himmliſche Seligkeit gewiß nicht fehlen kan. Hat mir GOtt ſeinen Sohn gegeben, ſo wird er mir mit ihm auch alles ſchenken. Er wird mir gewiß den Himmel nicht verſagen, wann ich nur Chriſtum in meinem Herzen habe. Davon ſagt Paulus Röm. 8. daß alle Herrlichkeit darin beſtehe, Chriſtum im Herzen zu haben. Wer Chriſtum in ſeinem Herzen hat, der hat das Siegel ſchon in ſeinem Herzen; ja, was ſage ich, er hat den Himmel ſchon in ſeinem Herzen. Himmels gnug, wer JEſum hat. Wem das Kindlein, wem der Sohn in ſeinem Herzen von GOtt geſchenket iſt, der hat den Himmel thätig nnd würklich in ſeinem Inwendigen. Dann die erſten Kirchen-Lehrer ſagen daß die Chriſten durch den Glauben und Demuth Chriſtum in ihr Herz bekommen; und alſo können wir noch den Himmel hier auf Erden in unſerm Herzen haben.

Wie

Wie leben wir dann doch nun so lau? Warum wollen wir solche geplagte Leute bleiben? Selige Leute können wir werden von nun an, wann
wir nur den Sohn GOttes nehmen, der uns
vom Vater geschenket ist; wann wir dem nur
unsre Herzen einräumen und ganz überlassen.
Wo JEsus ist, da ist Freude im Herzen; wo
JEsus ist, da ist es ja Licht im Inwendigen;
wo JEsus ist, da ist ja Kraft und Leben;
wo JEsus ist, da ist ja alles mit Freude und
Seligkeit erfüllet. Und wenn es auch Creutz
und Leiden bisweilen zudecken, so wird es doch
nicht lange währen. Wann die Decke vor der
Ewigkeit in der Stunde des Todes den Gläubigen weggeschoben wird, o so können sie es
mit diesem Immanuel, mit diesem Benjamin
(daß ich so rede) wagen, vor Joseph zu erscheinen. Haben sie JEsum in ihrem Inwendigen,
so können sie mit Simeon sagen: HErr, nun
lässest du deinen Diener im Frieden fahren: Ich
habe nun den rechten Sohn im Schooß; ich habe
nun das Kindlein im Herzen; nun kan ich im
Frieden hinfahren in die selige Ewigkeit.

Dritter Theil.

Die Zeit fällt zu kurz, deßwegen wollen wir ab-
kürzen und nur noch mit wenigem etwas
sagen von dem Cron- und Ehren-Gericht
über der Königlichen Oberherrschaft.
Ein Kind ist uns geboren, ein Sohn ist uns gegeben, welches die Herrschaft ist auf seiner Schulter.
Die

Die Herrſchaft iſt auf ſeiner Schulter. Auf
weſſen Schulter? Auf der Schulter des gebornen Kindleins, des gegebenen Sohnes, der
ſchon von den himmliſchen Herrſchaaren mit
Nachdruck genannt wird, Chriſtus, der
HErr. Iſt die Herrſchaft auf ſeiner Schulter,
nun, ſo iſt es mit des Teufels Reich zu Ende, nun
iſt die Sünde ausgeſtoſſen, nun haben alle neben
eingedrungene Herren nichts mehr zu ſagen.

Höret und nehmet es zu Herzen alle, die ihr
des Teufels Dienſt müde ſeyd, die ihr der Sünde lang gedienet habt: Die Herrſchaft iſt auf
ſeiner Schulter, auf der Schulter des Kindleins.
Ihr dürft keinen einzigen Augenblick ſolche Leute
mehr bleiben; ein anderer iſt uns geboren, ein
Sohn iſt uns gegeben, deſſen Herrſchaft iſt auf
ſeiner Schulter. Dieſer iſt der Cron-Prinz
der hat Recht zur Crone; die andern ſind nur
falſche, neben eingedrungene Herren, die kein
Recht haben, unſere Seele zu beſitzen; JEſus
hat das Recht allein daran. Nun können wir
durch ſeine Königlich regierende Kraft frey werden von allem Dienſt der Sünde, frey werden
von aller Herrſchaft der Sünde, des Teufels
und ſeiner Sclaverey. Ach was iſt doch ein
Menſch, ſo lang er JEſum nicht zum König
hat, ſo lang er den nicht in der Wahrheit für
ſeinen HErrn erkennet in ſeinem Inwendigen!
Iſt er nicht ein miſerabler Menſch, ein würck-
licher Sclave des Satans? Ach der Menſch
denkt es wol, wann er ſo nach ſeinen eigenen
Lüſten lebet, er thäte nur ſo was ihm ins Ge-
                                        müthe

müthe käme; aber nein, o Mensch, du bist des
Satans Sclave, er hat dich an der Kette, er
ziehet dich, er treibet dich aus einer Sünde in
die andere, und du bist nicht dein eigner Herr
und Meister. O wenn wir es sehen könnten, wer
Herr in unserm Herzen wäre, wie würden wir
darüber erschrecken! Nun aber ist einer geboren,
der rechte Prinz ist geboren, der hat die Herrschaft auf seiner Schulter; der will sich nun selber der Seelen annehmen, der will es nun nicht
länger verstatten, daß sie länger des Satans
Willen thun müssen. Nun ist kein einziger
Mensch gezwungen, länger des Satans Willen
zu thun; kein einziger Mensch, als nur der sich
will halten lassen, ist verpflichtet und gezwungen,
den Sünden länger zu dienen. Wir sind nicht
Schuldner der Sünde, sagt Paulus, wir können nun los werden. Christus hat durch seine
Menschwerdung, und durch das Verdienst seiner Menschwerdung, uns nun frey gekauft von
den fremden Herren: wir können und sollen uns
dann nun ihm ergeben.

Nun, liebe Herzen, seyd ihrs dann müde,
so kommt dann auch hier, dieser HErr will nun
Leute annehmen. Kommet und gebet euch nun
eurem rechtmäßigen HErrn, nehmet ihn an,
stehet unter seiner Fahne, erzeiget ihm eure
Ehrerbietigkeit. Ehret und huldiget doch einmal diesem rechtmäßigen König, der da Recht
hat, euch zu besitzen und zu beherrschen.

Wir dürfen nicht erschrecken vor dem Teufel
und allen Versuchungen und Schreckungen.

liebste Herzen, macht doch den Teufel nicht all-
mächtig. Wann euch böse Gedanken einfallen,
wann Versuchungen und Proben kommen, die
manchmal recht teufelisch aussehen, seid doch so
bange nicht, wann ihr nicht mit eurem Willen
hinein gehet, wann es euch zu einem Creuz, zu
einem Leiden ist. Gewiß, der Teufel macht nur
so was, er will uns nur erschrecken, er will uns
bange machen, wie man den kleinen Kindern
bange macht. Nein, er hat nun nichts mehr zu
sagen; die Herrschaft ist nun auf der Schulter
unsers GOtt-Kindes Immanuel. Wann wir
dem mit Leib und Seele ergeben sind, so kan uns
der Teufel nichts thun, und wann er auch mit
der ganzen Menge der höllischen Geister auf uns
ankäme.

   Hütet euch aber auch, meine Lieben, vor der
leidigen M e n s c h e n-F u r c h t. Hat Christus die
Herrschaft auf seiner Schulter, nun, so hat
dann doch auch die W e l t nichts mehr zu befehlen, so dürfen wir die auch nicht mehr fürchten.
Dann mancher fürchtet sich und denket: Ja
wann du es so und so machest, so mögtest du
wol bey diesem und jenem in Feindschaft gerathen, der und der mögte dich nicht mehr leiden,
du mögtest verachtet werden, du mögtest vielleicht in der Welt nicht können zurecht kommen.
Ach liebste Seelen, Christus hat ja die Herrschaft auf seiner Schulter. Er hat ja aller
Menschen Herzen in seiner Hand, er lenkt ja
alles, wie es muß gelenket werden. Trauet ihm
doch ein Stücklein Brods zu; trauet ihm doch

zu euer Leben und eure Gesundheit. Was hat
man mehr nöthig, als dem unterthänig zu werden, der einen so bewahren kann, daß nicht ein
Härlein von unserm Haupte fallen kan ohne seinen gnädigen Liebes-Willen.

Das Gesetz hat auch nichts mehr zu sagen
mit allen unsern Sünden. Wann uns unsere
böse Sünden einfallen, und uns GOttes Gericht vorgestellet wird, so müssen wir uns nicht
mehr mit den Schulden zu thun machen: Christus hat ja alles gut gemacht. Wir haben
nichts zu thun, als uns unserm Könige zu unterwerfen, ihm nur zu huldigen, ihm anzuhangen,
sodann können wir zu GOtt nahen mit einem
kindlichen Glauben und Vertrauen, in dem süssen, in dem geliebten Namen Immanuel. Wir
dürfen uns vor nichts fürchten, dann die Herrschaft ist auf der Schulter JEsu; und seine Herrschaft ist eine ganz andere, als die Herrschaften
hier in der Welt. Zwaren die weltliche Herrschaften, so fern sie göttlicher Ordnung, sind
sind eine sehr anmuthige Darstellung, eine Abschil-
derung der Herrschaft unsers liebsten Immanuels,
JESu. Indessen aber, alle Kaiser, Könige,
Monarchen, und Große dieser Welt, die erlangen etwas von ihren Unterthanen; und wann sie
keine Unterthanen haben, dann hat es mit ihrer
Herrschaft nicht viel zu bedeuten. Unser liebster
Heiland JEsus aber, braucht keine Unterthanen,
er braucht keine Herrlichkeit von andern; er hat
alle Herrlichkeit und alle Majestät in und an
sich selber, und er macht noch dazu seine Unter-

thanen

thanen mit glückselig, er macht sie alle zu Königen und Priestern, zu Erben und Miterben
seines Reichs. Das alles ist uns gegeben; ein
Sohn ist uns gegeben.

Kurz zu sagen: die Herrschaft JEsu besteht
darin, daß er uns von der Sünde, und von
der unglückseligen Herrschaft des Satans und
der Sünde, durch die Macht seiner Gnade erlöse, daß er uns schütze wider alle unsere Seelen-
Feinde, Teufel, Sünde, Tod, Welt, und alles, was uns anfechtet. Die Herrschaft JEsu
bestehet darin, daß er uns würklich von der noch
inwohnenden Sünde erlöse, daß er uns durch
seinen Gnaden-Geist einflöße Göttliches Leben,
Licht und Tugenden, und daß er uns dadurch
zu wahrlich frommen, heiligen, lieben, und Gott-
gefälligen Menschen machet, wann wir nur ihm
anhangen, und ihm in unserm Herzen Raum
lassen. Zu dem Ende kommt er in unsre Herzen,
als in seinem Königreich zu thronen und zu wohnen, zu leben und zu herrschen. Also hat ein
Glaubiger nichts zu thun, als daß er in kindlicher
Ehrfurcht vor dem Angesicht seines herrschenden
Königs wandelt, und sich nur mit Leib und Seel
ihm ganz unterthänig beweiset.

Kommt dann, liebste Herzen, lasset uns gen
Bethlehem gehen. Kommt, laßt uns diesen
Tag dazu anwenden, daß wir aufs neue, und
auf eine feierliche Weise, unserm Könige huldigen, und ihn küssen in seiner Krippen, und ihm
aufs neue den Eid der Treue schwören. Ja HErr
JEsu, du bist mir geschenket, dich nehs-
me

me ich an, dir schenke ich hinwiederum
mein Herz und alles zum ewigen Eigenthum.   laßet uns doch nicht mehr unsre
Herzen theilen: dann daher kommts, liebste Herzen daß wir so wenig von der Herrschaft JEsu
Christi in der Seele erfahren. O man theilet das
Herze! Man will wol JEsum haben, man will
wol ihn zum König haben; allein, man folgt nur
so ein wenig dem HErrn, und ein wenig der Natur und der Welt.   Aber auf diese Weise können wir die Seligkeit der inwohnenden Gnade
nicht erfahren. Ganz müßen wir uns ihm unterthänig machen.   Unser Herz muß sein Eigenthum werden; unser Wille gebeugt und unterthänig unter seinen Willen und Wohlgefallen;
unser Leib, unsre Seele, unsre Sinnen, unsre
Gemüths-Kräfte und Gemüths-Bewegungen,
JEsus muß darin leben und herrschen.   Wir
müßen nichts mehr gebrauchen nach eigenem
Gutdünken, nach dem natürlichen Triebe. Nein,
Seelen, die rechte Christtags-Seelen sind, die
sind ein Eigenthum JEsu geworden, die haben
ihm gehuldiget und die Treue geschworen.

Nun, liebste Herzen! laßet uns an diesem
Tage wie gesagt, auf eine feierliche Weise
unsern Bund, unsere Schenkung erneuren,
unserm Ehren-Könige und Cron-Prinzen uns
aufs neue ergeben und unterwerfen, und den
ihm der Treue schwören, durch seinen Gnaden-
Beistand ihm anzuhangen und zu dienen unser
Lebelang.

Kommet

Kommet doch auch alle, die ihr bis dahin
ſo elende Creaturen geweſen ſeyd, und nicht
gewollt habt, daß dieſer über euch herrſchen
ſolte. Ach nehmet ihn doch an. Jetzt habt
ihr noch Chriſt-Tage, die ihr jetzt noch gebrauchen könnet, weil ſie euch noch gewähret
ſind. Ach beuget euch nun noch, und huldiget doch einem Kinde, das euch gern will zu
Gnaden annehmen, das euch als ſeine Unterthanen noch zeitlich und ewig glückſelig machen
wird. Hernach wird es gar zu hart herrſchen;
dann werdet ihr nicht mehr mit einem goldenen Gnaden-Scepter regieret, ſondern ihr werdet zerſchmettert werden mit dem eiſernen Scepter ſeines Zorns, womit er alle ſeine Feinde und
alle diejenigen übermannet, die keine Unterthanen dieſes gebornen Kindleins JEſU, dieſes
Königes Himmels und der Erden ſeyn wollen.

Ihr aber, die ihr Unterthanen dieſes gebornen Kindleins JEſu, dieſes Königes Himmels
und der Erden, geworden ſeid, laßet uns
vorſichtiglich wandeln als vor dem Angeſichte
GOttes. laßet uns ſo wandeln, daß noch
viele andere durch unſern Wandel und Auf-
führung mögen bewogen werden, mit uns glück-
ſelige Leute zu werden. Dan uns ſolten billig
die Menſchen ſehen können, wer in unſerm Herzen die Herrſchaft und Regierung führe, wer in
unſerm Herzen wohne, und daß wir es ſo gut
haben bey unſerm Immanuel. Iſt die Herrſchaft
auf ſeiner Schulter, ach ſo ſoll unſers Herzens
Wunſch und Verlangen ſeyn, daß auch durch
unſern

unsern Wandel und Zeugniß noch viele mögen
herbei gebracht werden.   Dann so wird es
nicht immer in der Welt bleiben, wie es jetzt
ist, daß die Ungerechtigkeit und Gottlosigkeit
oben schweben. O nein, dieses Wort, die
Herrschaft ist auf der Schulter JEsu, wird
noch mit vollem Nachdruck erfüllet werden in
den letzten Tagen. JEsus wird sich des Regi-
ments noch in dieser Welt über die Herzen völlig
annehmen.   Es werden noch Tausende bekehret
werden: es werden noch alle Völker und Na-
tionen sich beugen vor unserm Ehren-König,
wie Psalm 86, 5. geweissaget stehet:

   Alle Völker hier auf Erden, Die du schuffest,
          kommen werden,
  Und anbethen dich, o HErr, Deinem Namen
          geben Ehr.

Es wird noch einmal Himmel und Erde rufen,
wie Offenb. Johan. 12, 10. gerufen wurde:
Nun ist das Heil, und die Kraft, und
das Reich, und die Macht unsers GOttes, seines Christus worden: der wird
regieren und herrschen von Ewigkeit zu
Ewigkeit. Amen.

Lasset uns dann zum Beschluß unserer
Versammlung, uns vor GOtt beugen,
ihm danken für die Verkündigung seines Evangelii, und ihn anflehen um die
Gabe des Geistes in unserm Herzen.

                      Gebeth

Gebeth.

JEſu Immanuel, GOtt mit uns, GOtt unter uns, GOtt in unſerm Herzen, der du jetzt in dieſem Augenblick auf dem Thron deiner Herrlichkeit ſitzeſt, und wohneſt unter dem Lob und unter der Anbethung ſo vieler Millionen Engel, Seraphinen und Cherubinen, und unter dem Jubel-Geſchrei ſo vieler ſeligen Seelen: wir betrachten und beſchauen dich im Glauben jetzt in der Krippen zu Bethlehem, für uns ein Menſch geboren in der Geſtalt deiner Erniedrigung. O Immanuel, vergönne es uns, das wir dich im Geiſt und in der Wahrheit anbethen, daß alles, was in uns iſt, vor dir ſich beuge. Du biſt aus Liebe zu uns Menſch geworden, der du doch GOtt biſt, und alle Göttliche Herrlichkeiten in dir ſelber beſitzeſt. Dich bethet an alles, was dich ſiehet. Dich betheten an die Weiſen, die aus Morgenland zu deiner Krippen kamen; dich betheten an die Hirten, wie ſie dich funden in dem Stalle. O laß auch unſer Innerſtes und unſer Alles deine unbegreifliche Menſchen-Liebe verehren. O wir könnens nicht begreiffen, wir müßen beſtürzt wieder zurück treten und ausrufen:

Was

Was ist der Mensch, daß du sein gedenkest, und des Menschen-Kind, daß du dich seiner also annimmst? Kommst du zu uns, wirst du geboren in unserer armen Menschheit? O liebster Immanuel, laß uns dieses erkennen, laß uns dieses schmecken, laß uns dieses erfahren in unserm Innern, welche süße, erquickliche Milch-Speise, in dieser deiner erniedrigten Menschheit für arme Sünder zu finden sei. Nun, wir danken, und loben dich, daß du dich unser so tief hast angenommen, und hast deine, in sich selbst ewige GOttheit, uns geschenket in der Menschheit, damit uns armen und verlohrnen Sündern wiederum könnte aufgeholfen werden. Unsere Sünden, samt alle unserm Jammer und Elend, hast du auf dich genommen, und hast uns alle himmlische Güter, Reichthümer und Schätze, zugebracht. O HErr, möchten unsere Herzen, möchten alle diese Herzen das Gewicht dieser großen Liebe erfahren, fühlen und verehren; damit doch, sowohl aus unserm als aus deiner heiligen Munde, noch ein Lob möge erschallen, jetzt und in einer unendlichen Ewigkeit!

Wir bitten dich, HErr JEsu, daß du als ein rechter Sünde deine milde Hand aufgethan

gethan und uns gefättiget haft mit deiner
Chrift-Mahlzeit, die unfere Seelen konnte
erquicken, nähren, und zu deiner Liebe und
Dienft aufwecken. O HErr JEfu Chrifte,
laß uns doch nicht hangen bleiben bey dem
bloßen Schall der Worte; fondern laß unfern Glauben, unfern Herzens-Hunger,
unfere innige Liebe, aufgewecket werden,
dich felber zu fuchen und dich felber zu finden
in unferm Innerften. O Immanuel, GOtt
mit uns! laß uns doch nicht ohne dich unfere
Chrift-Tage feiren, wie wir ach leider! fo
oft gethan haben. O HErr JEfu, laß
uns doch alle einen Segen von diefem Chrift-
Tage wieder zurück bringen. Nähre du unfre
Seelen aus den Lieblichkeiten, die du uns
auf deinem Tifche vorgefetzet haft, und noch
gerne vorfetzen willft; damit unfre Herzen
mit deinem lebendig machenden Wort innerlich mögen erquicket, und aufgemuntert werden, fich dir zum Eigenthum zu ergeben.

Sind hier noch Herzen, HErr JEfu,
die bisher von dir noch ferne und fremd ge-
wefen find; find hier noch Rebellen, die
bisher dich nicht als einen herrfchenden Ehren-König haben erkennen wollen; o mache
dir fie unterthänig. Benge doch die ftolze,
die hartnäckige, die trotzige und die ver-

gene Herzen. Du bist ja in unser armes
Fleisch und Blut gekommen, du hast ja die
Elendesten nicht wollen verschmähen; o so
verschmähe uns doch auch nicht, unserer
Elenden und Untüchtigkeit wegen. Du
hast ja nicht allein alle unsere Sünden auf
deine kindliche Schultern genommen; sondern du hast auch eine herrliche Macht,
wodurch du uns von der Herrschaft der
Sünden erlösen kannst. Dulde es nicht
länger, höchster Ehren-König, daß die
Herzen dir entwandt werden, und daß
fremde Herrschaften dieselben, dir zur
Schmach, besitzen. Entreiße sie dem herrschenden Teufel, entreiße sie der Sünde,
und laß sonderlich die Herzen der Deinigen,
und auch das meine, dir ganz unterthänig
gemacht werden. Alle unsere Liebes-Nei-
gungen, laß dir geheiliget sein, o Gott-
Kind in deiner Krippen, dich allein zu lieben
von ganzem Herzen, so lang wir leben. Dir
sei gänzlich zu deinem Eigenthum geschenkt
unser Wille, und alles, was wir haben.
Wir wollen kein Recht, keine Macht, mehr
an unsern Willen haben. Herrsche du,
und laß uns nach dem Wink deiner
Hand unser inneres und äußeres Leben ein-
richten, &c.

D 2　　　　　Liebster

Liebſter Immanuel, dir opfern wir auf
zu deiner Krippe unſern Leib und unſre
Seele: du ſollſt ſie gebrauchen, ſo, wie
du uns denen Leib und deine Seele, deine
Menſchheit und deine Gottheit, am Chriſt-
Tage gegeben haſt. Nun, wir ſind ganz
dein, liebſter Jeſu; o nimm uns dann
doch auch hin, daß wir es ſeliglich erfahren, daß wir nicht mehr unſer eigen, ſondern unſers HErrn und Königes JESU
ſind. Dieſer Tag ſoll uns ſein ein neuer
Tag, woran wir dich aufs neue zu unſerm Könige annehmen, dir huldigen, dich
küſſen, und uns dir unterwerfen, um die
übrigen Augenblicke nur allein in deiner
Liebe und Furcht zu deinem Dienſt, durch
deinen Beiſtand, anzuwenden.

Beweiſe dich, o HErr JEſu, nicht
als einen fernen, ſondern als einen noch
gegenwärtigen Heiland. O flöſſe in die
Herzen deiner Kinder, deiner armen Glaubigen, die noch ſo mager ausſehen, in
unſre arme Herzen flöſſe ein dein göttliches Licht, dein göttliches Leben, deine
Tugenden, und alles, was du uns vom
Himmel mitgebracht haſt, damit wir auch
rechte Kinder werden, die dir ähnlich ausſehen, die auch dir und deinem himmliſchen

lischen Vater mögen angenehm seyn, auch
unserm Nächsten noch zur Erbauung und
Lust seyn mögen.

Wir vereinigen uns im Glauben, liebster Immanuel, mit allen deinen Kindern,
wo sie auch auf der ganzen Welt in diesen Tagen hin und wieder, in den Kirchen und in den Häusern, deine Liebe verkündigen und anhören. O wie so viel
tausend sind nicht an diesem Tage mit ihrem Herzen und Andacht bey deiner Krippe, loben dich, beschauen dich, verehren dich, und verherrlichen deinen Namen!
Wir verehren dich mit allem ihrem Lob,
mit aller ihrer Andacht; unser Innerstes
sagt Ja und Amen darauf. O laß uns
jetzt mit allen diesen, o laß uns mit allen
deinen Kindern an deinem Tische sitzen,
nun bis in alle Ewigkeit. Amen.

Lied: Gelobet seist du, JESU Christ, ꝛc.

Schluß-Seufzer.

Halleluja, Amen, GOtt dem Vater,
der uns geliebet, daß er uns seinen Sohn
gesendet hat.

Halleluja dem Sohn der Liebe, dem
Gottes-Kinde, dem lieben Immanuel, der
uns nicht verschmähet, sondern gewürdiget,

get, uns arme Menſchen zu beſuchen mit
dem Glanz ſeiner Herrlichkeit und mit den
Strahlen ſeiner freundlichen Gnade.

Halleluja GOtt dem heiligen Geiſte, der
JEſum Chriſtum verherrlichen wolle in un=
ſer aller Herzen, damit wir dich, unſern
GOtt, dich, den Dreieinigen, in alle Ewig=
keit loben und verherrlichen, für die Wun=
derliebe an uns armen Kindern erwieſen.

JEſu Chriſte, Sohn GOttes zur Rech=
ten des Vaters, hebe aus deinem Heilig=
thum deine hohenprieſterliche Hände auf,
gib uns deinen Segen. Sprich mir und
uns allen mit Kraft ins Herze ein: Der
HErr ſegne dich und behüte dich ꝛc.

Zweite

Zweite Rede.

Gehalten noch über
Jesaid IX. V. 6.

Die Eingeweide der göttlichen Barmherzigkeit und Menschen-Liebe, die sich
bei der Menschwerdung und Geburt
unseres liebsten Heilandes uns Menschenkindern so angelweit eröffnet haben,
die sein auch über uns arme Sünder
ausgebreitet mit Gnade und Segen,
jetzt und in der Stunde unseres Todes,
Amen.

Ohngeachtet mir, geliebten Freunde, diese
Nacht eine besondere Schwachheit zuge-
stoßen, so find ich mich dennoch geneigt und ge-
drungen, nach gestriger Absprache, das übrige
von unsern abgehandelten Textes-Worten mit
euch zu handeln, und mich mit euch an dieser
Liebe des Herrn zu erquicken. Es ist weiter
nichts dabei zu thun, als nur, daß wir dir wenig

D 4

nig mehr glauben, ein wenig uns herzlicher zu
Gott wenden, um von ihm, und nicht von
einem Menschen, Segen und Gnade zu erwarten. Laßet uns unsre Herzen dann zuvorderst
dazu aufmuntern durch Absingung der drei ersten
Verse aus dem Liede: HErr Christ, der ein'ge
GOttes Sohn, ꝛc.

Gebeth.

Anbethung, Lieb=, Lob und Danksagung
werde dir gebracht, du hochgelobter,
eingeborner Sohn GOttes des Allerhöch=
sten, aus Liebe zu uns ein armes Kind ge=
worden in dem Stalle zu Bethlehem. Ge=
lobet seist du mit allem, was in und an uns
ist, für deine unbegreifliche Liebe und Her=
unterlaßung. O würdige uns immer mehr
und mehr deiner Erkenntniß und deiner gött=
lichen Liebe. O HErr JEsu, wir hören,
wir reden, wir singen, wir lesen in diesen
Tagen so vieles von dir, von deiner Liebe,
von deiner Herunterlaßung und Geburt;
aber ach wie bist du noch so wenig bekannt,
auch unter denen, die sich nach deinem Na=
men Christen nennen! O wie so wenig wirst
du durch Geist und Gnade in dem Herzen
gesucht, erkannt, verehret, geliebet und ge=
funden.

O Lieb=

O liebster Immanuel, laß doch uns arme, uns dürftige Herzen, als vor deinem
Angesicht hier sitzen, an diesem letzten Christ-
Tage: laß uns nicht hungrig hinweg gehen,
laß uns nicht leer ausgehen aus dieser Christ-
Feier, sondern von dir selber besuchet, von
dir selber erquicket, von dir selber gesegnet
und erbauet werden in unsern Herzen. Jesu, du pflegtest ja in den Tagen deines Fleisches gerne alle Gelegenheiten zu ergreifen,
nur um den Herzen der Menschen beizu-
kommen, und dich ihnen darzubieten; auf
Wegen und Sabbathen fandest du dich
auch in den Synagogen und im Tempel. O
HErr JEsu, ergreife dann auch nun diese
Gelegenheit, diese Stunde, daß sie uns sei
die Stunde des Heils und der Gnade. Siehe, hier ist auch eine Versammlung unsterb-
licher Seelen, die du mit deinem Blute ja
so theuer erkaufet hast; Seelen, um welcher willen du deine Herrlichkeit verlaßen,
ja solche Niedrigkeit gekommen bist.
beweise dich dann lebendig, beweise
gegenwärtig in unsrer Mitte, damit
wir dich aufs neue gesegnet und bestrah-
let werden mögen mit einem Licht deiner seligen Erkenntniß in unsern Herzen.

D 5   O HErr

O Herr JEsu, wir sind hier, dich und
dein Wort anzuhören: lenke Sinnen und
Begier auf die süßen Himmels-Lohren, daß
die Herzen von der Erden ganz zu dir gezogen werden. Ach ja, du weißt es, unser
Wissen und Verstand ist mit Finsterniß um-
hüllet, wo nicht deines Geistes Hand uns
mit hellem Licht erfüllet: gutes Denken,
gutes tichten, mußt du selbst in uns verrich-
ten. O du Glanz der Herrlichkeit, Licht
vom Licht aus GOtt, und aus dem Licht
der Ewigkeit, geboren, mach uns allesamt
bereit, öffne Herzen, Mund und Ohren:
unser Bitten, Flehn und Singen, laß,
HErr JEsu, wohl gelingen.

Wir lesen noch einmal unsere zum Theil gestern abgehandelte Textes-Worte, aus dem 6.
Vers des IX. Capitels Jesaiä, da dieser, mit
Recht genannte fünfte Evangelist, das Evangelium des Heils also verkündiget:

Jesaiä IX. V. 6.

Uns ist ein Kind geboren, ein Sohn
ist uns gegeben, welches Herrschaft
ist auf seiner Schulter; und er heisset
Wunderbar, Rath, Kraft, Held, Ewig-
Vater, Friede-Fürst.

Schme-

Schmecket und ſehet, wie freundlich der HErr iſt. So rufet der Prophetiſche Geiſt in David aus, Pſalm 34. ỳ. 9.
Schmecket und ſehet, wie freundlich und wie
gut der HErr iſt. David hat in ſeinem leben
viel gelitten und geſtritten; aber David hat
auch in ſeinem leben viel geſchmecket und erfahren, daß GOtt ein ſo guter und ſeliger GOtt,
ſ. Bald ſagt er, GOtt erfreue ſein Herz
[...], als andere viel Wein und Korn, Pſ. 4,
[...]ald ſagt er, daß ihm GOtt und ſein Wort
[...] ſchmecke als Honig und Honigſeim , Pſ.
[...]II. Bald ſagt er, GOtt und die Gebote
[...] wären ihm lieber dann viel tauſend
[...] Gold und Silber, Pſ. 119, 72. Bald
[...] er, das Gott ihm einen Tiſch mit Fölle der
[...]eiſe bereitet habe gegen ſeine Widerſacher,
[...]23, 5. Ja, er ſagt, daß er ihn trunken
[...] von den reichen Gütern ſeines Hauſes,
[...] tränke mit Wohlluſt, wie mit einem
[...] 36. Hier ſagt er: Schmecket und
[...] wie freundlich der HErr iſt, wie gut der
[...]. Er fande, er ſchmeckte, er genoß ſo
[...] dem Gott der Seligkeiten daß er uns,
[...] die es leſen, auffodert, daß wir doch
[...] kommen und die Sache ſchmecken
[...] wollte er ſagen: Ich kann es euch nicht
[...] geben, ihr müſſet es erſt ſchmecken, ſonſt
[...] ihr die Sache nicht.

[...] wird nicht erkannt durch das Ge-
[...] durch den Geſchmack. Was
                                    GOtt

GOtt ist, was JEsus ist, was unser Immanuel ist, und was in Jesu, in dem Immanuel, zu finden ist, das kann man einander nicht einschwätzen; erfahren müßen wirs: schmecket und sehet, wie freundlich der HErr sei: dann werden wir von dem Guten, das in GOtt ist, zu rühmen und zu sagen wißen.

Schmecket und sehet, wie freundlich, oder wie gut, der Herr ist. Das Gute, das in GOtt, in unserm liebsten Immanuel, zu finden ist, das ist ein herzvergnügendes Gut. Alle die lieblichkeiten, alle die falschen Güter dieser Erde, ach die rühren das Herz nicht; es ist alles nur so ein Kitzel für die Sinnen, ein Spiel und Blendwerk vor die Augen: man genießt es nur so obenhin, es rühret den tiefsten Grund nicht. Aber Gott, die Vergnügungen, die JEsus gibt und mittheilet, ach das sind herzvergnügende Süßigkeiten und Seligkeiten. Wie JEsus nach seiner sichtbaren Gegenwart bald von seinen Jüngern scheiden wollte, da fragte er sie: Habt ihr auch wohl je Mangel gehabt? Sie antworteten: Ach nein, nie keinen; und dennoch war es manchmal so knapp hergegangen, daß sie Aehren ausraufen mußen. Warum sagten sie das dann? Sie hatten so viel Vergnügungen, so viel Sättigungen in JEsu, in der Gesellschaft JEsu, erfahren und genoßen, daß sie an das Aeußere nicht einmal gedacht hatten.

Das Gute, das in JEsu zu finden ist, ist nicht nur ein herzvergnügendes Gut, sonderen sind auch in JEsu herzklebende Süßigkeiten.

keiten, Freundlichkeiten und Lieblichkeiten. Die
Welt hat zwar auch Sachen, die gleichsam das
Herz bezaubern, daß es ist, als wenn die Leute
das und das nicht missen könnten; aber es ist
nur Zauberei: man könnte wohl los werden,
wenn man sich nur ganz GOtt ergäbe. In unserm süßesten Heilande aber sind solche herzreizende, solche herzrührende und erzbindende
Lieblichkeiten zu finden, daß einer Seele, die ihn
in ihrem Herzen erkannt, und in ihrem Inwendigen geschmecket und genossen hat, ihr Herz so fest
an JEsum gebunden ist, daß sie ihn nicht laßen
kann noch will in alle Ewigkeit. Die Jünger des
Heilandes geriethen einmal in Rüttelungen,
Schüttelungen und Proben, (so wie es auch noch
mit allen Gläubigen bisweilen gehet,) wie wir
sehen, Joh. 6; und bei dieser Gelegenheit fragte
sie JEsus, ob sie auch weggehen wollten? Petrus aber antwortete: HErr, wohin sollen wir
gehen? Du hast Worte des ewigen Lebens. Sie
wurden wohl so ein wenig confus, die Rede, die
er gehalten, war ihnen was hart zu verdauen;
aber sie wollten doch nicht weggehen. So geht
es den Gläubigen auch noch. Ach der liebste
Heiland führet die Seinigen manchmal in allerhand Bitterkeiten und Dunkelheiten: allein,
fragt er die Seelen dann auch noch so viel, und
fragt sie: Nun, willst du dann wieder zur
Welt? so ist doch die Antwort: Ach nein,
bewahre mich GOtt in Ewigkeit! Solche
Worte, solche herzreizende Lieblichkeiten,
sind bei Immanuel zu finden.

Die

Die Gutheiten, die man in unserm gebornen
Heilande schmecken und genießen kan, das sind
Lieblichkeiten, die nimmermehr Eckel
bringen, deren man bis in Ewigkeit nicht müde noch überdrüßig wird. Ach die arme Welt,
hat sie schon einmal eine Puppe, womit sie einige
Tage spielet, auf einmal wird man des Dings
müde; dann will man wieder was anders haben:
aber auch damit kann man sich nicht lange helfen.
Ach armseliges Leben, da man immer, so zu reden,
von einem Zweige auf den andern hüpft, und
nimmer ein vergnügt Herz erlanget! Aber wer
JEsum wahrlich in seinem Herzen findet, schmecket und genießet, der wird seiner in alle Ewigkeit nicht müde. Je länger man in dieser Welt
lebet, desto mehr wird einem die Welt, und alle
sichtbaren Dinge dieser äußern Welt, wie todt,
so daß, wenn ein Mensch alt wird, ihm dann
dieses wegfällt, dann jenes, ja, es wird ihm
endlich alles zu nichts. Und ob schon ein Mensch
auch keine Gnade hat, so pflegt es doch so zu
gehen. Aber gerade anders gehts mit Kindern
GOttes: ihr Heiland, und die Sachen, so
er mittheilet, werden je länger je lieber, je
länger je köstlicher; je mehr man seiner genießet,
je hungriger wird man nach ihm; je mehr man
von ihm trinket, desto mehr dürstet man nach
ihm; je älter man wird, je näher man zur
Ewigkeit kommt, desto kostbarer wird JEsus,
desto theurer und werther wird unser Immanuel.
O sind das nicht dauerhafte Vergnügungen,
und dauerhafte Tugenden, die in JEsu zu finden
sind!

find! Die Engel, die Cherubinen und Seraphinen, haben schon so viele tausend Jahr ihre Vergnügungen gefunden in JEsu Immanuel: sie
sind es nicht müde worden, und werdens nicht
müde werden in tausend Ewigkeiten. Wählet
denn ein dauerhaftes Vergnügen, meine liebsten
Freunde.

Die Gutheiten, Freundlichkeiten und lieblichkeiten in JEsu, das sind unerschöpfliche
Reichthümer, woran kein Ende zu finden ist.
Wenn man die Welt, mit aller ihrer Herrlichkeit, aufs allerbeste heraus streichen, und auch
noch eine Fabel hinzu fügen wollte: siehe, so
würde es doch wohl keine lange Predigt werden;
denn es ist würklich nicht viel in der Welt zu
finden. Wer alles durchschauet hat, der muß
sagen: Es ist nichts darinn zu finden. Ganz
anders aber ist es mit unserm JEsu Immanuel.
Ja wenn man von seinen Gutheiten und Seligkeiten, von seiner Liebe, und von dem Guten,
so wir in ihm haben können, immer einen Tag
nach dem andern, ja ganze Ewigkeiten nach
einander, redete, wir würden nimmermehr ein
End davon finden; und wenn wir tausend Jahre
davon gesprochen hätten, so würden wir sagen,
wir hätten noch nichts davon berühret.

Meine Freunde, dieses sage ich darum: In
diesen Tagen ist, GOtt sei dafür gelobet! vieles
gehöret, gesungen und gelesen worden,
von der ewigen liebe GOttes Immanuels. Genossen haben wir, GOtt sei auch dafür gelobet!
und geheimniß auch berühret: berühret, sage
ich

ich; denkt nicht, daß wirs erschöpfet haben:
weit gefehlt! Wir haben vieles gesagt, aber noch
nicht alles gesagt, was GOtt zu sehen gab; und
was GOtt zu sehen gab, war noch kaum ein
Tröpflein aus dem unerschöpflichen Meer der
ewigen Liebe GOttes, in JEsu Immanuel den
armen Sündern offenbart: kaum ein Tröpflein
war es von dem großen unerschöpflichen Meere
der Süßigkeiten, der Seligkeiten, und Freundlichkeiten, die in JEsu zu finden sind.

Wohlan, wir wollen dann, indem wir gestern, durch GOttes Beistand, den Anfang
dieser Worte abgehandelt haben, nun auch fortfahren, das übrige auf den Tisch zu setzen. Gestern hat uns GOtt von dem ersten Theil dieses
Verses eine Mahlzeit zugerichtet; jetzt ist noch,
so zu reden, der Nachtisch, der Confect, übrig:
da will uns der liebste GOtt noch eine rechte
Erquickung machen von dem holdseligen Namen
unsers gebornen Immanuels, da es heißt:
Uns ist ein Kind geboren, ein
Sohn ist uns gegeben, welches
Herrschaft ist auf seiner Schulter;
und er heißt, und ist auch in der That,
Wunderbar, Rath, Kraft, Held,
Ewig-Vater, Friede-Fürst.

Wir brauchen diese Worte nicht einzutheilen,
wir wollen nur so Bröcklein vor Bröcklein, unter
GOttes Beistand und Segen, zu uns nehmen.

Auf dich, o GOtt, sehen aller Augen: gib
uns dann auch unsre Speise zu dieser Zeit;
thue deine milde Hand auf, und erquicke
die

die Müden, stärcke die Matten und Schwachen, sättige die Hungrigen mit deinen Gütern, Amen.

Es werden uns in diesen Worten bey weitem nicht alle die Namen, Eigenschaften und Vortreflichkeiten dargestellet, die in JEsu sind. liebe Kinder haben sehr viele Namen; keiner aber hat mehrere Namen und mehrere Vollkommenheiten, als unser neugebornes Kindlein zu Bethlehem. Sein erster Name, der uns hier vorkommt, heißt Wunderbar. Was will uns dieses lehren? und wozu sollen wir dieses brauchen? Antwort: Daß wir sollen Kinder werden in der Andacht und Herzens-Einfalt. Christus ist wunderbar in seiner Person; wunderbar in seinen göttlichen Vollkommenheiten, Schönheiten und Lieblichkeiten; wunderbar in seiner Gestalt; wunderbar und unbegreiflich in seinen Wegen und Führungen. Es ist, als wenn der liebste Heiland durch den Propheten sagen wolte: du mußt mit deiner Vernunft aus der Sache bleiben; es ist gar zu wunderlich, du kannst es nicht durch... du kannst es nicht begreifen.

Wunderbar ist Christus in seiner Person. Da sehen wir zu Bethlehem ein Kindlein; das Kindlein ist der ewige Sohn Gottes, geoffenbaret und geschenket den Menschenkindern. Wer kann das ergründen? wer kann das begreifen? O Vernunft, sey stille! Die See ist hier allzuweit und gar zu tief; deine Klugheit und Spitzfindigkeit kann hier keinen Grund finden. Wann wir die Menschen-Liebe ansehen, die uns Gott

B. I. Th.　　　　　　　in

in Christo bei dieser Geburt, in diesem Kinde
zu Bethlehem, erwiesen hat, ist das nicht wunderbar? Gott, der alles in ihm selber besitzet,
der keines Engels und keines Menschen Dienst
vonnöthen hat, der lässet sich so herunter, und
wird ein armes Kind; wer kann das begreifen?
ist das nicht wunderbar? Darum ist es gewiß
also, je mehr man mit seinem natürlichen und
vernünftlichen Theil in diesem oder jenem Geheimniß Gottes grübeln will, desto mehr stol-
pert und stößt man aller Orten an.

Die Wunderbarheit in der Person und unbegreiflichen Menschen-Liebe JEsu Christi, die
ruft uns recht zu einer kindlichen Andacht. Ob
ich nun viel Beschreibungen mache, und mit meiner Vernunft weit herum fahre, wie das sei,
und sein könne, daß Gott und Mensch in einer
Person sei, was für Nahrung krigt meine
Seele davon? Ob ich da weit und breit herum
gehe, und bedenke, was Gott bewogen hat,
den Menschen seinen Sohn zu geben, und wie
alles dem Menschen dadurch zufliesset, je mehr
ich darin grübeln will, desto dunkler wird mirs;
es ist zu wunderbar, Ich kann in dieser Tiefe keinen Grund finden. Nun, ich danke dem lieben Heilande, daß er wunderbar ist und wunderbar heisset; nun, daß sei mir genug: Wunderbar ist er in seiner Person: werde ich nun ein
andächtiges Kindlein, das sich demüthigst vor
ihm beuget und ihn anbethet, und das sich herzlich verwundert und erfreuet, daß eine solche
Tiefe darin ist, daß ich, und alle Menschen, und

alle

alle Engel, dieses Geheimniß nimmer und in
Ewigkeit nicht begreifen können. O es wäre
mir dieses Geheimniß nicht so werth, wenn
mans erforschen könnte: es wären mir alle Ge=
heimnisse Gottes nicht so lieb, ja, sie wären
nicht göttlich, wenn man sie begreifen könnte.
Nur darin beweiset ein Geheimniß seine Gött=
lichkeit, wenn aller Menschen Vernunft davor
stillschweigen muß.

Dieses, liebste Herzen, soll uns auch leh=
ren, daß, wann wir in der Schrift, oder sonst
wo, lesen oder hören von göttlichen Geheimniß=
sen, daß wir dann nur so lesen und hören, daß
wir dadurch leben mögen, daß unsere Seelen er=
..... werden, und daß wir zur Andacht und
Ehre Gottes gereizet, und zur Liebe unsers
.... bewogen werden mögen. Sehet,
...... haben wir schon den ganzen Inhalt der
..... erlernet und erreichet. Aber wir müssen
.... andächtig, in einer recht kindlichen Andacht
...... Giebt uns der liebe Gott hie oder da ein
....lein, da danket man ihm dann herzlich
..... und wirft es nicht weg; Was uns aber
..... noch verschlossen bleibet, o darüber er=
..... man sich herzlich, daß Gottes Wort und
..... so tief und so unauflöslich sind.
..... ist Christus nicht nur in seiner Per=
..... er ist auch wunderbar in seinen gött=
..... Vollkommenheiten, Schönhei=
..... lieblichkeiten; ja, es ist alles, was
..... wunderbar und unbegreiflich. Was
..... sagen und rühmen kann, das ist alles

gering, ja, es ist nichts gegen die Sache selbst.
Man muß da auch sagen: Kommet, schmecket
und sehet doch, wie vollkommen, wie lieblich,
wie freundlich JEsus ist. Die Königinn aus dem
Reich Arabien kam, Salomons Weisheit zu
hören, und seine Reichthümer zu sehen; und als
sie die hörte und sah, da ward sie bestürzt und
kam wie ausser sich, und sprach: Es ist mir
von dem Pracht, von der Ordnung und Weisheit, nicht die Hälfte gesagt worden. Ach liebste
Seelen, wann wir noch so viele Christ-Tage
hätten, ja, wenn wir Jahr aus und Jahr ein
noch so viel Ruhms von unserm Immanuel gehöret, gelesen und gesprochen hätten, so wär es
doch alles das tausendste Theil nicht: wann wir
ihn durch eine glückliche Erfahrung selbst in unserm Herzen finden, dann werden wir gestehen
und sagen müssen: Er ist wunderbar; das hätte
ich nimmermehr gedacht, daß GOtt ein solcher
GOtt sei, und daß in JEsu solche Vergnügungen, solche unendliche Vollkommenheiten, zu
finden seyen.

Wann die Welt ihre Sachen aufschmücket,
und sich noch so groß herausstreichet, da können
wir ganz kühn fünfzig pro Cent abziehen. Es
ist so groß nicht; die Welt macht nur ihre Dinge
herrlich und groß; sie verspricht göldne Berge
und es ist nichts dahinter. Wer es erfahren hat,
wer alles gesehen, besehen, geschmecket und genossen hat, was die Welt hat, der geht mit ge-
bücktem Wesen und niedergeschlagenen Augen
weg, und muß in seinem Herzen denken: Ist
nicht

nichts mehr in der Welt zu finden? Das hätte
ich ja nimmermehr gedacht.   Aber bei unſerm
liebſten Heilande iſt es gerad umgekehrt; der iſt
unendlich wunderbar in ſeinen Vollkommenheiten und Herrlichkeiten. Kinder, ihr könnt es nicht
glauben; kommt und ſchmecket es doch; der Tiſch
iſt nun gedeckt, ihr könnt alle Erquickung da in
ſeinen holdſeligſten Namen finden, die lauter
Heils-Kräfte für arme Sünder ſind.

Wunderbar iſt JESUS in ſeiner Geſtalt.
So viele tauſend Jahre war von dem Heilande
ſo viel großes, herrliches und rühmliches geweiſſaget worden; nun endlich kam er: aber wie kam
er? Als ein armes Kindlein, als ein ganz armes
Kindlein. Das war nun die Geſtalt, davon war
ſo viel Werk und Weſens gemacht worden; aber
die Geſtalt gefiel den Leuten nicht. Er hatte keine
Geſtalt noch Schönheit, die der Welt, den hohen, klugen, eingebildeten, ſtolzen Leuten, gefallen konnte. Die Juden erwarteten ganz einen
andern Meßias; das ſollte ein Mann ſein, der
Staat machte und Gewalt hätte, der ſie von
der Römer Joch erlöſen, und zu herrlichen und
glückſeligen Leuten auf der Welt machen könnte.
Solch eine Geſtalt erwarteten ſie; und der Meſ-
ſias kam da nun als ein ſolch armes Kindlein.

Ihr liebſte Herzen, geht es nicht noch heut
zu Tage ſo? Die himmliſche Herrlichkeit
iſt ſo den Hirten auf dem Felde erſchienen.
Das wird wie Phariſäer gedacht haben; Wäre
es den großen, angeſehenen und gelehrten
Leuten geweſen, ſo wäre der Sache eher zu

E 3   trauen:

trauen: diese Leute aber werden sich etwa einge=
bildet haben, daß sie ein himmlisches Gesicht ge=
sehen hätten; es wird aber wohl nichts als Träu=
merei gewesen sein. Lasset uns aber, liebste
Herzen, uns nicht ärgern an der unansehnlichen
Gestalt Christi und seine Glieder. Nicht viel
Weise, (obschon etliche,) nicht viel Gewaltige,
(obschon etliche,) nicht viel Edele,(obschon etliche
Edele,) hat GOtt erwählet; sondern was thö=
richt, was schwach, was unedel ist vor der Welt,
und das Verachtete hat GOtt erwählet, 1 Cor.
I, 26:29. und eben so siehet es auch noch in
unsern Tagen aus. Da denkt die Vernunft
immer: Ja wenn noch viele angesehene Leute
unter den Frommen wären; kommt aber schon ein
oder ander mit drunter, es ist doch zu sparsam;
es sind mehrentheils so was geringe, schlechte
Leute, die sich so was weis machen laßen, und
nur so mitlaufen; aber die Klugen bleiben zu=
rück. Seelen, werdet Kinder in der Einfalt.
Christus hat ja auch so ausgesehen. GOttes
Kinder die suchen und machen keinen Staat noch
Ansehen, sondern sie suchen unverstellte Herzens=
Einfalt, Geringheit, Verschmähung der Welt,
und alles deſſen, was die Welt hochschätzet.
Das ist die Gestalt der Glieder Christi.

Wunderbar ist Christus in seinen Wegen.
JEsus Christus ist unaussprechlich wunderbar in
seinen Wegen und Handlungen mit den Seini=
gen. Bald gibt er den Seelen Süßigkeiten,
und bald setzt er sie wieder in Bitterkeiten. Bald
muß einer, der schon lange in der Gnade gewan=

delt

delt hat, wieder in Dürre und Dunkelheiten
wandeln; und einem verlornen Sohn, der
kaum von den Träbern zurück gekehret, wird
eine Mahlzeit zugerichtet und ein hochzeitlich Kleid
gegeben, der wird erquickt, der wird geschmückt,
der kann freudig und vergnügt leben. Wunderbar ist GOtt in seinen Wegen, um alle unsere
eigene Wege zu schanden zu machen. Wunderbar
ist er, daß er uns nicht läßt voraus sehen und
sagen, wie es mit uns in dem Christenthum gehen soll. Bald setzt er die Seinen eins auf das
oberste, und bald wieder auf das unterste Bänk-
lein, damit alle Selbst-Anmaßung zurück bleibe.
Bald kleidet er uns schön und herrlich an, daß
wir denken, ja nun wird es gut mit dir gehen;
und morgen findet man sich wieder jämmerlich
und elendig. Siehe, so wunderbar ist JEsus
in seinen Führungen. Das muß uns zur kindlichen Einfalt bewegen, daß wir ihm nur kindlich und lenksam folgen in allen seinen Führungen über uns. Wunderbar, aber doch auch
herrlich, wird und will ers ausführen.

Nun, wir müssen kurz sein. Es heißt:
sein Name ist Wunderbar, Rath. Rath ist gut
für Menschen, die in der Irre sind, so wie wir
alle von Natur sind. Ach der liebste Heiland ist
nach seiner Menschwerdung und Geburt der
rechte Rath für arme Sünder geworden. Alle
inwendigen Ueberzeugungen, Lockungen, Be-
wegungen und Erinnerungen, die ein verirrtes
Menschen-Kind in seinen Sünden-Wegen fühlet,
sind nichts anders, als ein hochzuschätzender

E 4   Rath

Rath des liebsten Immanuels, der unsre Seelen gern aus dem Verderben herum holen will.
O Seelen, schätzet doch auch die ersten Ueberzeugungen der Gnade recht hoch und theuer:
es ist JESUS, der theure Rath, der will
euch das beßte rathen. Ach der Teufel ist auch
(aber mit Unrecht) ein Rath bei dem Herzen;
er sucht einem den Rath JEsu aus dem Kopf
zu schwätzen Ach das ist Melancholie, sagt er,
das ist Schwermüthigkeit; divertire dich hie oder
da ein wenig, daß dir die traurigen Gedanken wieder aus dem Kopf gehen. Seelen, bleibt doch
nahe bei eurem Herzen: denn das Wort Rath
muß uns dazu bewegen, daß wir dem lieben
Heilande uns aufmerksam und folgsam erweisen. Aufmerksam und folgsam sollen wir auch
bleiben: denn der liebe Heiland JEsus Christus
räth uns nicht allein, wenn wir von dem
Irrwege herumgeholet werden sollen, wie im
Büchlein Hiobs geschrieben steht, Cap. 33, 29.
30: Dieses thut GOtt zwei oder dreimal mit
einem jeglichen Menschen, daß er ihn herum
hole aus dem Verderben; sondern der liebste
Heiland wird auch ein Rath für die gebeugte armen, aber noch rathlosen und verlegenen Sünder.

Rath schickt sich nur für rathlose Menschen.
So lange wir in der Welt sicher in den Sünden dahin gehen, haben wir noch keinen Rath
nöthig. Nun, da wandelt der Mensch nach
dem eigenen Gutdünken seines Herzens. Aber,
aber, wenn die Sünde gefühlet, wenn die Gefahr gesehen wird, dann ist guter Rath theuer;

dann

dann rufen wir, wie Apost.Gesch.Cap.2.stehet:
Ihr Männer, lieben Brüder, was sollen wir
thun, daß wir selig werden? Siehe, dann ist
guter Rath theuer. Nun, JEsus heisset Rath,
der will armen verlegenen Sündern den besten
Rath geben. laß dir doch dein eigen Fleisch
und Blut nicht rathen, laß dir doch die Vernunft nicht rathen, daß du denken wolltest,
mit dieser oder jenen äussern leicht gethanenSa-
che wolltest du dich begnügen und dein Gewissen wieder stillen; nichts ist hinlänglich als der
Rath JEsu Christi. Was gibt er dann solchen Menschen für einen Rath? Wende dich
als ein armer Sünder zu mir, dem einigen
Sünden-Tilger. Sehet, das ist der Rath:
Kommt her zu mir, die ihr mühselig und beladen seid; kommt mit euren Sünden herzu,
bleibet liegen vor meinen Füßen, schreiet, win-
selt, bittet, haltet an, bis ihr Gnade zur Vergebung eurer Sünden finden könnt.

§ Ach liebste Herzen, laßet uns deßwegen doch
den allertheuresten Rath JEsu Christi Immanuels, durch ein genaues Aufmerken und Folgen
beantworten, so wird er, als unser Rath, uns
in die Sache selbst einführen. Als dem Apostel
Paulo der erste Rath zu seiner Bekehrung und
Verkündigung des Evangelii, gegeben wurde,
da fing er es so an, wie wir alle es anfangen
sollen, wie er solches selbst Galat. I, 15. 16.
schreibet: Da es Gott wohlgefiel, der mich
von meiner Mutter Leibe hat ausgesondert, und
berufen durch seine Gnade, daß er seinen Sohn

offenbarete in mir, daß ich ihn durchs Evangelium verkündigen sollte unter den Heiden : alsobald fuhr ich zu, und besprach mich nicht darüber mit Fleisch und Blut. Die Vernunft, und
andere Welt-Menschen, das sind die rechten
Rathgeber nicht: man muß alsobald zufahren,
auf das, was man inwendig in seinem Herzen,
in seinem Gewissen, von der Gnade fühlet. Liebe
Seelen, darauf merket doch, dabei bleibet,
dem folget, und schließet die Augen zu vor der
Welt, vor Fleisch und Blut, und allem Raisonniren der Vernunft. Gibt JEsus Rath,
der kann nicht anders als gut ausfallen.

Rath ist nicht allein gut für Rathlose und
Verlegene, sondern Rath geben, und Gesetz
geben, ist auch ein großer Unterscheid. So
unterscheidet sich unser liebster Heiland von Mo-
se, dem Gesetzgeber. Ein Gesetzgeber geht mit
der Strenge zu Werk; Rathgeben aber ist
das Werk eines lieben Freundes, der uns zum
Beßten zu rathen suchet. Sehet, so beweiset
sich JEsus auch bei den gläubigen Herzen.
O wir würden nimmermehr zurecht kommen,
und in tausend Verlegenheiten gerathen, wann
wir nicht einen solchen Rathgeber hätten. Ach
wenn wir auf diese oder jene, äusserliche oder
innerliche Weise, nicht wissen, wie wirs machen sollen, nur ein herzliches Gebeth zum lieben
Heilande gethan, nur zum Herzen gekehret,
und die Sache nicht länger natürlicher Weise
besehen; dann werden wir Muth, dann werden wir Licht und Kraft bekommen, ja, wir

werden

werden viel beſſer zurecht kommen, als wenn
wir die Sache noch ſo lange überlegen; es
ſei dann, daß es Sachen wären, die ganz
natürlich ſind.

Als ein Rath, und nicht als ein Geſetzgeber, beweiſet ſich der liebſte Heiland ſonderlich
da er uns einführen will in ſeinen Sinn und
in ſeine Geſtalt, da er uns abrufen und abra-
then will von allem Elend, Sünden und Jammer unſers Herzens. Ach liebſte Seelen; wären wir nur mehr recht aufmerkſam und folg-
ſam, o was würden wir nicht erfahren, wie
JEſus ein ſo treuer Freund, ein ſo treuer Rath
iſt. Wann etwa ein glaubiges Herz ſich auf
dieſe oder jene Sache lenken, oder noch falſchen
Götzen anhangen wollte, ſiehe, ſo wird ſich JE-
ſus inwendig im Herzen mit ſeinem Liebes-Geiſt
anmelden: Nun ſiehe, liebe Seele, das iſt nicht
gut, daß du noch da und daran dein Herz hängeſt, daß du dich noch da und darin beluſtigeſt;
kehre dich doch von dem Ding ab. O koſtbarer
Rath! Wenn wir doch ſo fein nahe bei unſerm
Herzen blieben, wie würde uns der liebe Heiland
ſo lieblich und liebreich, nicht wie ein harter
Mann, nicht wie ein Geſetzgeber, ſondern wie ein
Freund, abrufen von der Welt und aller ihrer
Luſt, von der Sünde und aller ihrer Thorheit, von
aller Eitelkeit und allem falſchen Leben in uns
über; er würde uns zu ſich in unſer Herz hinein
rufen, und freundlich mit uns reden. Wenn
etwa eine Zorns-Kraft in dem Herzen aufkom-
men wollte, ſiehe, da iſt der liebſte Heiland als

Rath

Rath bei seinen Gläubigen: O liebe Seele,
ersenk dich fein sanft in meinen einfältigen, in
meinen sanften Liebes-Sinn pinein, und ersäufe
da deine bittre Zorns-Kraft.   Wollte etwa ein
steifer, herber Eigenwille und Verdruß sich im
Herzen hervor thun,   siehe,   der Liebes-Geist
JEsu wird uns treulich rathen: Nun, mein
Kind, beuge dich, schmiege dich nur fein sanft.
Wer etwa was schweres zu leiden hat, o da
will sich JEsus auch als ein Rath beweisen:
Nun, siehe mich an in deinem Leiden; siehe
wie viel hab ich für dich gelitten: nur einmal
dein Kreuzchen getrost aufgefaßt; siehe, als
ein solcher Rath will sich JEsus Christus, uns
ser geborner Heiland,   an unserm Herzen erweisen.   Wenn wir aber in unserm Herzen nicht
fein aufmercksam sind, wenn wir nicht nahe
bei unserm Gemüthe und in der Gnaden-Füh-
rung unsers liebsten Heilandes aushalten, ach
dann kann man wieder auf falsche Nebenwege
gerathen,   und sich ein Christenthum formen,
das nur so halb und halb gehet.

Ach liebste Herzen, manche, die das erfahren, daß der liebe Heiland, durch seinen theuren
Rath, sie in eine solche genaue Verleugnung
der ganzen Welt und ihrer selbst einführen will,
wenn er uns so abruft von allem falschen Leben
der Natur und Kreatur, ach die fangen dann
manchmal an darüber zu vernünfteln und zu raisonniren, daß sie denken: Ja der und der thut
das ja doch auch; darinn bestehet doch auch kein
Christenthum, das ist die Sache selber nicht.

Siehe,

Siehe, das ist nur so raisonniret; und dennoch
merkt man inwendig wohl, was der liebe Heiland gerne hätte. Nun, da sollten wir auf
nichts regardiren, und auf nichts achten, was
die Vernunft auch immer sagen mag. Nur
einfältig dem theuren liebes-Rath des Heilandes gefolget, so werden wir erfahren, daß wir
nicht allein nichts dabei verlieren, sondern daß
wir durch eine solche kindliche Folgsamkeit immer mehr Vergnügungen und Seligkeiten in
unsern Herzen gewinnen werden.

JEsus ist nicht nur ein Rath, sondern sein
Name heisset auch Kraft: Wunderbar, Rath,
Kraft. Wozu soll uns denn dieß Wort Kraft
dienen? Dazu, daß wir kindlich auf JEsum
trauen, und in ihm kindlich suchen zu bleiben,
als in unsrer alleinigen Kraft und Stärke.
Kraft haben die Gläubigen nöthig, um sich
los zu reissen von so vielen Banden, von so
vielen Stricken, und so vielen Sachen, womit
und woran sie gebunden sind: aber ach! dazu
ist in uns keine Kraft. Indessen die Rathgebungen unsers liebsten Heilandes JEsu, sind
nicht wie die Rathgebungen eines Menschen.
Ein Mensch sagt uns vieles, und gibt uns
doch keine Kraft, es zu vollbringen: aber in
dem Rath unsers liebsten Heilandes Immanuel liegt zugleich eine wirkliche Kraft. Wenn
seine heilsame erschienene Gnade züchtiget,
daß wir dieß und das ungöttliche Wesen und die
weltlichen Lüste verleugnen sollen, nach Tit. 2,
so ist in der Züchtigung eine wirkliche

Kraft,

Kraft, verleugnen zu können. Derohalben
wenn wir in unserm Inwendigen gewahr werden,
daß der liebe Heiland, dieß oder jenes von uns fo=
dert, z. E. wir sollen einmal mit Ernst durchbre=
chen, wir sollen die Sache nicht länger bedenken;
so sollen wir nicht denken: Du kannst es doch
im Christenthum nicht aushalten; so und so
wandeln, das kannst du doch unmöglich auf die
Dauer thun: ob du es denn anfängst so und
so zu machen, dich hievon und davon zu ent=
halten, und so genau, so behutsam zu wan=
deln; du stehest gleichwol in einer Haushaltung,
in einem Amt, in einem Beruf, in den und
den Umständen; wie willst du über alle die Berge
kommen? Siehe, Seele, das sind nichts, als
Bedenklichkeiten der Vernunft. Christus nen=
net sich einen Rath, und was er von einer
Seele fodert dazu gibt er auch die Kraft.
Wir sollen, mit Paulo, nur alsobald zufah=
ren, unserm JEsu ein redlich Ja=Wort geben,
und es nur anfangen, nicht in unsrer Kraft,
sondern im Namen JEsu, unsers liebsten Im=
manuels: denn wozu er uns rüft, dazu gibt
er auch das Vermögen.

Als er in den Tagen seines Fleisches seinen
Jüngern zurief: Kommt und folget mir; da
folgten sie ihm alsobald. Sie raisonnirten nicht
lange: Ja wo willst du dann hingehen? Was
willst du mit uns machen? Ich muß ja mein
Schifflein in Acht nehmen, ich muß ja diß und
das thun. Ach das galt alles nicht. JEsu
Ruf ist ein Macht=Wort an unsre Herzen, es
liegt

liegt darin eine Kraft verborgen. O Seelen,
die ihr dieses in euren Herzen spüret, wagt es
nur in GOttes Namen; denkt, daß ihr alles
vermöget durch den, der euch rufet. Wenn
der sähe, daß er euch nicht hindurch führen
könnte, so würde er euch nicht rufen. Aber der
ist getreu, der uns ruft, er wird es auch thun,
wenn wir uns ihm nur redlich übergeben. Ach
alle die Bedenklichkeiten des Fleisches und der
Vernunft, sind nichts, als ein Betrug des
Satans. Ach wie geht nicht manches Herz
Jahr und Tag dahin, und fühlet bei sich wohl,
daß GOtt von ihm haben will, es soll sich einmal redlich wagen, es soll einmal alles dran geben, es soll sich einmal in die Hände JEsu zu
dessen Eigenthum übergeben, und raisonniret und
speculiret nur darüber, und geht nur neben und
um die Sache herum. Ach Seelen, es beruhet
nicht auf uns, sondern es beruhet allein auf JE-
su und seiner rufenden Kraft. Von ihm sollen
wirs erbitten, und bei ihm sollen wirs auch er-
hagen; daß uns seine Kraft hindurch führen
wird.

So geht's auch in allen übrigen Anforderungen der Gnade. Fodert die Gnade von den
Gläubigen, daß sie etwas sollen thun, oder lassen, oder leiden, führt sie uns in eine Sache ein,
ach da sollen wir nur kindlich inne bleiben, uns
gehorsam übergeben und vertrauen, und bei der
Kraft drinnen bleiben, nicht aber von der Kraft
heraus gehen und raisonniren. Ich sage, das
Gebet, Kraft soll uns dazu dienen, daß wir uns

JEsu

JESU anvertrauen und auch drinnen bleiben.
Wann eine Seele von ihrem Herzen und vom
HErrn abweicht und denket: Nun willst du es
so und so machen, die Sache so und so ernstlich angreifen; so und so wird es von dir gefor-
dert, nun, du willst es auch thun; du willst das
und das dein Lebetage nicht mehr thun; du wilst
nun so genau und so treu vor GOtt wandeln;
soltest du das und das nicht können leiden? Ey
du willst es getrost thun. Siehe, wann die Seele
also denkt, und weicht von Christo und ihrem
Herzen, und demnach auch von der Kraft, ab,
dann kann es nicht gut ablaufen, dann werden
wir mit allem unserm eigenen guten Vornehmen
überall zu kurz kommen O das Wort Kraft
ruft uns zum kindlichen Innebleiben. Bleibet
in der Kraft, dann werdet ihr verstehen, was
Paulus Phil. 4. saget: Ich vermag alles durch
den, der mich innerlich kräftig machet, (dann so
heißt es eigentlich.) Sehet, Paulus vermogte
alles durch den, der ihn innerlich kräftig machte.

So auch in Ansehung unsrer Heiligung. Ach
wenn man die genaueste Anforderungen des Gesetzes, und sonderlich des Evangelii, ansiehet,
welches die genaue Lehren, das genaue Leben
und Wandel unsers Heilandes auf Erden, in
sich verfasset, und wie wir seinem eigenen Bilde
ähnlich und in dasselbe vergestaltet werden sollen,
dann denkt man: Ach du kannst unmöglich, unmöglich, so heilig, so fromm, so sanftmüthig,
so einfältig und so treu leben; ja du kannst es nun
noch in Ewigkeit nicht. Sellen, es ist gesagt,
wir

wir könnens nicht; nur JEsu Kraft muß es
thun. Ein Kind ist uns geboren, ein Sohn ist
uns gegeben, der heisset Kraft, der kann es thun,
was wir nicht thun können. JEsus sagt es selber Joh. 15, 5: Ohne mich könnet ihr
nichts thun: gewiß, wir können es noch viel
weniger als wir denken. Es ist das Wort zwar
manchem im Munde: Wir können es aus uns
selbst nicht thun, es heißt ja, ohne mich könnet ihr
nichts thun; aber das vorhergehende, bleibet
in mir so bringet ihr viele Frucht, das
läßt man aus. JEsus ist die Kraft. Gestern haben
wir gehöret, daß der geschenkte Sohn der einzige
Grund und Mittel sei zu der neuen Geburt und
zu dem Gnaden-leben in unserm Herzen. Christus ist mit seinem Gnaden-leben uns unaussprechlich nahe in unserm Inwendigen; auf den
müssen die Glaubigen immerdar kindlich bauen
und vertrauen, wenn sich auch noch so viele
Schwachheiten und Unvermögen in ihnen fän-
den: auf JEsum dürfen sie es wagen, auf
den so nahen Heiland können sie bauen und
vertrauen.

Das aber nicht allein, sondern sie sollen und
müssen auch durch den Glauben in Jesu suchen
zu bleiben: Bleibet in mir, dann bringet ihr
viel Früchte. Wenn wir durch Glauben, durch
Suchen, und durch lieben, uns so beständig zu
unserm nahen Immanuel halten, wie ein Reben
an dem Weinstock, und auch so unverrückt, in
solcher Erkäntniß unsers Unvermögens zu allem
Guten, an Jesu suchen zu kleben, dann werden

wir gründlich und lebendig erfahren, daß JEsus
die Kraft sei an unserm Herzen, wodurch in uns
solche gründliche Tugenden geboren werden, der=
gleichen wir sonst in Ewigkeit nicht hätten her=
vor bringen können: wir werden erfahren,
daß JEsus wahrlich fromme und heilige Leute aus
uns machen wird, ja, daß er selbst die Heilig=
keit in uns werden wird, wodurch er, und nicht
wir selbst, soll geehret, gelobet und gepriesen wer=
den.   Sobald aber ein Frommer denkt: Nun
hast du doch dis und das erreichet, nun bist du
doch über den und den Berg gekommen, und will
so in sich selbst einhergehen fromm sein, und sich
selbst gefallen in seiner Frömmigkeit, alsobald
ist er von aller Kraft abgewichen, und wird in alle
Unordnungen hinein gerathen. Aber durch ein ge=
naues Innebleiben in Christo JEsu, durch ein
kindliches bauen und trauen auf seine Gnaden=
Kraft, durch ein solches demütiges Vertrauen kan
eine Seele getrost fortwandeln in ihrem Christen=
thum, so wie sich David hierüber ausdrückt,
Psalm 71: Ich will einher gehen in der Kraft
des Herrn Herrn, ich werde seine Gerech=
tigkeit allein preisen.   Die Seelen, die auch
also stäts suchen einher zu gehen in der Kraft des
Herrn Herrn, die werden erfahren, daß auf
die Art was Rechtes aus ihnen werden kann.

Weiter heisset JEsus hier ein Held; er heis=
set Wunderbar, Rath, Kraft, Held.   Das
Wort Held sollen wir dazu gebrauchen, daß
wir einen kindlichen Muth fassen, und zu einem
kindlichen Vertrauen und Gebeth uns wenden.
                                        Das

Das Wort Held zielet auf Gefahr und auf
Feinde; dann in den Gefahren und vor den
Feinden zeiget sich der Held.   Ach die Menschen
dieser Welt, leben mehrentheils so ganz sicher und
getrost dahin; sie sind, so wie es scheint, oft recht
muthig, ja sie sind oft rechte Helden in der Gottlosigkeit. Aber woher kommt es? Sie sehen die
Gefahr, sie sehen die Feinde noch nicht, und
darum sind sie Helden. Laßt aber die Gefahr
auf dem Kranken- und Tod-Bette entdecket
werden, laßt den Feind einmal kommen und sagen: Nun solt du in die Ewigkeit gehen; dann
liegt mein Held da, dann ist der Muth dahin.
Schlechte Helden, die Christum nicht in ihrem
Herzen tragen. Ach wie leichte sinkt der Muth,
der nicht ruht auf Christi Blut!

Gläubige Herzen, wir sollen Helden werden;
wir sollen auf Christum und auf seine Helden-
Kraft allein bauen und vertrauen. JEsus
Christus hat sich als ein Held bewiesen, da er
sich in alle unsre Noth und Gefahr hinein gewagt hat, da er allen unsern Feinden Trotz
geboten hat, da er in seiner erniedrigten Gestalt den Teufel, den Tod, die Sünde, und
alle unsre Feinde, in seiner eigenen Person, uns
zu gut, überwunden hat. O ein mächtiger
Held! auf diesen Grund und Fundament können nun die Seelen, die sich JEsu Christo,
dem Immanuel, geschenket haben, muthig
und getrost wandeln vor dem HERRN ihrem
Gott. Wir dürfen nicht verzagen, weder vor
dem Teufel noch vor seiner Gewalt, dann Chri-

stus hat auch als ein Kindlein dem Teufel seine
Gewalt benommen. So beschreibet es Paulus,
Hebr. 2, 14: Nachdem die Kinder Fleisch und
Blut haben, ist ers gleichermaßen theilhaftig
worden, auf daß er durch den Tod die Macht
nähme dem, der des Todes Gewalt hatte, das
ist, dem Teufel. Christus hat dem Teufel die
Macht genommen durch seinen Tod; er hat dem
Tod die Macht genommen durch seinen Tod.
Gläubige, die sich Christo geschenket, und mit
Christo sich verbunden haben, die können auf
diesen Helden-Muth JEsu Christi auch Helden
sein, und aus I Cor. 15, 55-57. ausrufen:
Tod, wo ist dein Stachel? Hölle, wo ist dein
Sieg? Der Stachel des Todes ist die Sünde;
die Kraft aber der Sünde ist das Gesetz. Gott
aber sei Dank, der uns den Sieg gegeben
hat, durch unsern HErrn JEsum Christum.

Kinder Gottes können auch muthig und
getrost sein in Ansehung der Welt. Sie dürfen sich nicht fürchten vor der Welt, vor Spott,
vor Lästerungen, und allerlei Plagen und Gefahren. In der Welt habt ihr Angst,
sagt Christus: Es wird euch nicht anders gehen,
ihr frommen Leute; ihr müsset euch nicht gute Tage nach dem Fleisch vorstellen, will er sagen; in
der Welt habt ihr Angst; aber seyd getrost,
habt nur guten Muth, ich habe die Welt
überwunden; ich bin ein Held, haltet euch nur
an mich, so kann sie euch nichts thun. Siehe, so
können Gottes Kinder Helden sein; und so
in Ansehung aller unsrer übrigen Feinde. Es

ist

ist keine einzige Sünde in uns, die JEsus nicht
selber für uns überwunden hat. Er ist in allem
versucht worden wie wir, damit er Mitleiden
mit uns haben, und uns von aller Macht der
Sünde erlösen könnte.   So können und so sollen dann Gottes-Kinder kindlich und getrost
wandeln in ihrem Christenthum, und nicht so
verzagt seyn, nicht immer so auf sich selbst sehen,
nicht immer so klagen und jammern, nicht immer so erschrecken vor den Feinden: nein, nur
mit kindlichem Muth sich an JEsum Christum
gehalten; er hat die Feinde überwunden für
uns, er wird sie auch in uns überwinden.

Ich rede aber von einem kindlichen Muth,
der sich auf das Gebeth gründet.   Ein kindlicher Muth ist nicht ein solcher Muth, da
man so ein Held in sich selbst ist, und denkt
wunder! welche Thaten man nun im Christenthum thun wolle: ach das ist wirklich ein
schlechter Muth; solche Helden läßt Gott fallen. Petrus hatte auch einmal solch einen Helden-Muth; aber ach! er kannte sich selber nicht.
Er sagte: Ich will mit dir in den Tod gehen,
es soll an mir nicht fehlen, wenn sie dich auch
alle verlassen, so will ich dich doch nicht verlassen. Siehe, das war ein Held auf sich
selbst und in sich selber, der von Christo und
seiner Helden-Kraft nicht abhänglich war in einem kindlichen Gebeth, darum muste er fallen;
er muste er durch die Erfahrung lernen, welch
ein Held man sei, wenn man auf seine eigene
Stärke und Hand sich verläßt, aufthut.

Auch sollen wir nicht Helden sein auf die
Süßigkeiten, Lieblichkeiten, und Empfindungen,
die uns Gott etwa bei guten Tagen mittheilen
mögte. Ein Held sein, wenn man keine Feinde
siehet, daß ist keine Kunst. Wenn manchmal
die Seelen inwendig von der Gnade angesehen,
erquicket und besuchet werden, und Gott sie
seine Süßigkeiten der ersten Liebe schmecken
läßt, o dann denken sie, mit David: Ich
werde in Ewigkeit nicht straucheln; nun will
ich einmal recht wandeln, wie es einem Christen geziemet, man will ich so und so allen andern vorlaufen. Ach liebe Seele, daß ist kein
kindlicher Muth, daß ist ein kindischer Muth.
Die Süßigkeiten gehen bald vorüber, und dann
läßt dich der liebe Gott erfahren, daß du noch
ein schlechter Held seist, und wie es so dürre,
so elend, so jämmerlich, um dich aussehe. Die
Kinder denen man Zucker gibt, daß sind nicht
die beßten und gehorsamsten Kinder. Unserer
Schwachheiten wegen muß uns Gott manchmal Licht, Süßigkeiten und Empfindlichkeiten
schmecken laßen: aber wann wir Helden werden wollen, so müßen wir unsre Helden-Kraft
allein auf JEsum Christum gründen, durch ein
kindliches Gebeth und Zuflucht nehmen zu JEsu.

Einen kindlichen Muth sollen wir haben.
Das kommt mir so recht anmuthig vor. Wann
ein Kind einen bösen Hund, oder auch einen
fürchterlichen Menschen siehet, wie wehret sich
dann das Kind? Es lauft was es laufen kann,
sich in den Schooß seiner Mutter zu verkrie-
chen.

ßen. Siehe, solche Helden sollen wir auch
seyn. Wir sollen in dem Anblick aller Gefah-
ten und aller Feinde, mit Herzlichem Gebeth
uns so kindlich zu JEsu kehren, mit einem
gründlichen Vertrauen. Wir könnens ihm ja
zutrauen, wir können gerade so thun, wie ein
Kind. Wann ein Kind sich in der Mutter
Schooß verborgen, dann denkt es weder an
Hund, oder Gefahr. Wir sollen in unserm
kindlichen Muth auf unsern großen Helden,
und nicht auf uns selber, sehen; denn, sehen
wir auf uns selber, so bleiben wir nicht lange
Helden. Petrus solte einst auf dem Meer zu
Christo kommen: nun, das ging gut; so lang
er Christum ansahe, konnte er auf dem Meer
wandeln; sobald er aber die Wellen des Meers
ansahe, fing Petrus an zu sinken. Siehe so
gehts uns auch, liebe Herzen. Auf JEsum,
unsern Helden, sollen wir sehen unter allen unserm Elenden, Schwachheiten, Feinden und Gefahren. Nur der gnädige Anblick des allmäch-
tigen, des gegenwärtigen Heilandes JEsu, kann
uns so zu Helden machen, daß wir keine Gefahr, keine Menschen, und nichts fürchten.
Jener Wunder-Prophet Elisa stunde einmal
in der Gegenwart dreier Könige, nemlich Jo-
saphat, des Königs Juda, Jorams, des Königs
Israel, wozu auch der König in Edom kam.
Diese drei Könige lagen zu Felde, wo ohnedem die Könige eben nicht allemal sanftmüthi-
ges Geistes sind; und als Elisa vor ihnen erscheinen muste, sagte er zu Joram, dem Könige

Israel: So wahr der HErr Zebaoth lebet, vor
dessen Angesicht ich stehe, wenn ich nicht Jo-
saphat, den König Juda, ansähe, (denn das
war ein frommer König,) ich wollte dich weder
ansehen noch achten, 2 Kön. 3, 14. Sehet,
welch ein Held! Elisa fürchtete sich nicht vor
drei Königen, als er im Namen des Herrn
vor ihnen erscheinen mußte. So getrost und
unverzagt können auch Christen sein. Unverzagt und ohne Grauen soll ein Christ, wo er
ist, sich stets lassen schauen. Gläubige Herzen,
die nicht auf sich selber sehen, sondern ihre Zuflucht kindlich zu JEsu nehmen, mit ihm sich
im Glauben vereinigen, die können es wagen,
und dürfen sich vor keinerlei Noth, Gefahr
oder Feinden, so ihnen äusserlich oder innerlich
zustoßen möchten, fürchten.

Weiter: Sein Name ist Wunderbar, Rath,
Kraft, Held, Ewig-Vater. O süßes Wort!
Wozu soll uns das bewegen, daß sich der liebste
Heiland nennt Ewig-Vater, oder Vater der
Ewigkeit? Es soll uns bewegen zu einer kindlichen Ueberlassung an diesen, und zu einer kindlichen Liebe zu diesem Vater, Ewig-Vater.
Christus behält ein unverrückt ewig liebendes Vater-Herz. Kinder können manchmal Schwachheiten begehen, sind unvorsichtig, und können
durch Unvorsichtigkeit etwas zerbrechen und verderben; aber deßwegen jagt man sie nicht aus
dem Hause, sondern man weiset sie zurecht, und
wann sie es grob machen, so züchtigt man sie:
indessen Kinder sind und bleiben Kinder, der

Vater

Vater behält ein Vater-Herz gegen sie. Und
so ist JEsus Christus gesinnet gegen diejenigen,
die sich durch seine Gnade haben neu gebären
lassen. O er ist ihnen ein ewiger Vater, ein
Vater in seiner Herzens- in seiner Liebes- und
Lebens-Gemeinschaft, die er ihnen nicht entziehen will wegen ihrer, wider ihren Willen, ihnen anklebenden Gebrechen und Schwachheiten.

Ewiger Vater bleibet er in seiner unermüdeten
Sorge für seine Kinder. O wie viel Sorge
hat der liebe Heiland nicht, mit einer einzigen
Seele, um sie groß (oder soll ich sagen klein,)
zu ziehen, und in sein Bild zu formen! O wie
sorget er nicht, vom Morgen bis zum Abend,
den Seinigen auf allerhand Art und Weise zu
helfen und beizustehen! O wie unermüdet ist
er nicht, in seiner Vaters-Sorge und Pflege,
seine Kinder zu erquicken, und sie auf allerlei
Weise zu verpflegen!

Ewiger Vater ist er auch in seiner Vaters-
Geduld. O wie vieles träget und übersiehet er
nicht an den Seinigen, und bleibet dennoch Vater in Ewigkeit! Denn es heißt dieß Wort nicht
nur Ewig-Vater, sondern nach dem Grunde
heißt es eigentlich Vater der Ewigkeit. Christus,
das neugeborne Kind zu Bethlehem, ist ein ei-
gentliches Kind der Ewigkeit. Da liegt es in
dem Stalle zu Bethlehem; in der Welt, nicht
von der Welt: nein, es ist und bleibet ein Kind
der Ewigkeit, ein Vater der Ewigkeit. Wenn
Christus in einem Herzen geboren werden soll, und
sich als ein Vater darin bilden will, dann ruft er die

GG i   F 5   Seinen

Seelen kräftiglich ab von allen Dingen, von
der Welt, von allem Wesen dieser Welt, von
allem Hohen, von allem Ansehnlichen dieser Welt
und von allem, was nur die Welt hochachten
kann. Siehe, da liegt JEsus in der Krippen,
sogar auf Heu oder Stroh, in größtem Man=
gel und Dürftigkeit; sein ganzes Wesen spricht:
Ich ästimire die Welt mit allen ihren Reichthü=
mern, Ehren, Ansehen, Wollüsten und einge=
bildeten Vergnügungen nicht; nein, ich nehme
mich dieser Sachen nicht an, ich bin dazu nicht
in die Welt kommen, ich bin, ich bleib ein Kind
der Ewigkeit.

    Nun, JEsus ist uns geboren als ein Vater
der Ewigkeit, und er ist inwendig in den Herzen
der Seinigen nahe; da ruft dieses Kindlein uns
kräftig zu, daß wir doch nicht länger Kinder der
Welt bleiben, sondern Kinder der Ewigkeit wer=
den sollen, die da mit Herz, mit Lust, mit Sin=
nen, mit Gedanken, und mit ihrem ganzen
Willen, abgeschieden von der Welt leben. Zu
Kindern der Ewigkeit sollen wir durch diesen Va=
ter der Ewigkeit bereitet werden. Je mehr JE=
sus im Herzen und im Inwendigen Raum ge=
winnet, desto mehr erhebet er das Herz, den
Sinn, und alle Kräfte der Seelen, daß sie von
dieser Zeit und von allem Zeitlichen, Abschied
nehmen müssen, um nur ihren Wandel im Him=
mel, in der seligen Ewigkeit, zu haben.

    Sehet, liebste Herzen, das Kind zu Beth=
lehem ist ja äusserlich in der Welt nicht mehr zu
sehen, das Kind ist in der Ewigkeit; und den=

noch

noch den Herzen der Gläubigen unaussprechlich
nahe. Wir aber werden ohnedem all mit ein
ander nicht lange mehr in der Welt sein. Bald
schließen wir die Augen zu vor allem, was wir
nun noch so wie ein Schatten vor unsern Au
gen sehen. Darum nun weg dann mit der
Welt! Kinder der Ewigkeit müßen wir werden,
durch diesen Vater der Ewigkeit. Nicht hier in
der Welt, sondern in der Ewigkeit, haben wir
unsern Vater und unser Vaterland; da muß auch
unser Herz, da muß unsre Liebe, da muß unsre
ganze Seele und unser ganzer Mensch seyn.
Vater der Ewigkeit nennet sich JEsus Christus.
Die Ewigkeit ist eine Ausgeburt, ein Werk der
lieben Heilandes, der hat, als das allmächtige
Kraft-Wort Gottes, die ganze selige ewige
Welt hervor gebracht, die gehört ihm zu, er
ist Vater davon, er ist Vater der Ewigkeit, und
ich bin sein Kind worden aus Gnaden.

Nun, liebste Herzen, welchen Grund, Trost
und Hoffnung, gibt mir das dann nicht, daß
ich auch Theil haben werde an der seligen Ewig
keit. Ist er mein Vater, und ich sein Kind, so
bin ich ja auch in dieser und durch diese Kind
schaft ein Erbe geworden deßen, was ihm ange
höret. Ist er ein Vater der Ewigkeit, demnach
so werden Kinder Gottes, wenn sie von der
Welt auch nichts mit kriegten, doch die ganze
selige Ewigkeit ererben. Die Freudenvolle Engli
sche Welt, wird ihnen, wann sie ihr Haupt nie
derlegen, zu ihrem Theil und zum Erbe geschen
ket werden.

Friede

Friede-Fürst, ist das letzte. JEsus nennet sich Friede-Fürst. Wozu soll uns das bewegen? Das soll uns bewegen zu einer herzlichen Freude, zur Liebe, zum Lob und Verherrlichung der ewigen freien Gnade. Friede! kein Mensch hat Frieden, der JEsum, das Gott-Kind, in seinem Herzen nicht besitzet. Christus ist gekommen, Frieden auf Erden zu bringen, durch seine Menschwerdung und Geburt; durch sein bittres Leiden und Sterben hat er die Feindschaft, die durch die Sünde zwischen Gott und den Menschen entstanden war, aufgehoben und versöhnet in seinem Blut. Alle die nun in der Wahrheit sich JEsu Christo zum Eigenthum ergeben, die genießen den Gottes-Frieden, in der Vergebung und Schenkung aller ihrer Sünden. Paulus sagt, Röm. 5, 1: Nun wir dann sind gerecht worden durch den Glauben, so haben wir Friede mit Gott durch unsern HErrn JEsum Christum. O welch ein theures Kleinod, welch ein Schatz und Seligkeit darinn liegt, daß ein bußfertiger Sünder darf wieder kommen und denken, Gott ist nicht mehr mein Feind, sondern Gott ist mein Freund, ich bin mit ihm versöhnet durch JEsum Christum, meinen Heiland, das weiß niemand, als der es erfähret.

Aber, o fürchterliche Sache, daß einer so unbekehrt und unversöhnt zur Ewigkeit darf hinan gehen! Menschen, die ihr noch mit einem bösen, mit einem unruhigen Gewissen, ohne Gottes Freundschaft in den Tag hinein lebet in der Welt,

Welt, wie könnt ihr euch des Abends ruhig und
im Frieden auf euer Lager nieder legen? Könnte
nicht dieſe Nacht die letzte ſein, worinn ihr in
die groſſe Ewigkeit übergehen müßtet? und ihr
hättet dann den Frieden Gottes nicht, ihr
müßtet denn vor Gott, als dem, der euer
Feind wäre, erſcheinen, was wäre das nicht ein
ewiges Unglück!

Ein Friede-Fürſt aber iſt JEſus; und ſo beweiſet er ſich auch an den Seinigen, indem er
ihnen auch immer ſeinen Frieden mehr und mehr
in ihren Herzen und in ihrem Inwendigen mittheilet, einen Frieden, der allen Verſtand übertrift, wie Paulus ſagt, Phil. 4, 7; ſo daß ſie
inwendig in ihren Herzen aufs tiefſte in der Gunſt
ihres Gottes und Heilandes vergnüget und be-
ruhiget werden. Gottes Kinder müſſen zwar
ſo wohl als andere Menſchen, in der unruhigen
Welt, unter vielem Jammer, Kreuz, Widerwärtigkeiten und Stürmen leben; es können
Kinder Gottes auch Krieg, Brand, und allerlei Unglücks-Fälle erleben; aber der liebe Heiland ſagt: Bleibet in mir, ſo werdet ihr Friede
haben. Siehet es in der Welt dann auch noch
ſo verkehrt und unruhig aus, will dieſes oder
jenes ſchon ſtören: ach wer JEſum hat, der hat
ſo eine ſichere Hütte, daß ſein Innerſtes unter
allen Stürmen, von auſſen und von innen, un-
bewegt bleibet. Das Schifflein liegt an einem
ſichern Anker, und obſchon es ſich von auſſen
in etwa beweget, ſo erquicket doch die Gunſt unſers Gottes inwendig in aller Unruh, und ver-

ſüſſet

süsset alle Mühe dieses Lebens dergestalt, daß die
Seelen getrost sein können.

Endlich aber beweiset sich JEsus als ein Friede-Fürst in der allerletzten und allerbittersten
Stunde im Tode. Da, wo alles drunter und
drüber geht; da, wo der größte Held sich fürchtet, zittert, zaget und bebet, da ist und bleibet
JEsus in seinen Kindern ein Friede-Fürst; und
er wird sich an ihnen auch also beweisen, in so
fern sie nur kindlich und einfältig suchen in ihm
zu bleiben. O er wird seine Gunst ihnen dann
nicht aus ihrem Herzen entziehen; sondern er
wird ihr Gewissen in der Vergebung der Sünde
beruhigen, und ihre Herzen erquicken durch seine
göttliche Nahheit; und er wird sie einführen in
seine Klarheit und ewigen Frieden, so er durch
sein Blut erworben hat.

Ein Fürst ist auch ein Führer, der durch alles
durchführet. JEsus, der Friede-Fürst, ist auch
ein solcher Führer; der führet die Seinigen durch
den letzten Sturm des Todes so ganz sicher und
ruhig hindurch, daß sie in dem Haven der ewigen Seligkeit anlanden. Und solten die Glaubigen, nach der weisen Hand Gottes über sie,
auf ihrem Tod-Bette gleich auch noch gerüttelt
und geschüttelt werden, ach ihr Innerstes, ihr
Glaube, der bleibt doch an JEsu hangen als an
einem festen Anker, und läßt ihn nimmermehr.
Und also wird es dennoch bey den Glaubigen
wahr, daß JEsus ihr Friede-Fürst ist und bleibet, im Tode, und durch den Tod hindurch.

Es

Es rühmet mancher oft von diesem oder jenem, daß er so ruhig, so sanft und so selig ge-
storben sei; aber ist es auch wahr? Hat er auch
JEsum, als den Friedens-Gott, gehabt? Ist
er auch durch den mit Gott versöhnet gewesen?
Ist er ein Kind Gottes gewesen? Wo nicht, so
traue ich dem seligsten Sterben nicht.   Nach der
liebe hoffet man zwar so überall das Beste, (und
so müßen wir auch thun,) indeßen, das Hoffen
macht keinen Unseligen selig.   Ob man schon
sagt, Selig, Hochselig, der Allerseligste, es ist
alles nichts.   Aber den Friede-Fürsten im Herzen
haben, das ist selig sterben.   Die Gerechten werden weggerafft vor dem Unglück, und die richtig
vor sich gewandelt haben, kommen zum Frieden,
und gehen ein in die Ruhe ihres Geistes wenn sie
sterben, (wie es eigentlich heißet, Jes. 57, 1. 2.)
Sie ruhen zwar nach dem äusseren Menschen
in ihren Kammern; aber ihre Seelen sind in
Gottes Hand, und keine Quaal rühret sie an,
Weish. 3, 1.   O welch ein Friede! o welch
ein Sinken in den ewigen Frieden; seine Augen schließen vor aller Unruh, vor aller Quaal,
vor aller Noth und vor allem Jammer dieser
Welt, und einsinken in die stolze Ruh der
Ewigkeiten!

O Ruh der Ewigkeit! da wirds dann doch
geschehn,

Daß ich dich, höchstes Gut, so wie du bist,
werde sehn,

Und

Und ewig bei dir sein, mit jener sel'gen
Schaar.

Ich beth gebücket an; mein Gott, du bist
es gar. Amen.

Nun lasset uns dann, liebste Herzen, dem,
der uns abermal ein Stündlein zu unserer Her-
zens-labung und Erquickung vergönnet hat,
herzlich Danksagen für seine Güte, und ihn
bitten um seinen Segen und die Bekleibung in
unsern Herzen.

Gebeth.

O Gnade, o Gnade, und unschätzbare
Barmherzigkeit, daß sich arme Sünder noch beugen dürfen vor dir, dem Hohen und Erhabenen! o Gnade, o Gnade,
das du uns dein theures Evangelium, die
Verkündigung des Heils, noch verneh-
men lässest, welches du uns so theuer erworben und zuwege gebracht hast. Sind
nicht lauter Holdseligkeiten unter deinen
Lippen, o Immanuel? Schmecken nicht
deine Lehren und Gnaden süßer als Honig und Honigseim? O wir danken dir,
daß du uns gewürdiget hast, in diesen
Christ-Tagen so viel Gutes von dir zu lesen, zu hören und zu denken, mit manchen andern, hier und an andern Orten.
O HErr

O HErr JEsu, o HErr JEsu, wir danken dir, daß du Saamen gesäet hast: ach
gib doch nun auch deinen Segen. Laß es
nicht in den Wind, sondern in die Herzen
gesäet sein, bekleiben, und durch deinen
heil. Geist versiegelt werden zu einer reichen Fruchtbarkeit.

Liebster Immanuel, du schönster unter den Menschenkindern, von dir haben
wir etwas gestammelt; o vergib es, daß
es so gebrechlich, daß es so schwach hergegangen ist. Ersetze du durch deinen Geist,
und durch die Salbung deines Geistes,
alles, was an Worten mag gemangelt haben. Mache dich unsern Herzen bekannt, o
HErr JEsu, du allerhöchstes, du herzvergnügendes Gut. Wie sind nicht die Herzen so ferne von dir! wie so wenig wirst
du in der Kraft und Wahrheit erkannt, und
wie so wenig wirst du genossen in dem
Inwendigen! In dir ist ja eine solche Fülle
der Vollkommenheiten, Schönheiten, und
Seligkeiten; aber ach, die Herzen sind
und bleiben mager und leer. Ach HERR
JESU, erbarme dich doch über uns arme
Kinder. Laß doch unsre Tage nicht länger so fruchtlos zugebracht, die edele Gna-
den-Zeit versäumet, und das Heil ver-

Erst. B. 1. Th.   scherzet

scherzet werden. Laß doch diesen letzten
Christ-Tag, der auch so mit Nachdruck
unser letzter Christ-Tag sein könnte, daß
wir keinen mehr erleben möchten, o laß
ihn uns einen gesegneten Christ-Tag sein,
daß wir nun uns von neuem dir ergeben von
hinnen gehen mögen; daß wir nun mit einem neuen Muth und Ernst, uns selbst und
alles dabei zu wagen, unsern Lauf fortsetzen mögen; damit wir, die wir uns hier
gesehen haben auf Erden, uns auch einmal
schauen mögen vor deinem Throne; und damit wir, die wir dich hier beschauet haben
in der Krippe deiner Niedrigkeit, dich
auch so mit einander schauen mögen auf
dem Throne deiner Herrlichkeit, da du sitzest
zu der Rechten deines himmlischen Vaters.

O liebster HErr JEsu, hier sind manche
fremde hungerige Herzen, die nun von hinnen gehen werden. Ach du weißest es, ob
wir einander in der Welt wieder sehen werden. Nun, HErr, laß deine Augen doch
offen sein über diese und uns alle mit einander. O schütze und bewahre uns vor allen
Anläufen unserer Seelen-Feinde, die du
für uns überwunden hast. O laß den Saamen deines Worts nicht aus den Herzen
geraubet werden; sondern laß denselben

durch

durch deine anhaltende Gnade aufwachsen
und Frucht bringen, zur völligen Heiligung
und Vereinigung. O HErr JEsu, laß
keinen einzigen unter uns leer ausgehen,
keinen einzigen zurück gehen, keinen einzigen sich wieder hinziehen lassen zu der
Welt; sondern gib, daß wir alle so wandeln mögen, daß dein liebster Name durch
uns noch möge gepriesen und verherrlichet
werden.

Ach JEsu, es beuget uns aufs allertief-
ste: Wir heißen Christen, ja, die Welt
heißet uns Fromme, und siehet uns für solche an, die vor andern dir angehören. Aber,
o JEsu, wie sind wir nicht deinem Namen
so oft und viel zur Unehre, und der Welt
zum Anstoß und Aergerniß? da sonst noch
viele durch uns könnten gereitzet werden,
wenn wir dein Bild wichtiger und richtiger
von uns strahlen liessen. O gib nun einen
neuen Ernst und Muth, süsser Immanuel
in der Krippe. Bilde du dein schönstes
Wesen in unsern Herzen recht ab, daß
wir, als recht einfältige Herzens-Kinder,
als recht bethende Kinder, als an dir hangende und klebende Kinder, im kindlichen
Glauben und Muth auf deine Kraft, unsern Lauf fortsetzen mögen, bis wir die

Crone

Krone der Herrlichkeit erlanget haben; alles aus freier Gnade und Erbarmung, um deines theuren Verdienstes und kräftigen Fürbitte willen, zu der Rechten deines himmlischen Vaters. Amen.

Lied: Mein Herzens-Jesu, meine Lust, 2c.

Schluß-Seuſzer.

Noch einmal, o liebſtes Kindlein in der Krippe; blicke an, o du allgegenwärtiger Heiland, mein Herz und alle dieſe unſterbliche Herzen. O Jeſu! blicke uns an, und gib uns zum Schluß einen kräftigen Segen aus deinem Heiligthum. Sprich mir und uns allen durch deines Geiſtes Kraft, zur Verſiegelung deiner Wahrheit, ins Herze: Der Herr ſegne dich 2c.

Dritte

Dritte Rede.

Gehalten über

Matth. II. ỹ. 1-12.

Unſer Anfang und Hülfe ſei in dem Namen
des Herrn, der Himmel und Erde gemacht hat, und in dem Namen unſers
gebenedeieten Heilandes Jeſu Chriſti,
der, als die Sonne der Gerechtigkeit, und als der ſelige Aufgang aus der
Höhe, auch uns in dieſer Stunde gnädiglich beſuchen, und unſre Herzen
erwärmen wolle, durch das Licht des
lebens. Amen.

Dieſ iſt das erſtemal, geliebten Freunde, daß
wir uns vor dem Angeſichte Gottes ver-
ſammlet finden in dieſem neuen Jahre. Ach laßt
uns erbauen und erbauen laſſen in einer
heiligen Freude und Andacht und Kunſt bei der
heilſamen Frohen des göttlichen Worts!
Denn ſo mächtig die, ſo begierig, wurde nicht

G 3

nicht mancher, der noch niemals das theure
Evangelium des Heils gehöret hatte, es anhören; ja, wenn wir wüßten, daß dieses nicht nur
das erste mal, sondern das letzte mal in diesem
Jahre, ja, in unserm ganzen Leben sein sollte,
mit welch einem Ernst, mit welch einer Begierde,
würden wir uns nicht hier nieder setzen. Nun,
das könnte geschehen; es ist das erste, es könnte
auch zugleich das letzte mal sein. Lasset uns deßwegen dem Herrn unserm Gott zu Fusse fallen,
und ihn um seine gnädige Beiwohnung und Segen inniglich anrufen.

Gebeth.

O du unveränderlicher ewiger Gott,
Gott, der da ist, der da war, und
der da sein wird; dessen Jahre nicht angefangen, und dessen Tage kein Ende nehmen;
o Gott, bei welchem tausend Jahre wie
ein Tag, und ein Tag wie tausend Jahre
sind, wir verehren diese deine unwandelbare
Ewigkeit, wir bewundern und verlieren uns
in diesem unergründlichen Abgrund. Wir
danken dir aber auch, o Herr, und bethen
an deinen ewigen Liebes-Rath und Wohlgefallen, wodurch du uns als deine Geschöpfe hast wollen hervor bringen in diese
Welt, und uns hier diese Lebens-Zeit, diese
Jahre und Tage verleihen, um in denselben
zube-

zubereitet zu werden zu einer seligen Ewigkeit vor deinem heiligen Angesichte.

Wir danken dir, HErr, für deine Gut-
heit, für deine Langmuth, wodurch du uns
so manche Jahre, so manche Tage, so manche Stunde, verliehen hast. Und da du
uns auch nun abermal ein neues Jahr erleben lässest, sehen wir billig bedächtlich zurück auf unsere vergangene Lebens-Zeit,
und auf das nun geendigte vorige Jahr. O
HErr, unser GOtt, Lob und Dank sei
deiner Güte, wodurch du uns bewahret und
gesparet hast vor andern, die diese Tage
nicht erlebet haben. Gelobet, geliebet seist
du, gedanket sei deinem väterlichen Herzen, wodurch du uns mit so manchen Gut-
thaten und Wohlthaten nach dem Leibe und
nach der Seele in dem verflossenen Jahre
gekrönet hast. Du hast uns gegeben, ja,
du hast es gethan, daß wir Essen und Trinken, Kleider und alles, was zum äussern
Leben nöthig ist, gehabt haben. Du hast
es gethan, das wir so manche Mittel deiner
Gnade, so manche gute Worte, gehöret, gelesen, und so manche gute Gedanken gehabt,
und so manche gute Rührungen deiner Gnade
in unserm Herzen gespüret haben. Gelobet
und geliebet sei deine unverdiente Güte.

G 4   Wir

Wir beugen uns aber, o Herr, tief vor
deinem Angesichte, wann wir auf unsere
Rechnung zurück denken. Mit wie vielen
Sünden und Undankbarkeiten haben wir
diese deine Güte beantwortet! O welch eine
Trägheit ist bei denen, die auch mit mir
berufen sind! o welch eine Undankbarkeit
gegen eine solche Liebe, gegen einen solchen
Liebes-Gott und himmlischen Vater! Laß
in Christo Jesu Versöhnung geschehen wegen aller unserer vorigen Sünden und Undankbarkeiten. O daß mit dem alten Jahre
auch unsre alte Rechnung abgethan würde!
O daß wir alle mit einander uns erneuren
liessen zu einer wahren Herzens-Busse und
gründlichen Ergebung an dich und deine Führung! O laß dieses neue Jahr uns ein recht
seliges Jahr werden, worinnen wir mögen
erleuchtet werden mit dem Licht deiner inwendigen Herzens-Erkenntniß, worinnen
wir mögen entzündet werden in deiner rei-
nen Gottes-Liebe, und worin wir mögen
ermuntert werden, dir, unserm theuresten
Heilande, nachzufolgen auf dem schmalen
Pfade der Verleugnung unser selbst und aller
Dinge.

Nun wir danken dir, daß du schon deine
Güte an uns lässest neu werden auch in diesem

sem Jahr, da du uns abermals ein Stündlein des Heils zu unserer Erbauung gönnen
willst. O laß es uns ein rechtes Gnaden-
stündlein sein; besuche du unsre Herzen,
o du Aufgang aus der Höhe, du, der du
allein die Quelle, das Licht, Leben und Heil
bist. Jesu Christe, du Sohn Gottes des
Allerhöchsten, o erleuchte doch unsre Herzen, daß wir dich und deine Wahrheit erkennen; daß auch ich, der ich in deinem Namen ein Wort der Ermahnung reden soll,
nicht eigen Gedichte, sondern dein Wort in
der Kraft möge vortragen: regiere du mein
Herz, meine Sinnen, meinen Mund und
Zunge, durch deinen heiligen Geist der
Wahrheit.

Laß aber, o Herr Jesu, auch alle diese
Herzen durch deine Gnade regieret, und mit
mir vor dich gesetzet werden als Lehr-Schü-
ler, dein Wort anzuhören, nicht als Men-
schen-Worte. O laß die noch todte Herzen durch deine Macht-Stimme aufgewecket
und zum Leben übergeführet werden. O laß
doch, Gott-Mensch, unentschlossene Gemüther völlig richtig gemacht werden, sich dir
in der Wahrheit zu übergeben. Ermuntere
uns alle, stärke uns den Glauben, daß wir
mögen von dir besuchet, von dir ermuntert

werden,

werden, unfern Pilgerlauf zur feligen
Ewigkeit getroft fortzufetzen und im Glauben zu vollenden. O vergib uns alle unfre
Sünden, womit wir uns diefer und aller
deiner Wohlthaten fo oft unwürdig gemacht
haben, um deines theuren Blutes und kräftigen Fürbitte willen, o Jefu, Amen.

Zum Grunde unferer Betrachtung wollen wir
nehmen die Gefchichte von den Weifen aus Morgenland, wie uns folche befchrieben wird,

Matth. II. ỹ. 1-12.

Da Jefus geboren war zu Bethlehem im Jüdifchen Lande, zur Zeit
des Königes Herodis, fiehe, da kamen die
Weifen vom Morgenlande gen Jerufalem, und fprachen: Wo ift der neugeborne König der Jüden? Wir haben feinen Stern gefehen im Morgenlande, und
find kommen ihn anzubethen. Da das
der König Herodes hörte, erfchrack er,
und mit ihm das ganze Jerufalem. Und
ließ verfammlen alle Hohepriefter und
Schriftgelehrten unter dem Volk, und
erforfchete von ihnen, wo Chriftus folte
geboren werden. Und fie fagten ihm:
Zu Bethlehem im Jüdifchen Lande.
Denn alfo ftehet gefchrieben durch den
Prophe-

Propheten: Und du Bethlehem im Jüdischen Lande, bist mit nichten die kleineste unter den Fürsten Juda; denn aus
dir soll mir kommen der Herzog, der über
mein Volk Israel ein Herr sei. Da
berief Herodes die Weisen heimlich, und
erlernete mit Fleiß von ihnen, wann der
Stern erschienen wäre. Und weisete sie
gen Bethlehem, und sprach: Ziehet hin,
und forschet fleißig nach dem Kindlein;
und wenn ihrs findet, so saget mirs wieder; daß ich auch komme, und es anbethe. Als sie nun den König gehöret
hätten, zogen sie hin. Und siehe, der
Stern, den sie im Morgenlande gesehen
hatten, ging vor ihnen hin, bis daß er
kam und stund oben über, da das Kindlein war. Da sie den Stern sahen, wurden sie hoch erfreuet; und gingen in das
Haus, und funden das Kindlein mit
Maria, seiner Mutter, und fielen nieder, und betheten es an, und thäten ihre
Schätze auf, und schenkten ihm Gold,
Weihrauch und Myrrhen. Und Gott
befahl ihnen im Traum, daß sie sich nicht
sollten wieder zu Herodes lenken. Und
zogen durch einen andern Weg wieder
in ihr Land.

Wenn

Wenn wir das Evangelium des Heils kurz an=
sehen wollen, dann können wirs finden in
den letzten Worten des lobgesangs Zachariä,
Luc. 1, 78. 79. allwo Zacharias durch den heiligen
Geist sagt: Durch die herzliche Barmherzig=
keit unsers Gottes, durch welche uns be=
suchet hat der Aufgang aus der Höhe. Auf
daß er erscheine denen, die da sitzen im Fin=
sterniß und Schatten des Todes, und richte
unsre Füsse auf den Weg des Friedens. In
diesen Worten können wir diese Wahrheiten ganz
deutlich finden: Gott will uns armen elenden
Sündern helfen; uns kann auch geholfen wer=
den, wir müssen uns auch helfen lassen.

Gott will uns armen Menschen=Kindern hel=
fen. Warum das? Antwort: Seine herzliche
Barmherzigkeit ist der Ursprung alle des Werks
der Erlösung, so für uns ist ausgeführet worden.
Durch die herzliche Barmherzigkeit Gottes,
oder eigentlich, durch die innerliche Bewegung
der Barmherzigkeit Gottes, hat es Gott in
seiner unwandelbaren Allgenugsamkeit gejam=
mert unsers Elendes, worein wir durch die Sünde
gerathen. Solch ein Herz hat Gott gegen den ar=
men Sünder, daß es ihn seiner so jammert, daß
sich die Eingeweide seiner Barmherzigkeit darüber
bewegen. Gott will uns helfen; es thut ihm weh,
daß die Menschen so wollen verloren gehen; es
thut ihm weh, daß die Menschen sich nicht helfen
lassen. Gottes Herz hat keinen Gefallen am
Tode des Sünders; sondern seines Herzens Ver=
langen ist, daß der Sünder sich bekehre und lebe.

Ach

Ach warum laſſen wir dann unſte Herzen durch
Argwohn einnehmen und verhärten gegen unſere
liebes-Gott! So iſt Gott gegen uns geſinnt;
ach warum laſſen wir uns dann nicht helfen!
Durch dieſe herzliche Barmherzigkeit Gottes
iſt uns ja erſchienen der Aufgang aus der Höhe,
nemlich Jeſus Chriſtus; die Sonne des Lichts
und des Lebens; die iſt aufgegangen über unſern
ganzen Erdbboden, über alle durch die Sünde
verfinſterte Herzen.

Wäre nicht Jeſus Chriſtus gebohren worden
zu Bethlehem, hätte er nicht in ſeiner Menſch-
werdung göttliches Licht und Leben in die Menſchheit eingeführet, in Ewigkeit könnte uns nicht
geholfen werden; kein Menſch könnte Licht krigen
zur Erkenntniß Gottes und ſeiner ſelbſt, kein
Menſch könnte einen Funken Gutes, einen Funken Gnade, erlangen. Nun aber iſt uns aufgegangen der Aufgang aus der Höhe: nun kann
den Sündern geholfen werden.

Laſſet uns dann nun auch uns helfen laſſen.
Was wird es uns doch nutzen, ob in dem Lande
Canaan die Sonne aufgegangen iſt, und ſie
gehet nicht auf an unſerm Orte, und ſie gehet
nicht auf in unſern Herzen? Was hilft uns alles
Singen und Klingen, Hören und Reden, von
dem gebornen Kinde zu Bethlehem, wann wir
deſſen nicht theilhaftig werden in unſerm Herzen?
Wir müſſen uns helfen laſſen, daß wir die er-
ſchienene Gnade nun an unſern Herzen kräftig
werden laſſen.

Gottes

Gottes. Sondern bei der Geburt Christi ist
nicht dieser, daß die Sachen so immerdar ausser
uns bleiben sollten, daß wir nur das Evangelium
sollten hören, demselben beistimmen und uns
obenhin darinn erfreuen; nein, keineswegs. Zwar
an Gottes Seiten erscheinet hierdurch seine
Freundlichkeit gegen uns, daß er uns sein Evangelium wissen und verkündigen lässet durch seine
Güte; aber das alles hilft mir nicht, wann ich
nur das Licht in mein Herz einlasse. Denn
das ist der Zweck, den Gott bedeuget hat, daß
Christus, der geboren ist, erscheine denen, die
da sitzen im Finsterniß und Schatten des Todes.
Christ-Tag ist vorüber; sitzen wir nun noch im
Finstern, sitzen wir noch im Schatten des Todes, haben wir noch den vorigen elenden sünden-
vollen Zustand an uns, was hilfts uns dann
Christ-Tag gefeiert zu haben? Sitzen wir noch
in dem Schatten des Todes, in der Furcht, in
der Bangigkeit, mit einem bösen, unruhigen Gewissen, in dem Zagen und Fürchten vor dem
Tod und vor einer unglückseligen Ewigkeit, dann
haben wir noch nicht Christtag gefeiret und
müssen heute anfangen.

Christus, der gekommen ist aus der Höhe,
der will auch uns erscheinen, ja, glaubet es, so
viel unserer auch noch in der Finsterniß und im
Schatten des Todes sitzen, uns will er erscheinen;
ja, er will allen erscheinen, die nach ihm verlangen. Dieses bewies der liebste Heiland auch
eben dadurch, daß, sobald er nur äusserlich geboren war, eine Botschaft vom Himmel kam,
nemlich

nemlich der Engel, der verkündigte diesen Aufgang aus der Höhe den Hirten bei der Heerde auf dem Felde; denen wollte Jesus am ersten erscheinen. Ferner erschien er und ward erkannt von einem alten Simeon in dem Tempel; er erschien da und ward erkannt von einer Hanna; er erschien auch den Heiden, den Weisen aus Morgenland, wie wir in unsern Textesworten gehöret haben; weßwegen auch dieser Tag der Tag der Erscheinung pflegt genannt zu werden. Aber Jesus erschien ihnen nicht nur äusserlich, daß sie da nur etwa ein Kindlein sahen; o nein, so wird Jesus manchen Menschen erschienen sein, die aber das nicht sahen, was die Hirten sahen, was Simeon sah, was Hanna sah, was die Weisen sahen. Diese, als die ihn sahen, da sahen sie ihn als den eingebornen Sohn vom Vater; sie sahen in dem Kinde ihr ganzes Heil und Seelen-Frieden; sie sahen in dem Kinde, das da ihr Gott und ihr Alles war. Dieses machte ihr Herz froh und freudig in dem Herrn; dieses machte, daß sie in göttliche Lobgesänge ausbrachen; dieses machte, daß sie niederfielen, ihn anbethen und ihm huldigten.

Nun; lasset dann auch diesen Tag von uns dazu angewandt werden, daß wir suchen der seligen Erscheinung Christi in unsern Herzen theilhaftig zu werden. Dazu soll uns diese Geschichte, und alles was mit den Weisen vorgegangen, Anlaß geben; und wollen wir daraus, unter göttlichem Beistand, betrachten:

Wie.

Wie wir mit den Weisen, als Weise,
das Kind Jesum suchen und finden
sollen;

Und zwar, wie wir solches thun sollen,

I. In dem Anfang des Weges;

II. In dem Fortgang des Weges; und
endlich

III. Am Ende des Weges, da wir Jesum
in unserm Herzen seliglich finden und genießen können.

Nun, Herr unser Gott, sende dann auch
dein Licht und deine Wahrheit von oben,
daß sie uns leite in eine fruchtbare Betrachtung deines göttlichen Worts: aber auch,
daß sie uns hinführe zu dem Berge deiner
Heiligkeit, und zu deiner Wohnung, die du
in unserm Herzen aufrichten willst. Amen.

Damit wir in dieser Stunde die Betrachtung
kurz machen, so wollen wir dieselbe in wenige
Erinnerungen abfassen.

Erster Theil.

Bei dem Anfang und Antretung des Weges,
das Kind Jesum zu suchen, auch noch in
diesen unsern Tagen, und seliglich zu finden, gebe
ich erstlich uns allen diese Erinnerung: Daß wir
alle Gnaden-Mittel, und auch die ersten Rührungen in unserm Herzen, hochschätzen lernen.

Der

Der Stern, der den Weisen erschienen, war ih=
nen ein Gnaden=Mittel, wodurch sie sollten ge=
bracht werden zu Christo der Sonne der Gerech=
tigkeit: diesen Stern hielten sie hoch, den ach=
teten sie.   Die heilige Schrift wird auch genannt
ein Licht auf unserm Wege; und davon sagt
Petrus, 2 Petr. 1, 19. Ihr thut wohl, daß
ihr darauf achtet, als auf ein Licht, das da schei=
net in einem dunckeln Orte, bis der Tag ans
breche, und der Morgenstern aufgehe in eurem
Herzen.   Auch werden in der Schrift rechtschaf=
fene und von Gott gesandte Lehrer Sterne ge=
nannt.   Daniel sagt Kap. 12, 3. daß die Lehrer
werden leuchten wie des Himmels Glanz; und
die, so viele zur Gerechtigkeit weisen, die werden
prangen wie die Sterne am Himmel immer und
ewiglich.   Das sind demnach unsre Sterne,
was uns zu Christo anführet und anweiset: alle
die Gnaden=Mittel, die uns Gott an die Hand
gibt, das sind Sterne, die uns aufgegangen
sind, uns zu Christo, dem ewigen Licht selber,
zu weisen. Alle Rührungen und Bestrafungen,
die sich an unserm Herzen erzeigen, das sind
Sterne, die in unserm Herzen aufgehen; dar=
auf sollen wir achten.

Es ist nicht Weisheit, sondern es ist Ueber=
klugheit und Hochmuth, wenn manchmal Leute
denken, diese oder jene Anweisung hätten sie
nicht nöthig.   Das ist nicht weislich gedacht.
Gott, der den Weisen den Stern aufgehen
ließ, wußte, daß sie den auch brauchten. Hät=
ten sie den Stern nicht gehabt, sie wären wohl nie

zu Christo, dem Licht des Lebens, gekommen. O
lasset uns hochachten den Stern, den uns Got=
tes Güte lässet aufgehen: daß er uns sein Wort
vergönnet, daß er uns die Verkündigung seines
Worts in der Kraft verleihet, daß er uns so
manche andere mündliche und schriftliche Zeug=
nisse in die Hand bringet; daß ist ein Stern
vom Himmel; das muß hochgeschätzet werden,
weil es vom Himmel kommt. Wenn uns ein
Engel erschiene, wie den Hirten auf dem Felde,
würden wir nicht sagen: daß ist eine große Gna=
de! Nun, der Engel sagt den Hirten eben das,
was wir nun einander sagen, was uns durch die
Schrift, was uns durch andere Mittel vorge=
stellet wird: Christus ist geboren, gehet hin nach
Bethlehem. Lasset uns deßwegen alle die Mit=
tel der Gnaden, was wir Gutes lesen, was wir
Gutes hören, und sonderlich was an unser Her=
zen durch Rührung und Ueberzeugung gebracht
wird, das alles, sage ich, lasset uns ansehen als
Gesandten Gottes, wie insonderheit Paulus
von sich und den andern Aposteln sagt, 2 Cor.
5, 20: Wir sind Botschafter an Christus statt,
Christus bittet durch uns, lasset euch doch ver=
söhnen mit Gott. Siehe wenn wir so die
Gnaden=Mittel ansehen, dann werden wir sie
wichtig achten.

Eben also und noch wichtiger ist es mit denen
inwendigen Rührungen, Ueberzeugungen und
Eindrücken; die können auch manchmal gar zu
gering geschätzet werden. Da denkt man wohl:
Ach das ist gar zu wenig was ich habe, der hat

noch nichts zu bedeuten; ich habe fast noch nichts
von Gnade bekommen. Es ist allerdings was
weniges, in Vergleichung dessen, was daraus
werden wird; aber es ist was Großes in der Absicht Gottes, der uns eben durch eine solche
Rührung, durch eine solche anfängliche Ueberzeugung, zu der Quelle des Lebens, zu Christo
selber, hinführen will. Was so gering geschätzet wird, das wird auch bald verloren. Deßwegen sollen wir auch die ersten Anfänge und
Ueberzeugungen in unsern Herzen hochschätzen;
ja, wir sollen sie ansehen als ein gewisses Unterpfand unseres Berufs zu unserer künftigen ewigen
Seligkeit. Ich sage noch dieses, und es ist die
Wahrheit, wer gerufen wird, der kann Muth
schöpfen ihm werde auch geholfen werden. In
dem 10. Capitel des Evangelii Marci lesen wir
von dem blinden Bartimäo, der da am Wege
saß und bettelte; wie der hörete das Jesus vorbei käme, da schrie er, da rief er, aber er wurde von dem Volk bedräuet; als ihm aber Jesus rufen ließ, da sprang er auf und warf seine
Kleider von sich; er dachte: nun ist mir schon geholfen, weil er mir rufet. Seele, daß du gerufen bist, das spürest du an deinem Herzen bei
dir: die geringste Rührung, der geringste Hunger, den du in deinem Herzen spürest, da glaube
nur, Jesus ruft dich; da springe doch auf, nun
wird dir gewiß geholfen werden.

Eine zweite Erinnerung, die wir in dem
Anfang, wann wir den Gnadenweg antreten
wollen, zu beobachten haben, ist diese, daß

uns bei allen Gnadenmitteln und den ersten
Rührungen nicht beruhen, sondern uns durch
dieselben zu Christo selber hinführen laffen. Wenn
die Weisen aus Morgenland nur den Stern an
gesehen, und da einen grossen Lärmen von
gemacht hätten: Uns ist ein solches Wunder er
schienen, wir haben ein solches und solches Ge
sicht gesehen; und sie wären in ihrem Lande sitzen
blieben, wäre das nicht Thorheit gewesen? Der
Stern war ihnen ja erschienen, um sie heraus zu
bringen aus ihrem Lande, daß sie Christum selber
finden sollten.   Eben so thöricht machen wirs,
wenn wir uns zwar der Schrift, der Gnaden-
mittel, der Rührungen, der Ueberzeugungen
rühmen: da und da bin ich erweckt und über-
zeuget worden; und wir folgen dem nicht, wir
bleiben dabei sitzen, und machen nur da Lärmens
von, begeben uns aber nicht auf den Weg,
wann wir uns rühmen: wir haben das klare
Wort Gottes, wir haben die reine gesunde
Lehre, wir haben solche und solche Prediger, da
hat der und der so ernstlich und nachdrücklich
gesprochen: und wir laffen uns nicht durch solche
Sterne auch würklich dazu bringen: daß wir in
rechtschaffener Buße und Bekehrung uns zu unserm Gott wenden, daß wir uns auf den Weg
machen.   Mache dich auf, werde licht, denn
dein Licht kommt, und die Herrlichkeit des Herrn
gehet auf über dir, rufet der Prophet aus, Jes.
60, 1. Siehe, wir müssen uns würklich auf
machen, durch die an unsern Herzen erscheinende
Gnade. Als der erleuchtende wieder quiller
selber

selber kam, da sagte er: Ich will mich auf-
machen und zu meinem Vater gehen. So müssen wir uns auch würklich durch die Rührungen,
Lockungen, und durch die Mittel der Gnaden,
auf den Weg machen; wir müssen uns dadurch
zu Christo selbst führen lassen, sonst werden wir
eine schwere Rechnung zu thun haben von so vielen theuren Worten der Wahrheit und des Lebens, die wir gehöret und nicht gethan haben.
Eben das Wort, das wir gehöret, das wir erkannt, und ihm nicht gefolget haben, das wird
uns an jenem Tage richten; da wirds heissen:
Mensch, du hast es gewußt, und du hast es
nicht gethan; mit doppelten Streichen mußt du
geschlagen werden.

Ach liebste Herzen, lasset uns denn doch
nicht stille stehen bei allem Gefühl der göttlichen
Gnade in unsern Herzen. Siehe, der Herr
ruft uns, der Herr locket uns; Mensch, du
hast es lang gewußt, du hast es lang gefühlet.
O wie mancher hat es Jahr und Tag an seinem
Herzen gefühlet, der Stern hat geschienen, er
hat da gestanden, wir haben ihn scheinen lassen;
wir habens gehöret, wir habens erkannt, wir habens gefühlet an unserm Herzen; aber wir sind
nicht zugefahren, und haben uns nicht Christo ergeben. O laßt uns nach Käuser zu Werk gehen.
Fühlen wirs in unsern Herzen wie es seyn muß
nun, so laßt uns denn durchbrechen, laßt uns
die Sache angreifen, laßt uns würklich ernst
auf den Weg machen, sonst werden wir gewiß
unser Heil verscherzen an eine Ewigkeit haben.

Wan-

Wandelt, dieweil ihr das Licht habt, daß euch
die Finsterniß nicht überfalle.

Gott hat seine besondere Zeiten der Heim-
suchungen. Der Stern scheinet zwar immer,
Gott gibt seine Gnadenmittel im Ueberfluß;
aber Gott der läßt zu einer Zeit den Stern weit
heller scheinen als zur andern Zeit: und dann ist
es Zeit, daß man sich auf den Weg mache. Das
sind die Zeiten der besondern Gnadenheimsu-
chungen Gottes, da er mit mehrerm Nachdruck
ein Land, einen Ort, ein Herz, besuchet, be-
stralet, berühret und Eindruck giebt. Seelen,
solche Zeit sollen wir in Acht nehmen. In diesen unsern Tagen wird manches Herz gerühret,
manches Herz gezogen und bewogen; jetzt, jetzt
sollen wir uns auf den Weg machen, da der
Stern scheinet, da uns kann geholfen werden:
lasset uns dann doch zugreifen, damit wirs
nicht ewiglich bedauren.

Die dritte Erinnerung, die uns im Anfang
auf der Pilger-Reise, Jesum zu suchen, dienet,
und die ich nach Anleitung dieser Geschichte uns
geben wollte, ist diese: lasset uns nicht vermuten,
daß wir jemals Jesum, das holdselige Kindlein,
in unserm Herzen finden werden, wo wir nicht
die Sünde, die Welt, und uns selbst zu verlassen Willens sind. Diese weisen Leute konnten
unmöglich das Kind Jesum, den neugebornen
König der Juden, finden, oder sie mußten ihr
Haus, ihr Land, ihre Verwandten und alles
verlassen, und sich in einen ganz andern Weg
sehen

führen laffen. Wir dürfen nun zwar unfer land
dufferlich nicht verlaffen; aber wir müffen unfern
Zuftand verlaffen, oder wir können Jefum nicht
finden: wir bedürfen dufferlich nicht weit zu rei-
fen, um Jefum, das lebenslicht, zu erblicken;
aber innerlich müffen wir doch dem Wegweifer
folgen. Wir müffen die Sünde verlaffen, oder
wir können nicht zu Jefu kommen; eben fo wenig als die Weifen nach Bethlehem kommen
konnten, wenn fie in ihrem lande wären fitzen
blieben: wir müffen die Welt, und was dazu
gehöret, verlaffen: wir müffen uns felbft, und
was zur Eigenheit gehöret, verlaffen, oder wir
können gewiß Jefum nicht finden. Manchen
Menfchen gefällt es zwar gar wohl, wann fie
von dem füffen Heilande, von feinem lieblichen
Evangelio hören; nun, fie follten herzlich gern
auch wollen fromm fein, herzlich gern in den
Himmel kommen, herzlich gern Theil haben an
alle den Gütern, die Jefus Chriftus aus dem
Himmel gebracht und uns erworben hat: aber
diß zu verlaffen, das zu verlaffen, die Sünde
nachzulaffen, die Welt zu verlaffen, fein liebs-
ftes dran zu wagen, das wollen fie nicht; da
gehen fie traurig hin mit jenem reichen Jüng-
ling. Niemand will recht ans Werk gehen;
man will nur fo obenhin fromm fein, man
will fingen, man will hüpfen und fpringen,
aber man will nicht in die Verleugnung hinein.
Seelen, es find alles nur luftftreiche: wo wir
nicht wollen ans Werk gehen, gänzlich der
Sünde Abfchied und gute Nacht geben, der

H 4   Welt

Welt gute Nacht sagen, so können wir unmöglich Christum erlangen.

Manche Seelen, die einen ernsten Endschluß fassen, sich auf den Weg zu begeben, Jesum Christum zu suchen, die krigen wohl Erquickungen, Begegnungen der Gütigkeit und Freundlichkeit Gottes in ihrem Herzen, sie erfahren den seligen Anblick der Vergebung aller ihrer Sünden: so gut ist der Herr, wenn man sich nur aufmachet mit dem verlornen Sohn, dann kommt einem der Vater entgegen, und fället einem um den Hals. Nun, da denket man: Nun bist du schon fertig, nun ist alles gethan. O es ist Betrug, liebe Seele, wenn du so denkest. Ist es richtig mit diesen Erquickungen, ist es richtig mit der Gnade der Vergebung der Sünden, (welches gewiß eine grosse Gnade ist,) dann muß es diese Probe haben, daß dich eben diese Gnade kräftiglich inwendig dringe zur Verleugnung der Sünde, der Welt, und alles eigenen Lebens. Findest du aber nicht diesen aufrichtigen Sinn in dir, daß du auch herzlich gern alles wollest dran geben und dabei wagen, um nur Jesum zu erblicken, dann ist die Gnade entweder nur eine vermeinte, oder eine verscherzte Gnade. Die Verleugnung ist zwar nicht nöthig, um dadurch den Himmel zu verdienen, daß wir dafür etwas erwarten sollten; aber es ist ein unumgänglich nöthiger Weg, um zu Christo selbst zu kommen. Ein jeglicher Grad der Verleugnung, eine jegliche That der Verleugnung der Welt, der Sünde, der sündlichen Lust und Begierde, unser Leben, unsere

unsere

unsers eigenen Willens, eine jegliche That der
Absterbung, ist eine würkliche Annäherung zu
Christo, um uns inwendig eine würkliche Be-
reitschaft zu geben, daß wir seiner wesentlich und
thätig theilhaftig werden können.

O Seelen, hätten wir Muth, uns völlig aus-
zuleeren und ausleeren zu lassen von der Sünde,
von der Welt und aller ihrer Lust, von aller Begierde der Welt und ihren Thorheiten, uns selbst
und alles gründlich dabei zu wagen, gewiß in
kurzer Zeit würden wir durch einen solchen Ausgang einen seligen Eingang in die Krippe unsers
Heilandes, in unsre Herzen finden.   Daran
fehlts aber auch bei gerufenen Herzen; man
waget sich nicht genug dabei, man hat noch zu
viel Neigung hie oder dazu, und daher noch viel
Bedenkens: aber man muß nur JEsum haben
wollen, und das andere alles fahren lassen.
Seelen, laßt uns doch weislicher zu Werk gehen;
wir werden uns den Weg gewiß leichter machen
können; aber weil man so zwischen beiden hänget:
diß will man haben, das will man nicht verlassen:
siehe, so wird unser Herz des Heilandes wahrlich nicht froh, da wir doch bald zu dem innigen
Genuß seiner göttlichen Gegenwart und Gnade
gelangen könnten.

... Theil.
...ang ...unsere Pilger-
... suchen, wollen wir
...ungen geben: 1) lasset
                                    uns

uns, wenn wir uns auf den Pilgerweg gemacht
haben, durch die Ueberlegungen der Vernunft,
sinnliche Zerstreuungen, und unnöthigen Umgang
mit Menschen, nicht von unserm Wege abziehen
und von demselben entfremden lassen. Es scheinet
daß die Weisen aus Morgenland in einige Ueberlegung der Vernunft eingegangen sind, und gedacht haben: der neugeborne König der Juden
kann wohl nicht anderswo als zu Jerusalem gefunden werden; das ist die Hauptstadt, die königliche
Residenz: wir wollen nach Jerusalem gehen, da
sind die Schriftgelehrten, die werden uns Nach-
richt geben, da wirds richtiger gehen: aber sie
geriethen dadurch in Umstände, die von der ge-
fährlichsten Folge hätten sein können. Sehet,
liebste Herzen, lasset uns auf unserm Pilgers-
Wege, Jesum zu suchen, der inwendigen gnädigen Ueberzeugung und Unterweisung des Geistes
folgen. lasset uns nicht in die Vernunft gehen,
da manchmal eine Seele in Ueberlegung geräth,
weil ihr der genaue Weg der Verleugnung nicht
anstehet, daß sie denkt: Ja es wird doch auch
da und darauf nicht ankommen, diese und jene
angesehene Leute machen es doch auch nicht so,
und erwählen sich dann allmählich einen Mittel-
weg, daß man dem Fleische auch nicht gar zu
wehe thue, und bei den Menschen auch noch in
Ehren bleibe und so ordentlich mit ihnen umgehen
könne. Siehe, so kann man sich ganz von seinem
Wege abraisonniren, und auf einen Weg gerathen, wo man Christum nicht findet.

O laß

O lasset uns bleiben bei der inwendigen Unterweisung göttlicher Gnade in unserm Herzen.
diese erschienene Gnade wird uns unterweisen,
daß wir sollen verleugnen das ungöttliche Wesen
und die weltlichen Lüste: und wenn diese Gnade
uns über eine Sache züchtiget und unterweiset,
diesem abzusterben, jenem abzusterben, da sollen
wir nur ohne Vernünfteln kindlich Gehorsam
leisten und zufahren, damit wir nicht mögen in
Nebenwege gerathen.

Die Zerstreuung in die Sinnen, und vieler
unnöthiger Umgang mit manchen Menschen, sind
eben so schädlich. Wie, die Weisen nach Jerusalem kamen, da kamen sie in Lärmen, da wurde
die ganze Stadt unruhig und rege; sie hatten
gedacht, sie würden da was Gutes finden, und
funden gerad das Gegentheil. O gewiß, wer
nicht suchet sein Inwendiges zu bewahren, wer
nicht nahe bei seinem Herzen bleibet, und waget
sich unnöthiger Weise in den Umgang mit den
Menschen dieser Welt, in Weitläuftigkeit seiner
äussern Geschäfte ohne Noth, das gehet nicht
ohne Schaden ab, dadurch kann man allmählich so
entfremdet werden von seinem eigenen Gemüthe,
und von dem Stern: der uns in unserm Herzen
erschienen ist, daß wir ganz ins Finstere wieder
gerathen. Ich habe manche gekannt, manche
sonst theure Herzen, die klüger sein wollten als
andere, und meinten, man wollte sich dennoch
wohl bewahren, man wollte vorsichtig sein, die
eben durch ein solches Wagen, durch die Man-
nigfaltigkeit der äussern Geschäfte, durch den
unnöthi-

unnöthigen Umgang mit den Menschen dieser
Welt, alles sichts, aller Kraft, beraubet, und
wie ein dummes Salz geworden sind. O lasset
uns doch kindlich bei unserm Herzen bleiben.

Eine Erinnerung ist 2) auch dieses: Daß
wir in allen Gelegenheiten frei und ungescheut
uns erkläre, daß wir Christum suchen, und an
den Tag legen, daß wir ihn lieben. Ein Christ,
der in dieser Welt lebet, kann nicht ohne allen
Umgang mit Menschen sein; wir leben unter
Menschen; die Menschen kommen zu uns, und
wir müssen auch oft nöthiger Weise bei Menschen kommen: Dazu gehöret nun eine rechte,
eine göttliche Weisheit, daß man zwar einer
Seits nicht unnöthiger Weise unter die Leute gehe,
aber ander Seits, wenn man dabei sein muß,
Christum nicht verleugne, sondern frei bekenne,
das man ihn suche. Die Weisen fragten ganz
einfältig heraus: Wo ist der neugebornt König
der Juden? und sagten auch einfältig, was sie
vor hatten: Wir sind kommen ihn anzubethen,
das ist unsere Frage und unser Vorhaben, wollten sie sagen, das ist unsre Sache. Eben so
gerade lasset uns heraus gehen, wenn wir mit
der Welt umgehen sollen; lasset uns rund heraus erklären, daß wir Jesum suchen.

Ach es sind manche nun, sie wollen so
heimlich fromm sein, daß sollen die Leute ja
nicht wissen, man will so für sich fromm seyn,
aber es ist ein Betrug des Satans: mit einem
solchen Frommsein wird man allmählich wieder
unfromm, und läßt sich wieder in unnöthige

Dinge

Dinge ein. Ich rathe es allen anfangenden
Seelen an, aufrichtig zu seyn: thut doch eine
Helden-That; laßt es alle Welt wissen was
ihr vorhabt: Wo ist der neugeborne König der
Juden? Wo ist das Kind JEsus? sollen wir
sagen, das ist meine Sache, ich suche das Kind
JEsus: so sollen wir uns gerade heraus erklären. Eben wenn die Seelen so heimlich thun,
so verborgen fromm sein wollen, dann kann
uns die Welt plagen, verführen, und aus einer
Zerstreuung in die andere bringen, daß man
wieder mit ihnen hinein gezogen wird. laßt es
die Welt nur wissen, was wir vorhaben; nicht,
daß wir uns in unnöthige Gespräche und Dispüte
mit ihnen einlassen, in unzeitiges lehren uns begeben: nein, das ist nicht nöthig; sondern uns
nur gerade erklären.

Manche heucheln auf eine gar grobe Weise wann sie bei den Frommen sind, dann thun
sie recht fromm, dann stimmen sie allem bei,
dann können sie mit reden als der allerbeßte; wann
sie aber bei Welt-Menschen sind, so reden sie
von allen unnöthigen Dingen, wie die leute es
haben wollen. Man muß, sagen sie, sehen,
bei wem man ist, und bei Welt-leuten mit seiner Frömmigkeit nicht pralen wollen. Nein,
man muß nicht heucheln, lieber Mensch, sondern
gerade zugehen, man muß aufrichtig sagen was
man suche, was man gern hätte, warum es
einem zu thun sei: wollen wir nicht mit den leuten reden von guten Sachen, so laßt uns doch
auch das unnöthige eitele Geschwätz zurück lassen,

sen, und uns nicht in alle nichtswürdige Dinge
mit der Welt hinein wagen; dadurch verlieret
man seine Kraft und sein Licht, und wird wieder
so todt als man jemals gewesen ist.

Weiter, eine nothwendige Erinnerung ist
auch 3) daß wir auf unserm Pilger-Wege, da
wir das Kindlein JEsu suchen, lernen vor uns
sehen; nicht viel gaffen auf anderer Urtheile über
unsern Weg, uns auch nicht viel aufhalten mit
und bei andern, die nicht mit uns gehen. Diese
weisen Leute kamen nach Jerusalem, da hörten
sie Herodem; der listige Mensch wiese sie gen
Bethlehem und blieb selber sitzen: die Schriftgelehrten wußten es auch gar wohl zu sagen, da
und da muß er geboren werden, so stehet geschrieben im Micha: Und du Bethlehem im Jüdischen
Lande, bist mit nichten die Kleineste unter den
Fürsten Juda; dann aus dir soll mir kommen
der Herzog, der über mein Volk Israel ein
HErr sei; da muß er geboren werden: das wußten die Hohenpriester und Schriftgelehrten precis
zu sagen, aber sie bleiben selber zu Haus und
gingen nicht mit. Welch eine gewaltige Versuchung hätte das nicht den Weisen geben können. Hätten sie nicht können denken: Es muß
wohl nur Einbildung mit uns sein: Hier sind wir
in der Königlichen Stadt, und die Leute wissen
so wenig davon; Herodes selbst muß sich erst darnach erkundigen; die Schriftgelehrten, die es
wissen, die bleiben doch zu Haus und weisen uns
nur hin; man sieht uns wohl für betrogen an; es
wird wohl unser beschwerlicher und mühsamer Reise-

wegeben, und nicht nöthig sein, daß wir sie
weiter fortsetzen. In eine solche Versuchung hätten sie können gerathen, wenn der liebe Gott
sie nicht behütet hätte.

Siehe, so kann es noch heut zu Tage mit uns
geschehen, wenn wir nicht genau lernen vor uns
sehen, oder besser zu sagen, in uns sehen auf
den in unserm Herzen erschienenen Stern. Da
findet man manchmal bei allerlei Menschen:
der eine hält es für Phantasie, der andere verspottet es; da heißt es: die Leute machen da
einen so grossen Lärmen, und ist doch nur Betrug dahinter; warum sollte man sich so und so
freuen? Laßt uns ordentlich leben wie andere Leute.
Man kann auch bei solche gerathen, die es precis
zu sagen und andere zu lehren wissen, so und so
muß ein Frommer leben, da und da stehets geschrieben, so und so muß sich ein Mensch bekehren, so muß man sich zu Christo wenden, so
muß man ihn suchen; und sie beiben doch selber
sitzen. O da kann ein Gemüth, das darauf Acht
giebt, gewaltig geschüttelt werden, wenn man
andere lehret und selber sitzen bleibet. Unglücks-
selige Lehrer! und unglückselig wäre ich selber,
wenn ich euch den Weg weisen, und selber sitzen
bleiben wollte. Ach lasset uns vor uns sehen.
Die Weisen sich an den Stern hielten, da
zucht.

Manche andere haben auch große Erkenntniß,
und wissen so gut als die besten, wie es mit dem
Glauben, wie es mit der Gottseligkeit beschaffen sein muß zu halten da aller- Wie

manche weinen nicht, man möchte in der Kirche
nur lehren und hören, und wenn das Lehren
und Hören zu Ende wäre, dann ging man aus
der Kirche heraus, und dann sei alles gethan;
und wenn man in der Uebung gewesen ist, und
hat dieß oder das gehöret, dann läßt man so
gut sein, gehet aber nicht auf den Weg. So
lesen auch manche ihr Kapitel aus der Bibel,
sie singen, sie thun ihr Morgen- und Abend-
Gebeth, und wenn das geschehen ist, dann thut
man das Buch wieder zu; aber sich auf den
Weg zu begeben, um Jesum zu suchen, da
denken die Leute nicht an. Das kann nun
manches einfältiges Herz, das solches siehet,
in Schüttelungen bringen.

Da gehöret nun Aufmerksamkeit zu. Siehe, ist auch einer oder der andre, der unter
den Frommen so mitläuft und heuchelt, und
nicht von Herzen den Weg wandelt, was gehets dich an? Folge du deinem Stern nach,
folge du dem nach, der dich gerufen hat, und
laß dich mit andern nicht ein. Die Weisen
ließen sich nicht ein mit den Schriftgelehrten
zu disputiren; sie fuhren auch nicht über dieselben her: Was seid ihr doch für Leute, was
seid ihr doch für Baals-Pfaffen, ihr wisset
den Weg, und gehet doch nicht hin: nein,
sie hielten sich mit ihnen nicht auf, sie ließen
andere thun und denken was sie thun und denken wollten, und gingen ihren Weg. So
muß ein Christ wandeln: wer gerade zu Christo gehen will, der muß nicht viel herum sehen,

er muß seinen Stern im Auge halten: laß diesen
es so machen, laß jenen es anders machen, wir
müssen unsern Weg nur fortgehen, wir können
uns nicht aufhalten. Ein Christ muß gerade zu
wandeln, er muß wandeln, als wenn er mit Gott
allein in der Welt wäre, und seinem Stern nur
folgen.

Ferner ist 4) dieses eine nothwendige Erin⸗
nerung, daß wer sich auf den Weg begeben hat,
Jesum zu suchen und zu finden, daß er lerne
gleichmüthig fortgehen in dunkeln und in lichten
Tagen. Die Weisen sahen ihren Stern eine
zeitlang nicht, hernach erschien er ihnen wieder,
und da freueten sie sich mit grosser Freude. Solche
Abwechselungen müssen Pilger auf dem Wege
nach Bethlehem gewohnt werden. Die Weisen
konnten wohl aus eigener Schuld den Stern ver⸗
loren haben. So gehet es auch manchmal mit
uns, daß wir selber Schuld sind an unsrer
Dunkelheit, an der Dürre des Gemüths, an
unsern inwendigen Versuchungen, Furcht und
Proben. Indessen aber, ob die Weisen den Stern
nicht mehr sahen, so dachten sie doch nicht: Nun
ist alles verloren, wir können doch nun nicht wei⸗
ter gehen: nein, sie gingen doch wieder auf den
Weg, und da fand sich der Stern schon wieder.
Eben also sollen wirs auch lernen machen. Wir
sollen uns zwar hüten, daß wir durch Zerstreuung,
und durch Unglauben, oder durch willige oder
auch unbedachtsame Verschuldung, uns nicht sel⸗
ber des Sterns verlustig machen; übrigens aber
uns lernen schicken in die Führungen und Wege

Gottes, ob es dunkel oder ob es helle wird, ob es betrübt oder ob es vergnügt wird, obs Freude oder Traurigkeit gibt hier auf unserm Pilgerwege; das gehet nicht anders her: Gott weiß, was einem jeden vonnöthen ist, heut oder morgen diesem oder jenem, dienlich ist: denen, die Gott lieben, die ihr Angesicht gerade nach Gott gerichtet haben, denen muß alles mitwirken zu ihrem Heil und Beßten: und je mehr sie dann der Verlust des Lichts, der Verlust der Empfindung und der Freude, geschmerzet hat, so viel grösser wird hernach das Vergnügen, wann sich Gott wiederum zu der Seelen nahet.

Endlich ist es 5) eine nothwendige Sache, daß, wenn wir Jesum suchen, wir stets trachten sollen, einen aufgeweckten lautern Sinn in unserm Gemüthe mitzubringen. Der lautere Sinn, den die Weisen hatten, bestund darinn: Wir sind gekommen ihn anzubethen. Das war ihr Sinn, mit dem Sinn hatten sie sich auf den Weg begeben. Sie waren nicht gekommen, viel neues zu hören, viel neues zu sehen, sie konnten sich damit nicht aufhalten; ihr lauterer und einziger Zweck war, den neugebornen König anzubethen. Diese Anbethung, die die Weisen verstunden, war keine bloß bürgerliche Anbethung oder Verehrung, so wie die Könige sich verehren ließen; nein, diese Ehre konnten sie auch dem Herodes leisten; sondern durch das Anbethen verstunden sie die Ehrbezeigung, die Jesu, als dem Meßias, als dem Könige der Juden, dem Neu-

lande der Welt, gebühret; diesen König der Juden wollten sie auch für ihren König und für ihren
Herrn erkennen und ihm huldigen, dieser Heil-
land sollte auch ihr Heiland werden.

Sehet, liebste Herzen, gleichwie nun die
Weisen ihren lautern Sinn bei aller Begeben-
heit dennoch zu behalten suchten, so soll auch
eine glaubige Seele so wohl in dunkeln als in
lichten Tagen stets suchen ihren lautern Sinn
dennoch aufgeweckt zu behalten. Eine Seele,
die würklich bekehret wird durch Gottes Gnade, die erlangt einen lautern Sinn, das ist,
einen aufrichtigen, einen innigen Hunger und
Sehnsucht aus Sünde und Welt und allem
Verderben hinaus, und sich Christo mit Leib
und Seele zum Eigenthum zu schenken und
zu ergeben. Der lautere Sinn bleibt bei der
Seele, so wohl in Licht als in Finsterniß; aber er
kann manchmal wie in den Schlaf kommen,
wenn sie sich nicht suchet am Gebeth und nahe bei
Gott zu halten. Petrus sagt, 2 Petr. 3, 1:
Ich erwecke und erinnere euren lautern Sinn
durch dieses mein Schreiben, oder euer lauter
Gemüthe, wie es eigentlich heisset. Die Glaubigen hatten ein lauter Gemüthe; aber das war
in den Schlaf gekommen, das war etwa durch
Zerstreuung und Unglauben benebelt worden,
oder durch andere Proben, denn da kann es
so bei einem in den Schlaf kommen.

Derum, lasset uns doch unsern lautern Sinn
also aufgeweckt zu halten suchen. Lasset uns
sehen: Den warum ist dirs dann zu thun?

Was suchest du dann doch in der Welt? was
suchest du in deinem Christenthum? Ist dirs
alsdann nur darum zu thun, daß du wünschest,
von Sünden, von der Welt und allem, los
zu werden: und Christo dich mit Leib und Seel
zu ergeben, o dann laß die Abwechselungen so
oder anders sein. Eine Seele die so stehet,
die bleibt dabei, wie die Weisen sagten: Wir
sind gekommen ihn anzubethen; sie suchet ihren
lautern Sinn zu bewahren unter aller Versuchung: sie ist gekommen Jesum anzubethen.

Warum bist du nun, liebe Seele, auch
jetzt mit in das Gedränge gekommen? Warum
gehest du in die Kirche? warum gehest du in
die Uebung? warum kommst du zu den Frommen? Bist du gekommen Jesum anzubethen,
oder hast du andere unlautere Absichten? Kommst
du etwa aus Neugier? kommst du etwa nur
um was zu hören? kommst du, daß man dich
soll für fromm ansehen? oder hast du einen
lautern Sinn Jesum anzubethen, dich vor diesem Könige zu neigen und zu beugen, der Sünde von Herzen Abschied zu geben, und Jesum
für dein Eins und für dein Alles zu erwählen?
O lasset uns doch unsern Sinn prüfen, warum
es uns zu thun sei, denn Gott kann in das In-
nerste hinein sehen.

Ja wir müssen den lautern Sinn ansehen als
den Grund unsers ganzen Christenthums, Lebens
und Wandels. Wer nicht das Christenthum,
den Ernst, nur Christum zu suchen, zu finden
und anzubethen, so in seinem Herzen trägt, als

I.

wenns sein einziges Geschäfte in der Welt wäre,
der wird schlecht zurecht kommen. Wir sind
kommen Ihn anzubethen: wir sind darum nur in
die Welt kommen, Ihn anzubethen; darum hat
uns Gott unser Leben gegeben, darum hat uns
Gott die Zeit der Gnaden gegeben, nur daß
wir Jesum suchen, finden und anbethen sollen.
Warum bist du sonst in die Welt gekommen,
Mensch? Bist du nur gekommen, zu arbeiten?
Dazu braucht man manche Thiere auch. Bist
du nur gekommen zu essen und zu trinken? das
sind auch thierische Eigenschaften. Wir Menschen sind gekommen Jesum anzubethen, daß
wir ihn als unsern Heiland sollen erkennen und
erfahren in unserm Herzen. Nun, den lautern
Sinn sollen wir stets aufgeweckt in unsern Herzen suchen zu bewahren: dieses muß vom Morgen bis zum Abend unser Werk sein, und uns
stets im Gemüthe liegen: Ich bin nicht darum
gekommen, daß ich nur natürlich lebe, daß ich
esse und trinke; sondern darum, daß ich Jesum
finde und anbethe, und dem mich ergebe mit Leib
und Seele.

Dritter Theil.

Nun noch einige wenige Erinnerungen, wie
es Seelen bei Herannäherung zum Ziel und
am Ende des Weges weislich zu machen haben, da wir Christum in unserm Herzen finden

Die

Die erste Erinnerung ist, daß wir nicht sollen immer im Suchen bleiben, sondern auch Christum in unserm Herzen finden lernen. Es ist ein grosser Betrug und Vorurtheil, welcher in dem menschlichen Herzen mehr Grund und Wurzel gefasset als man glauben kann, daß man meinet, man müßte im Suchen leben, nur immer Christum suchen; oder wir könnten ihn nicht finden: daß ist ein grosser Betrug, liebe Herzen. Wir können, wir sollen, wie mögen Christum auch finden, wenn wir ihn rechtschaffen suchen. Wo sollen wir ihn dann finden? Nicht von aussen; äusserlich ist er nicht sichtbar mehr zu finden auf Erden; wir dürfen auch keine Erscheinung durch äussere Gesichte und Offenbarungen erwarten; ausserordentliche bildliche Besuchung dürfen wir auch nicht begehren: sondern Jesus Christus will in unsern Herzen geboren werden, da will er sich gnädiglich und süßiglich offenbaren, wie er selber sagt, Joh. 14, 21: Wer mich liebet, der wird von meinem Vater geliebet werden, und ich werde ihn lieben, und mich ihm offenbaren. Christus soll geboren werden in unserm Herzen, und durch den Glauben darinn wohnen.

Zweitens, wollen wir dieser Gnade seliglich theilhaftig werden in unserm Herzen, es sei in einem höhern oder geringern Grad, so lasset uns lieben das Gebeth, und zwar das Gebeth des Herzens. Wir können zu Jesu nicht nahen mit den Füßen, wir müssen zu ihm nahen mit unserm Herzen, mit unsern Herzensbegierden, mit

unser

unsrer Herzensandacht. lasset uns dann nur
einfältiglich bitten, daß der Jesus, der einmal
für, uns und zu unserm Heil zu Bethlehem geboren ist, daß der auch wolle in unserm Herzen
geboren werden, und von uns armen Sündern
sich wolle suchen und finden lassen. lasset uns
zu dem Ende oftmals die weltlichen Geschäfte
und Zerstreuungen beiseit setzen, und uns in der
Stille zum Gebeth wenden, und Jesum um
seine Erscheinung inniglich anrufen, daß er unser Herz mit seinem Gnadenlicht und göttlichen
Gegenwart besuchen wolle.

Die dritte Erinnerung ist: lasset uns bisweilen dem Herrn unserm Gott einen heiligen Sabbath halten, durch Einstellung unsrer
eignen Wirksamkeiten, und durch ein heiliges
Warten auf die Erscheinung Jesu Christi in
unserm Herzen. liebe Seelen, alle äusserliche
Mittel der Gnade, das sind Sterne, die uns
zu Christo führen sollen, wie wir gehöret haben. Wie die Weisen aber gen Bethlehem
kamen, da stund der Stern über dem Haus;
wollten sie nun das Kindlein finden, so mußten
sie doch den Stern da stehen lassen, und kehren sich in das Haus, in den Stall hinein,
um da das Kindlein selber zu ehren, anzube-
ten, und sich vor ihm nieder zu werfen. Sehet,
wollen wir auch Jesum in unserm Inwendigen,
in unserm Herzen finden, so müssen wirs
eben so machen. Wir müssen nicht, wie mancher thut, immer nur lesen, immer nur hören,
sondern wir müssen von dieser Wirksamkeit

bis-

bisweilen auch aufhören, und uns in die
Stille des Herzens hinein begeben.

Wann wir z. E. die heil. Schrift oder
sonst ein anderes gutes Buch lesen, das ist ein
heiliges Geschäfft; allein wenn es unterm lesen
geschähe, daß wir inwendig von Gott besuchet
würden, daß er uns einen Eindruck seiner göttlichen Nahheit gäbe, daß es uns in unserm In-
nersten wohl würde, daß er uns seinen Frieden
mittheilete: nun, da ist es dann gut, daß wir
das Buch auf eine zeitlang zuthun, und Raum
geben den Eindrückungen der göttlichen Gnade.
Da ist dann das Kindlein selber gegenwärtig,
das will dich dann durch seinen Eindruck mehr
lehren und dir geben, als alle Menschen und
menschliche Mittel dir nimmermehr geben können.
So sollen wir es auch machen, wenn wir
in einer Uebung oder Kirche sind. Wenn wir
viel gutes hören oder gehöret haben, da sollen
wir dann auch in unser Kämmerlein gehen,
und uns vor dem Heilande niederwerfen, und
nun auch ihm heiliglich feiren, und darnach
hungern, daß sein Wort Wahrheit in unsern
Herzen werde; da sollen wir dem lieben Gott
Raum geben, daß er in unsern Herzen wirken
und sich verklären könne.

Eben also auch mit dem Gebeth. Wir sollen mit Gott reden im Gebeth, es geschehe
mündlich oder mit unserm Herzen; aber wir
sollen nicht allein bethen, sondern wir müssen
auch dem lieben Gott schweigen, daß er in
unserm Herzen auch wiederum ein Wörtlein

ben könne. Wir müssen uns, mit Maria, zu
den heiligen Füßen JEsu Christi in heiliger
Stille niedersetzen, und seine göttliche Wir-
ckungen in unserm Inwendigen erwarten. O
dann würden wir Wunder erfahren, dann
würde der liebste Heiland unsern Herzen recht
nahe kommen und sie besuchen, da würde es
uns oft inniglich wohl werden bei ihm, da würden wir von ihm gestillet werden, da würde
uns seine göttliche Gegenwart entweder in einem
höhern oder geringern Grad, bei einer kindlichen
Ehrerbietung, in unserm Herzen ein solches
Vergnügen erfahren lassen, welches uns alle
Welt nicht geben kann.

Das ist nun keine neue Lehre: ich kann es
nicht nur beweisen aus der Schrift, sondern
auch aus dem Heidelbergischen Catechismo. le-
set nur zu Hause die 103. Frage nach, da werdet ihrs finden, da stehets nachdrücklich:" daß
"ich alle Tage meines Lebens von meinen bösen
"Werken feire, den HErrn durch seinen Geist
"in mir wirken lasse, und also den ewigen Sab-
"bath in diesem Leben anfange." Und andere
können es finden in dem dritten Büchlein des
sel. Joh. Arnds in seinem Wahren Christenthum, worinn er so darauf andringet, daß wir
dem liebsten Heiland oft einen heiligen Sabbath
halten sollen: da kämen wir dann je länger je
mehr nicht nur zum Suchen Christi, sondern
wir würden ihn auch seliglich finden in unserm
Herzen, wie die Weisen aus Morgenland thäten, die fanden und sahen Christum.

J 5　　　　Ferner

Ferner und viertens, sollen wir die Anbe=
thung und Ehrfurcht gegen Jesum stäts beibe=
halten. Die Weisen fielen vor dem Kinde nieder
und betheten es an. Es war da wohl äusserlich
nichts, das sie dazu bewegen konnte: sie sahen
ein armes Kind, ein Kind in äusserster Dürftig=
keit; aber weil sie in dem Kinde ihren Gott, ihren
Heiland und ihr alles sahen, so fühlte zugleich ihr
Herz, das Kind sei würdig, daß sie und alle
Welt niederfielen und es anbetheten mit der ver=
gnügtesten und tiefsten Ehrfurcht. O die See=
len, denen Jesus in Gnaden sich auch inwendig
offenbaret und sich von ihnen finden läßt, die
können wohl manchmal nicht viel Worte davon
machen, was es ist, das ihrem Herzen offen=
baret wird; aber sie fühlen es, daß es die Wahr=
heit sei, es ist ein solcher Jesus, es ist ein sol=
ches Heil in Jesu zu finden. Sie spüren ein
Gut, das ihnen nahe ist; sie spüren einen, vor
dem sie sich aufs tiefste beugen und den sie ver=
ehren und anbethen müssen. Ja, diese Ehr=
furcht, diese vergnügte Ehrfurcht, die die glau=
bige, Jesum findende Seelen, in Jesu gewahr
werden, die gehet mit ihnen in ihrem ganzen Le=
ben und Wandel, daß solche Seelen dann auch
gesetzt werden in einen Wandel der Ehrfurcht vor
dem Angesichte ihres Gottes, daß, wo sie ge=
hen und stehen, ihr Alles sich beuget vor dem
Gott, der ihr ganzes Heil ist; ja, sie finden,
mit den Weisen, je länger je mehr die ganze
Vergnügung ihres Herzens in Jesu.

Die

Die Weisen thaten ihre Schätze auf, und schenkten ihm Gold, Weihrauch und Myrrhen, und sie schenkten ihm ohne Zweifel auch ihr ganzes Herz. So sollen wir fünftens, ein gleiches thun, und unser Herz Jesu schenken und zum Eigenthum geben. Der Seele, die Jesum in ihrem Herzen findet, o der kostet's nicht viel Mühe mehr, daß sie sich und daß sie alles dem Kinde schenke; da sind die Verleugnungen kein schweres Joch mehr. O wie wird da, wo Jesus gründlich gefunden wird in dem Herzen, wie wird da die Welt und alles Sichtbare so klein und so gering! Und dieß ist eben die Probe, daß uns Christus Jesus bekannt worden ist in unserm Herzen, wo wir gesetzt sind in eine allgemeine große losgemachtheit von allen Dingen dieser Welt.

Endlich, zur sechsten Erinnerung: Wir sollen Gott und seiner Führung allezeit gelassen leben, und folgen. Die Weisen gingen nun einen andern Weg; da bestund ihre ganze Regel nur darinn, daß sie folgten dem, der sie gerufen hatte: den Stern hatten sie nicht mehr; aber Jesum hatten sie. Sie hatten vorhin zwar gedacht, ihren vorigen Weg zurück zu kehren, sie hatten wohl gar, wie es scheinet, versprochen, daß sie wieder über Jerusalem wollten zurück kommen: aber Gott offenbarete es ihnen anders im Traum, sie sollten einen andern Weg gehen. Und dieß ist dann die Regel aller Regeln bei Seelen, die Jesum seliglich gefunden haben in ihrem Herzen; die leben

vor

vor Gott, und seiner göttlichen Führung ges
lassen, sie dürfen und sie wollen nicht mehr
leben nach ihrem Gutdünken, nach ihrem Sinn,
nach ihrer Wahl; sondern Christus ist nun
ihr Leben geworden, ihm allein leben sie, so
wie ein natürlicher Mensch sich selber lebet;
und Christus, der in dem Herzen geboren ist,
läßt auch aus dem Herzen heraus strahlen alle
göttliche Tugenden. Siehe, eine solche Gnas
de, eine solche Liebe, eine solche Seligkeit, können alle, auch die allerärmsten, die alleruns
würdigsten, die allerentferntsten noch hier in dieser Zeit erfahren, und zwar noch weit aufges
klärter und unendlich mehr als gesaget und aus-
gesprochen werden kann.

Nun, wir wollen abbrechen. Lasset uns
diese Erinnerungen als einen Spiegel gebrauchen, ein jeder nehme das zu Herzen, was
ihm etwa zu seinem Unterricht nützlich mag gewesen sein. Fassen wir es gleich jetzt noch nicht
alles, wer weiß wo es uns heute oder morgen
möchte zu statten kommen; laßt uns nur alles
in einem feinen Herzen durch die Gnade Gottes suchen zu bewahren.

Gegenwärtig sind wir wieder in ein neues
Jahr getreten. Wann es Neujahr worden ist,
dann pflegen die Handelsleute ihre Rechnun-
gen nachzusehen, Einnahme und Ausgabe
mit einander zu vergleichen, und darnach ins
künftige ihre Sachen einzurichten. O lasset
uns desgleichen thun, lasset uns die Rechnung
nachsehen. Womit haben wir das vergangene

Jahr

Jahr zugebracht? was haben wir gemacht?
wozu haben wir die Zeit angewendet? was haben wir gesuchet? Wir sind in der Welt, um
nur Jesum zu suchen, Jesum zu finden, sonst
verdirbt alle Zeit, wo man nicht daran gedenket.
O wann wir unsere vorige Zeit, und auch die
in dem verflossenen Jahre, nachsehen oder über-
denken vor Gottes Angesicht, dann werden
wir alle Ursache haben, uns zu schämen und
zu beugen, aber auch aufs neue Muth zu fassen, Jesum zu suchen.

Ich wünsche uns allen, in der Kraft des
Namens Jesu, ein seliges Neues Jahr aufs
Zukünftige. Hier sind noch todte, sichere Sünder, die bis dahin nicht Jesum, sondern die
Welt, und was in der Welt ist, gesuchet haben: o wie so herzlich wünsche ich denen ein
seliges Neues Jahr, ein Jahr, worinn sie durch
die Gnade kräftiglich mögen aufgewecket werden
aus dem Schlaf der Sünden und der Sicherheit, ihr Seelen Heil zu bedenken mit einem
wahren Ernst, einen neuen Vorsatz zu fassen,
einen neuen Weg zu suchen, ein neues Leben
anzufangen. Ach das Jahr ist dahin, alle
Vergnügungen, alle Freuden, sind auch mit
dahin. Wo ist es, was wir in dem verflossenen Jahr in der Eitelkeit gehabt haben? Wo
ist es? wo ist es? Es ist alles dahin; nichts,
als nur ein unruhiges Gewissen, ist davon
übrig. O lasset uns doch uns besinnen, und einen andern Weg einschlagen. Wo ist doch alle
unsre Mühe und Arbeit, die wir angewandt
haben,

haben, nur um die Welt, Ehre und Ansehen,
Geld und Gut, und andere weltliche Dinge,
zu suchen? Es ist ja nun alles für unsre Seele
fruchtlos und dahin. Hätten wir aber unsre
Zeit und Kraft Gott und dem Heil unsrer
Seelen gewidmet, o so könnten wir vergnügter
und freudiger sein. Warum dann, warum
dann, liebste Herzen, warum zählen wir dann
Geld dar, da kein Brod ist, und unsre Arbeit,
da wir nicht satt von werden können? lasset
uns dem zuhören, der uns das Gute zu essen
gibt, so wird unsre Seele in Wollust fett werden. Ach lasset uns doch durch die Stimme
des Geistes uns aufwecken lassen aus dem
Schlaf der Sicherheit, wie Paulus erinnert,
Ephes. 5, 14: Wache auf, der du schläfst,
stehe auf von den Todten, damit dich Christus erleuchte.

Erweckte und berufene Herzen, so viel eurer
das erweckende und rufende Wort an euren
Herzen gefühlet, das Gute erkannt, aber bis
dahin so schlecht gefolget haben, euch wünsche
ich auch ein glückseliges neues Jahr, ein Jahr
eines redlichen Vorsatzes, ein Jahr eines ernst-
lichen Durchbruchs, der Gnade Gehör zu geben, und uns nicht länger den Stern vergeblich scheinen zu lassen. Ach liebste Seelen, wir
erkennen die Sache so, wir gehen so mit, wir
stimmen allem bei, wir wissens, daß der Weg
der Frommen ein guter Weg sei, wir fühlens
auch in unsern Herzen, was Gott von uns
haben wolle; aber dabei bleibt es, man bricht
nicht

nicht durch, man kommt nicht zum rechten Ernst,
man legt sich nicht ganz und allein auf die
Sache. Nun, denket doch, wie lange, wie
lange wollen wir dann den Stern vergeblich
scheinen lassen? Könnte es nicht plötzlich mit uns
geschehen sein? Welch eine grosse und wichtige
Verantwortung würde es nicht sein! O laßt
uns doch bei diesem neuen Jahr auch einmal
anfangen; heute, heute laßt uns anfangen, uns
dem Herrn aufs neue zu ergeben, uns dem
Herrn in Wahrheit in die Hände zu werfen,
damit er uns helfen und zum Ziel fortführen
möge.

Gläubige Mitpilger, die ihr, mit mir, durch
die Gnade, auf den Weg, Jesum zu suchen
und zu finden, gebracht seid, uns allen wünsche ich auch, in dem holdseligen Namen Jesu,
ein seliges neues Jahr, ein neues Jahr eines
recht muntern und geraden Fortgangs auf uns-
rem Pilgerwege nach Bethlehem. Ich wünsche uns allen und rufe uns zu jenes Pilgers
Kommt, Kinder, laßt uns gehen, und
bis zu Ende lautet. Es ist Neujahr
worden: nun, ich gebe euch allen, als vor dem
Angesichte Gottes, wieder aufs neue die Hand
der Brüderschaft, daß ich mit euch fortwandeln will. Reichet mir dann auch die Hand eurer
Gemeinschaft und eurer herzlichen Fürbitte in
dem Herrn. Ach laßt uns doch nun redlich
fortzuwandeln suchen; laßt uns mit
neuem Ernst fortwandeln. Der muß in
neuen Ernst mit uns allen hinein
kommen;

kommen; es werde von uns allen verpfuiet alle
das laue, flaue, und träge Wesen. Zum
Ernst! zum Ernst! ruft uns die Posaune der
Ewigkeit. laſſet uns ſelber gründlich dabei
wagen; laſſet uns gründlicher unſre Herzen
abſcheiden von alle dem vergänglichen; wir
ſind berufen zu ewigen Gütern. Alles um alles,
erreichet die Perle in kurzer Zeit. laſſet uns
mehr uns hinein gewandt halten mit wahrer An=
dacht auf den Stern, der uns erſchienen iſt
in unſerm Inwendigen. O laſſet uns dabei
bleiben durch Gebeth und durch Wachen; laſ=
ſet uns aufs neue auch in dieſem Jahr unſerm
liebſten Immanuel Herz und Willen, leib und
Seele, und alles was wir ſind und haben,
zum Eigenthum ſchenken und übergeben, daß
wir nicht mehr unſer, ſondern des Einen ſein
mögen in Zeit und Ewigkeit. Werfet euer
Vertrauen nicht weg, wir werden das Ziel
erreichen können; unſer Arbeiten, unſer Seuf=
zen, unſer Bethen, unſer Suchen, das wird
nicht vergeblich ſein; wir werden nicht zu ſchan=
den werden. Getreu iſt er, der es verheiſſen
hat, der wird es gewiß auch thun, nach dem
Ruf ſeiner Gnade an unſern Herzen.

Haben wir das Glück gehabt, daß wir das
Kindlein Jeſus gefunden haben in der Krip=
pen unſers Herzens, daß wir der Seligkeiten
ſeiner innern Gemeinſchaft ſind theilhaftig ge=
worden, o ſo laßt uns nun um ſo viel mehr uns
demüthigen und beugen vor dem Herrn. Wer
das Kindlein ſiehet, der muß niederfallen, der
　　　　　　　　　　　　　　　　　muß

muß anbethen. O das muß sich auch bei uns finden: je mehr Gnade wir erlangen, desto tiefer müssen wir uns beugen, desto mehr müssen wir uns erniedrigen und ausleeren, und unsern Gott anbethen. Laßt uns unsern Stand und Wandel zieren durch eine durchgängige Ehrerbietigkeit und Wandel vor dem Angesichte und in der Gegenwart unsers Gottes: die Gestalt der Anbethung, der Verehrung, der innigen Vergnügung in unserm Schatz, müsse in unserm ganzen Wandel und Wesen hervor blicken vor allen Menschenkindern. Lasset uns in einer gänzlichen Verschmähung alles falschen Trostes, und Vergnügung des Zeitlichen und des Geschaffenen, aller Welt zu erkennen geben, daß Jesus allein uns genug sei. Lasset uns tiefer eindringen, liebste Herzen: keiner bilde sich ein, er habe es alles ergriffen; o das wäre Betrug. Lasset uns tiefer eindringen durch Verleugnen und durch Bethen: es ist ein unerschöpflicher Brunn der Seligkeit zu erlangen in diesem Leben, und dennoch ist es nur ein Tröpflein gegen das Meer der Seligkeiten, das denen vorbehalten ist, die sich Jesu ganz schenken und zum Eigenthum übergeben. Nun,

Drauf wollen wirs dann wagen, (Es ist wohl
        wagens werth;)

Und gründlich dem absagen, Was aufs
        Hält und beschwert:

Erst. B. 1. Th.   K   Welt,

Welt, du bist uns zu klein; Wir gehn,
        durch Jesu leiten.
Hin in die Ewigkeiten;   Es soll nur
        Jesus sein.
O Freund, den wir erlesen, O allvergnü-
        gend Gut,
O ewig bleibend Wesen,   Wie reitzest
        du den Muth!
Wir freuen uns in dir,   Du, unsre
        Wonn und Leben,
Worinn wir ewig schweben, Du, unsre
        ganze Zier.

laffet uns dann noch niederfallen zu den
Füssen des Kindleins Jesu, und ihn bitten
um seinen Segen und um die Versiegelung
dessen was wir gehöret haben.

Gebeth.

Herr Jesu, Jesu, Jesu, o aller-
süffester, holdseligster, und ehrwür-
digster Name, worinn sich beugen müssen
alle Knie, im Himmel, auf Erden, und
unter der Erden; o Jesu, einziges und
ganzes Vergnügen, Zierde und Heil eines unsterblichen Geistes; alles, was dich
gesehen hat im Glauben bei deiner Geburt und Erniedrigung, das hat in dir
                              gesehen

gesehen, alle Herrlichkeit und Seligkeit.
Wer dich sahe, o Gott-Kind, der mußte
dich anbethen, niederfallen, und dir schenken alles, was er zu schenken hatte. O
offenbare, o verkläre dich auch an und in
unsern Herzen, daß wir dich auch also
mögen erkennen, verehren, lieben, und
anbethen, und uns dir mit allem, was wir
haben, zum Eigenthum schenken.

O Jesu, du ewiges Heil, du höchstes Gut eines unsterblichen Geistes, wie
so wenig wirst du gekannt, wie so wenig
wirst du geliebet, wie so wenig wirst du
geehret als es sich doch geziemet, und wie
du es würdig bist! O du liebster Heiland, laß doch unsere Herzen von dir,
dem Aufgang aus der Höhe, gnädiglich
besuchet, erleuchtet und erwärmet werden
in deiner Erkenntniß und Liebe. Ach Jesu, die Juden erkannten dich nicht, ohnerachtet du doch der Juden König wärest;
sie wußten weniger davon als die Heiden. Und auch das Volk, das nach deinem Namen genennet wird in diesen Tagen, o wie wenig wirst du auch unter
dem Volk, erkannt, geliebet und verehret!
O wie so viele, die auch nach Bethlehem
weisen, sind selber ganz todt und blind,

und

und begeben sich selber nicht auf den Weg!
Mache uns doch, o HERR, heiliglich,
klug und weit, daß wir deine an unsern
Herzen erschienene Gnade mögen recht
kräftig werden lassen. Bewahre uns, o
HERR, daß wir doch nicht uns mögen
das Licht scheinen lassen, ohne uns auf
den Weg zu begeben, sondern daß ein
jeder von uns kräftiglich sich möge bewogen finden, dir aufs neue sich zu ergeben
zu dieser Neu-Jahrs-Zeit.

O JEsu, sind hier noch verirrete, un-
bekehrte Herzen; sind hier noch von dir
entfernte Seelen; sind hier noch sichere
Sünder gegenwärtig, die dich bis dahin
noch nicht gekannt, und noch nicht gesuchet
haben; mache sie heiliglich verlegen über
ihren höchst gefährlichen jammervollen Zustand: laß die Eingeweide deiner Barmherzigkeit sich auch noch einst bewegen
über solche unglückselige Kreaturen. Ach,
Jesu, laß sie nicht sterben und verderben
in ihren Sünden. O wecke sie auf, durch
deine allmächtige Stimme, daß sie noch
mögen anfangen mit uns den seligen Weg
zu erwählen, der zu dir und zu dem ewigen Heil ihrer Seelen führet.

Sind

Sind unentſchloſſenen Gemüther hier gegenwärtig, die es lange erkannt, lange gehöret, lange gefühlet haben, und dennoch
bis dahin ſind ſitzen geblieben; o Herr
Jeſu, Jeſu, laß ſie doch kräftiglich aufgeweckt werden ; laß ſie doch in dieſer
Stunde mit uns allen ſich entſchlieſſen,
anzufangen mit Ernſt zu laufen den Pfad
der Gerechten; dem Stern zu folgen, damit er nicht untergehe; und zu wandeln,
weil das Licht noch ſcheinet.   O bewahre
uns doch, daß wir bei ſo vielen Gnaden
und Gnaden-Mitteln nicht in der Ver-
ſäumniß ſitzen bleiben.

Jeſu, wecke uns auf, und ſonderlich
die mit mir, durch deine Barmherzigkeit,
ſchon ſind auf den Weg gebracht worden.
O Herr Jeſu, Jeſu, laß von nun an
unſere Herzen munter ſein vor deinem
Angeſichte ; laß uns gerade fortwandeln
mit einem eingekehrten Auge des Gemüths, nur auf dich, unſern Leitſtern,
zu ſehen.   O bewahre uns vor allen Ver-
unſtellungen, vor allen Zerſtreuungen, vor
allen Manigfaltigkeiten.   Bewahre uns
ſonderlich, daß wir nicht von dem Wege
abgewandt werden, durch den Betrug des
Fleiſches und der Vernunft.   Dir, un-

ſerm

serm Heiland, begehren wir nachzufolgen,
wo du auch mit uns hingehest. Siehe
du selber nur in unser Herz hinein. Ist
in uns nicht der lautere Sinn, daß wir dich
alleine meinen und dich alleine suchen, Herr
Jesu, o so schenke uns doch denselben Sinn,
daß wir nichts beäugen, nichts suchen,
nichts meinen, als nur mit dir verbunden
zu werden, und dich je mehr und mehr
in unsern Herzen verkläret zu sehen. Zu
dem Ende schenken wir dir unsere Herzen zum ewigen Eigenthum. O nimm
uns in deine Führung ein; laß doch unsere Herzen redlicher werden, unsern
Sinn gebeugter werden. Laß auf ewig
von uns verpfuiet werden, das laue, das
schläfrige, das träge Wesen, das kalte
Wesen. Laß doch in diesem Jahr, welches vielleicht unser letztes sein wird, laß
doch in demselben unsern Sinn unver-
wandt nach dir gerichtet bleiben; damit,
wenn du kommen möchtest, uns abzufor-
dern in die Ewigkeit, du uns nahe sein
und bleiben mögest in unsern Herzen, daß
wir mit dir mögen sterben und übergehen
im Frieden. O HERR, du weist es,
welcher unter uns der erste in diesem Jahr
sein wird, dem das Licht geraubet wird,
der

der hingeführet werden soll; o Jesu, erbarme dich über dessen unsterbliche Seele. Eile doch bei einem solchen, und bei uns allen, mit einer kräftigen Zubereitung auf eine selige Ewigkeit, damit wir nicht so unglücklich sein mögen, ohne dich, unsern Heiland, zu leben und zu wandeln, und auch ohne dich zu sterben; sondern mit dir endlich überzugehen in dein ewiges Königreich; um dich da zu finden, und zu beschauen von Angesicht zu Angesicht; dich anzubethen mit allen deinen heiligen und verklärten Seelen; und dir ohne Ende, für alle deine unverdiente Gnade, uns armen Sündern erwiesen, Dank und Ehre und Herlichkeit zu geben in alle Ewigkeiten der Ewigkeiten. Amen.

Vierte

Vierte Rede.

O Lamm Gottes unschuldig, am Stamm
des Kreutzes geschlachtet, allzeit erfunden geduldig, wiewohl du wurdest verachtet: all' Sünd hast du getragen,
sonst müßten wir verzagen. Erbarm
dich unser, o Jesu! Amen.

Meiner gegenwärtigen Schwach- und Kränk-
lichkeit wegen hätte ich wohl nicht gedacht
diese Versammlung zu halten; dennoch, weil es
heute der Charfreitag ist, da wir die allergrösse-
ste Wunderliebe unsers Herrn und Heilandes
Jesu Christi zu betrachten haben, und weil ich
vielleicht diesen Tag nicht mehr erlebe, (wie auch
keiner unter uns gewiß sein kann, daß er ihn wieder erleben werde:)so wollte mich nicht entziehen,
damit keine Beschuldigung auf meinem Gemüth
liegen bliebe, als ob ich meiner nur geschonet
hätte.

hätte. Der liebſte Heiland Jeſus iſt doch noch
immer in Schwachen mächtig geweſen. Wenn
wir nur allerſeits unſre Herzensandacht ſammlen laſſen durch ſeinen Geiſt, und es uns drum
zu thun iſt, daß wir gern an unſern Seelen erbauet ſein wollen; ſo kann uns auch dieſes
Stündlein geſegnet ſein. Damit wir aber nicht
fruchtlos von hinnen gehen mögen, ſo laſſet uns
unſer allerHerzen demüthig, aber auch angelegentlich, wenden zu demjenigen, von welchem allein
die Ströme des Heils, des Segens und der Liebe,
in armer Sünder Herzen flieſſen können.

Gebeth.

Vor dir, o gegenwärtiger Heiland Jeſu, der du hängeſt gekrönet mit einer
Dornenkrone, und wirſt wegen deines
Reichs von allen verſpottet; vor dir begehren wir arme Sünder uns zu demüthigen,
und dich in aller Wahrheit zu erkennen als
unſern König, und als denjenigen, der um
unſert willen ſo tief hat müſſen geniedriget
werden, und um unſrer Sünde willen zur
Schmach und zum Fegopfer werden: vor
dir, o Herr Jeſu, demüthigen wir uns.
Biſt du gleich erhöhet geweſen am Stamme
des Kreutzes in höchſter Schmach, ſo glauben wir doch, daß du jetzt, da wir dieſes
von dir reden, erhöhet biſt zu der Rechten

deines

deines und unsers himmlischen Vaters, und
daß du mächtig bist, deinen Segen in unsre
Herzen einzuflössen.

Dir, o Herr Jesu, und deiner Fürbitte, haben wir es zu danken, daß wir
auch diesen Tag, diesen grossen Versöhnungs-Tag, wieder erlebet, an welchem du
die Sünde des Volks auf einmal für ewig
weggenommen hast. Deine Fürbitte hat
noch für uns geschrien: Vater, vergib ihnen; denn sie wissen nicht, was sie thun.
O wie so manches mal haben wir Charfreitag gehalten, und deine Leiden betrachtet
mit einem dürren unfruchtbaren, ja gottlosen Herzen; du aber hast für uns gebe-
ten, sonst würden wir keinen mehr erlebet
haben.

Nun, Herr Jesu, wir wissen, daß
uns weder dieser noch einig anderer Tag das
Heil geben kann: weil du aber an diesem
Tage ein so großes Werk, worüber Himmel und Erde bestürzt stehen, ausgerichtet,
unser Heil gegründet und zuwege gebracht
hast, deßwegen versammlen wir arme Kinder und untüchtige Menschen uns an diesem
Tage und in dieser Stunde, und wollten gern
einen Segen von dir, von deinem bittern
Leiden, und von deiner süssen Jesus-Liebe
erbit-

erbitten. O laß uns diesen Tag gesegnet
sein; laß uns die Kraft deiner Leiden zu
einer gründlichen Rührung, Regung, und
Nahrung, in unserm Herzen erfahren, so
daß er nicht nur so ein Schein, eine Cere-
monie, ein leeres Reden und Hören sein
möge; sondern daß unsre Herzen mögen
durchstochen werden von der Bitterkeit deiner Leiden, und durchdrungen werden von
der Süßigkeit deiner Jesus-Liebe.

O Herr Jesu, du bist ja die erhöhete
Schlange, auf welche die sehen mußten, die
von den feurigen Schlangen gestochen waren, wenn sie wollten genesen. Gib dann,
Herr Jesu, daß wir auf dich mit wahrer
Andacht und lebendigen Glauben sehen mögen, als auf denjenigen, durch welchen wir
allein selig werden und nimmermehr verloren gehen können.

Nun, Herr Jesu, dein Kreuz soll unser Predigt-Stuhl sein, dein holder Je-
sus-Mund soll unser Lehrer sein: o komm,
und beweise dich als unsern Lehrer in dieser
Stunde. Wir wollen von deinen Wunden reden, wir wollen deine Worte betrachten. o laß deine Wunden und deine Worte
süße Blümlein sein, worauf sich unsre
Seelen, die von dir geliebet sind, setzen,
und

und einen süssen Honig zu ihrer Erquickung, Labung und Belebung, saugen mögen.

O liebster Herr Jesu, du weißst die Untüchtigkeit dessen, der hier jetzt reden soll, nach dem Innern und Aeussern; du siehest auch, o Jesu, wie manche Herzen noch so ungeschickt sind, dein Wort so anzuhören wie es angehöret werden soll. Nun, erbarme dich über uns alle; gib uns heilige Gedanken, gib uns andächtige und gerührte Herzen, damit wir mit Kraft und Nutzen deine Worte betrachten mögen.

O liebster Herr Jesu Christe, deine Seele heil'ge mich; dein Geist versetze mich in sich; dein Leichnam, der für mich verwundt, der mach mir Leib und Seel gesund. Das Wasser, welches auf den Stoß des Speers aus deiner Seite floß; das sei mein Bad, und all, dein Blut erquicke mir Herz, Sinn und Muth. Der Schweiß von deinem Angesicht laß mich nicht kommen ins Gericht; dein ganzes Leiden, Kreuz und Pein, das wollen meine Stärke sein. O Jesu Christ, erhöre mich; nimm und verbirg mich ganz in dich; schließ mich in deine Wunden ein, das ich vorm Feind kann sicher sein. Amen.

Wir

Wir hatten, geliebten Freunde, verwiche=
nen Sonntag unter Gottes Beistand den An=
fang gemacht zu betrachten die sieben Worte,
welche unser Heiland Jesus am Stamme des
Kreutzes gesprochen, und gleichsam als ein letz=
tes Testament nachgelassen hat. Damals hat=
ten wir das Erste Wort Christi, das er ge=
sprochen hat mit Absicht auf seine Feinde,
auf die feindseligen Sünder: Vater vergib
ihnen; denn sie wissen nicht, was sie thun.
Das Stündlein verfloß uns gar zu geschwin=
de, daß nicht alles konnte erinnert werden, was
wohl darüber anzumerken wäre; das aber über=
lassen wir nun dem Geiste, welcher in eines
jeglichen Herzen es nachsprechen, und wieder
aufs neue eindrücken kann. Jetzt wollen wir
fortfahren zu der Betrachtung des Zweiten
Worts unsers Heilandes, das er gesprochen
hat zu dem Schächer am Kreutz, und zu allen
bußfertigen, sich bekehrenden und bekehrten ar=
men Sündern. Dieses grosse und wichtige
Wort stehet beschrieben,

Luc. XXIII. V. 43.

Jesus sprach zu ihm: Wahrlich, ich
sage dir, heute wirst du mit mir im
Paradies sein.

Das erste Wort zielte, wie eben erwehnet, auf
die feindseligen Sünder, für welche unser
liebste Heiland Aufstand und Gnade erbat: die=
ses

ses zweite zielet auf die Bußfertigkeit und Bekehrung des Sünders: das dritte Wort zielet auf die Freunde Jesu.

Von dem Ersten Worte, welches Jesus
als ein Versöhnungswort für seine Feinde
sprach, haben wir mancherlei angemerket, und
wollen nur noch folgendes als eine Einleitung
zu dem zweiten Worte anlegen.

Wer das erste Wort gehöret hat, wie es
muß gehöret werden, und wer dessen Kraft
in seinem Herzen erfahren hat, der bekommt ein
sehr mildes, ein sehr gebeugtes Herz gegen
Gott und gegen alle Menschen; dem fallen alle
Waffen völlig aus der Hand, der kann nicht
mehr widerfechten.

Jesus bat für diejenigen, die gegen Gott
und Menschen gefochten hatten: Vater vergib
ihnen; denn sie wissen nicht, was sie thun. So
war Jesus eben in dem Augenblick, eben zu der
Stunde, gegen seine bittersten Feinde gesinnet,
als sie ihre Feindseligkeit gegen ihn am allerhöchsten getrieben und ausgeübet hatten. Nun, wen
das Wort, Vater vergib ihnen, gerühret hat,
der bekommt, sag' ich, auch ein solches Herz,
daß ihm die Waffen gegen alle Menschen, gegen alle seine Feinde, aus der Hand fallen, der
hat keine Feinde mehr in der Welt, der kann
auch gegen seine bittersten Feinde keine Feindseligkeit, Neid, Haß und Rachgier, mehr
hegen; o nein, er kann seine Feinde mit einem
süß-

füß=liebenden Herzen, so wie Jesus, umfassen
und für dieselben bethen. Vater vergib ihnen.
Das kann uns nun die Natur nicht lehren noch
geben.

Ja, sagt die Natur, sollte ich das dem und
dem vergeben? Wenn es noch ein anderer wäre;
aber der, der Mensch? dem ich mein Tage nichts
anders als Gutes erwiesen habe, da ich es so
redlich, so treulich, mit gemeinet? dem Men=
schen, der mich so wider alles Recht und Billig=
keit behandelt, so und so verkehrt mit mir um=
gegangen; sollte ich gegen den Menschen ein
solches Herz haben? sollte ich ihm das nicht ge=
denken? Es kommt zwar der Mensch in seiner
Natur endlich noch wohl so weit: das er sagt:
Nun, ich will es dann vergeben; aber (denkt
er, oder sagt dabei,) vergessen kann ich es nicht.
Das aber ist nichts gesagt, das ist ein großer
Betrug; hätten wirs wahrlich vergeben, dann
könnten wirs auch gar leicht vergessen. O wer
das Erste Wort Christi am Kreutz, vergib ih=
nen, ins Herz gefasset hat; wer von Gott
Barmherzigkeit erlanget hat, daß ihm Zentner=
lasten von Sünden vergeben sind, da er so wi=
der alles Recht und Billigkeit gegen seinen Gott
gehandelt hat, ach der schenkt auch gern allen
seinen Mitgeschöpfen, was irgendwo mit Wor=
ten, mit der That, oder auf einige andere
Weise, gegen ihn geschehen sein möchte.

Wie aber einem solchen die Waffen aus der
Hand fallen in Ansehung seiner Feinde und an=

drer

drer Menschen, so auch vornehmlich in Ansehung
seines Gottes. Ein Mensch trägt in seinem
Naturstande ein recht widersetzliches Herz gegen Gott. Und obschon der liebe Gott mit vielen Ansporungen und Lockungen ihn in seinem
Gewissen anmahnet, so hilft es doch nicht, er
behält ein widerstrebendes Herz gegen seinen
Schöpfer und Erbarmer, und gibt sich nicht gefangen. Aber wann der Mensch unter das Kreutz
Christi geführet wird, und daselbst erblicket das
süß=liebende Herz Jesu Christi gegen einen solchen Menschen wie er ist, gegen einen solchen
Feind Gottes, als er sich erkennen muß, und
höret dann, daß Christus auch für ihn spricht:
Vater, vergib es doch dem Menschen, der es
so und so gegen dich gemacht hat: siehe, dann
fallen ihm die Waffen weg, er kann seinem Erbarmer, seinem Gott, nicht länger widerstreben, er muß sich gefangen geben.

So ging es dem Schächer; der hörete das
Erste Wort Christi, der hörte, daß der, welcher,
gleichwie er, zwischen Himmel und Erde am
Kreuze hing, und zwar in höchster Schmach und
Verspottung, daß der, sag' ich, noch für die je-
nigen, die ihn auslachten und verspotteten seines
Königreichs wegen, ja, für seine bittersten Feinde,
so herzlich und so angelegentlich bat: Vater,
vergib ihnen; denn sie wissen nicht, was sie thun;
nun, da hörte er auf, Gott zu widerstreben.
Da wird er gedacht haben: Was ist das wohl
für einer, der für seine Feinde noch so bitten kann;
das muß kein gemeiner Mensch sein, der muß
                                    mehr

mehr als ein Mensch sein: bittet der für seine
Feinde, daß Gott ihnen alles vergeben möge,
ach so willst du es auch wagen, du willst dich
auch zu ihm kehren: Ach Herr, gedenkest du
so an deine Feinde, so gedenke doch auch an
mich, wann du in dein Reich kommst! Und
darauf erhielt er diese große und tröstliche Ant=
wort und Versicherung: Wahrlich, ich sage dir,
heute wirst du mit mir im Paradies sein.

In diesem zweiten Worte, welches Jesus
am Stamme des Kreutzes gesprochen, wollen
wir betrachten:

Das süß=liebende Herz Jesu gegen
die bußfertigen, gegen die sich bekeh=
rende und bekehrte arme Sünder.

I. Die bußfertige Herzensgestalt des
Sünders, welchem zu gut dieses Wort
gesprochen ist.

II. Das süß=liebende Herz Jesu, wo=
mit er solche Sünder umfasset.

Erster Theil.

Es ist bekannt, daß dieses Wort, welches Chri=
stus zu dem Schächer gesprochen:—Heute
wirst du mit mir im Paradies sein,—sehr dem
Mißbrauch unterworfen ist. Damit tröstet sich
ein jeder Bösewicht, daß er denkt: Nun, ist
dem Schächer noch Gnade widerfahren, ist es

dem so leicht am Kreutz geworden, daß er sofort
vom Kreutz ins Paradies gekommen ist, so wird
es mit dir auch so genau nicht genommen werden. Wann es einmal zum Sterben kommt,
dann willst du dich auch bekehren, dann wird
dich Gott auch wohl annehmen.

Nun, das wollen wir jetzt einmal was näher
bedenken; wir wollen sehen, ob das so leicht
hergeht, als sichs etwa der rohe Sinn vorstellet.
Wir wollen einmal, zu unser aller Spiegel und
Prüfung, ansehen die fünffache bußfertige
Herzensgestalt des Schächers, und daraus lernen,
wie wir beschaffen sein müssen, wenn wir uns
dieses tröstlichen Wortes Christi im Leben und
im Sterben zu getrösten haben wollen.

Was finden wir dann an dem Schächer in
seiner ersten Gestalt? Wir finden, daß er am
Kreutze geworden und gewesen ist ein Mensch,
der seine Sünden erkannte; ein Mensch, der
seine Sünden fühlete; und ein Mensch, der mit
einer wahren Beugung seine Sünden bekannte. Sehet, dieses alles wurde, obgleich in so kurzer Zeit, durch den Heil. Geist, und durch das Wort
Christi — Vater, vergib ihnen — in dem Herzen
des Schächers gewirket. Er erkannte seine Sünde, er fühlete sie, er bekannte sie, und zwar mit
einer wahren Beugung. Es heißt, daß er zu
seinem vorigen Mitgesellen, zu dem andern
Schächer, zur linken Hand Christi, welcher
Jesum noch lästerte, gesprochen habe: Und du
fürchtest dich auch nicht vor Gott? Wir sollten
uns ja fürchten vor Gott, will er sagen, da wir
billig

billig in dieſer Verdammniß ſind: denn wir em=
pfahen, was unſere Thaten werth ſind. Als er
hörete, wie Jeſus ſo für ſeine Feinde bat: Va=
ter, vergib ihnen; denn ſie wiſſen nicht, was ſie
thun; da kam er zum Nachdenken durch Got=
tes Gnade: Nun, was habe dann auch ich ge=
than; was ſind meine Thaten? wie werde ich
mit meinen Thaten beſtehen und auskommen
können? Er wird mit Furcht und Schrecken an
ſeine Thaten gedacht haben: Wie habe ich Men=
ſchenkind gelebt! wie habe ich die Sünde ſo
gering geachtet und ſo leicht gewogen! O ich ha=
be böſe Thaten gethan! ſo und ſo habe ichs ge=
macht; ach das ſehe und fühle ich jetzt. Er
ſchämte ſich auch nicht, daß ers ſeinem Mit=
geſellen rund heraus ſagte: Ich habe es eben ſo
grob gemacht, und bin eben ſo gottlos geweſen
als du. Er bekannte ſeine Sünde frei heraus,
und ließ es jedermann hören; er bekannte ſie mit
einem inneren Gefühl und wahren Beugung.
Man kann leicht denken, was dieſer Menſch müſſe
gefühlet haben. Denn als ihm ſeine Thaten auf=
gingen, da hing er zwiſchen Himmel und Erde,
und ſollte nun in die Ewigkeit gehen, und vor
ſeinem Richter erſcheinen. Gewiß, wenn ein
Menſch alsdann ſeine Thaten und Sünden be=
denkt, das kann nicht ohne Gefühl hergehen,
oder er müßte gar zu böſe und ganz verſtockt ſein.
Nun, liebſte Herzen, wollen wir uns des
ſünd=liebenden Herzens Jeſu, und des daraus
gefloſſenen Wortes, — heute wirſt du mit mir im
Paradies ſein, — zu getröſten haben, ſiehe, ſo

müſſen

müſſen wir auch ſolche Sünder geworden ſein.
Wir müſſen unſere Sünden erkannt, wir müſſen unſere Sünden gefühlet haben, wir müſſen
auch unſere Sünden mit einer wahren Beugung
bekannt haben, ſonſt gehet uns gewiß dieſes
Wort Jeſu Chriſti, — heute wirſt du mit mir
im Paradies ſein, — nicht an.

Jeſus Chriſtus mußte an dieſem Tage, am
Charfreitage, unſerer Sünden wegen da hangen
am Stamme des Kreußes. Ein Menſch, der
am Charfreitag, oder bei der Betrachtung des
Leidens und Sterbens Jeſu Chriſti, und bei
Anhörung ſeines ſüßen Verſöhnungsworts, ſeine Sünden nicht ins Geſicht krigt, und darüber
kein Gefühl bekommt, daß iſt noch ein todter
Menſch, der hat keine Frucht vom Charfreitage,
von der Paßion, vom Leiden und Sterben Jeſu
Chriſti. O nie ſollten und müßten uns unſere
Sünden mehr ins Gemüthe kommen und uns
tiefer beugen, als eben an dieſem Tage der Verſöhnung, am Charfreitage.

An dem großen Verſöhnungstage im alten
Teſtament, mußten die Prieſter und alles Volk
ihre Sünden bekennen. Der opfernde Prieſter
mußte ſeine beiden Hände auf das Haupt des
lebendigen Verſöhnbocks legen, und auf ihn
bekennen alle Miſſethaten der Kinder Iſrael, und
alle Uebertretungen in allen ihren Sünden, und
mußte ſie auf das Haupt des Bocks legen (3 Moſ.
16,21.) Siehe, ſo ſollten uns auch, wann wir
uns am Charfreitage des bittern Leidens Jeſu,
und ſeiner großen Verſöhnung am Kreuße, erinnern.

innern, was er unserer Sünde wegen für ein
schmerzliches, aber auch kostbares Opfer, hat
darbringen müssen; da, sage ich, sollten uns
unsre Sünden ins Gemüthe kommen: O was
habe ich gethan! o wie habe ichs gemacht! o
meine Sünden, die haben Jesum, die haben
das unschuldige Lamm da ans Kreutz genagelt!

So lang der Mensch so in seinem sichern
Naturstande dahin gehet, ohne Erkenntniß,
ohne Herzenserkenntniß seiner Sünden, so lange
gehen ihn die tröstlichen Worte Christi, und sein
ganzes Leiden am Charfreitage noch nicht an.
So lange der Mensch die Sünde noch nicht fühlet, sondern für was geringes achtet, daß er
denkt: Ja, was soll das? nun, das habe ich gethan, das habe ich geredt, das ist passiret; was
ist dann draus zu machen? so lange der Mensch
von der Sünde noch so redet, oder wohl gar eine
Kurzweil draus macht, so lange gehet ihn das
Wort Christi, zum Schächer am Kreutz gesprochen, noch nicht an, so lange gehet ihn der Charfreitag und alle Leiden Christi noch nicht an. So
lange der Mensch noch so gesinnet ist, daß er seine
Sünden nicht mit wahrer Beugung bekennet,
sondern sich so gerne selber rettet, hilft, und
seiner Sünden wegen entschuldiget: Ich habe es
so arg noch nicht gemacht, wie der und der, ich
bin kein Schächer, ich bin kein Mörder, ich
habe doch noch kein Menschenblut vergossen.
Oder, so lange der Mensch denkt: Ja wir sind
alle arme Sünder; was soll ich da viel lärmens
von machen, den Leuten sagen, daß ich gesündi-

n: dach   L 3   get

get habe, mich so vor der Welt proſtituiren;
ſo lange der Menſch noch alſo denket ſo hat er
noch kein bußfertiges Herz, und gehet ihn dieß
Wort Chriſti und ſein Leiden noch nicht an. O
du mußt deine Thaten einſehen, du mußt ſie fühlen, du mußt dich nicht ſcheuen noch ſchämen vor
Gott und Menſchen deine Sünden zu bekennen,
ſo viel es nur die Umſtände zulaſſen, und nicht
achten, was die Leute davon ſagen, wie dieſer
Schächer am Kreuz auch gethan hat. O wir
müſſen durch das Leiden Chriſti und deſſen Betrachtung dazu kommen, daß uns unſre Sünden
im Gemüthe aufgehen, daß wir dadurch zur Er-
weichung kommen, daß wir dadurch in die in-
nigſte Empfindung und Gefühl geſetzet werden.

Es iſt zwar die Wahrheit, es darf nicht ein
jeder gleiche groſſe Angſt, Traurigkeit und Empfindung der Sünden wegen haben; bei dem
einen gehets ein wenig ſchwerer, bei dem andern
ein wenig leichter her; dem einen wirds früher,
dem andern ſpäter entdeckt: aber dem ſei wie
ihm wolle, ein jeder, welcher der Gnade theilhaftig werden will, der muß doch ſeine Sünden erkennen, und zwar nicht ſo insgemein
darüber hingehen, daß er denkt, wir ſind alle
arme Sünder; ſondern er muß es fühlen mit
Wehethun, er muß es fühlen mit einer tiefen
Beugung. Wann wir dann in eine ſolche Geſtalt ſind eingegangen, wann wir uns als ſolche
befinden, dann ſtehet uns in Chriſti Blut die
Thür offen, dann kann uns geholfen werden,
dann kann uns Troſt eingeſprochen werden.

Haben

Haben wir aber gleich, liebe Mitberufene, bei voriger Bekehrung einen Schmerz über unsere Sünden gehabt; sind wir gleich damals in einer bußfertigen Gemüthsgestalt, in Reue und großem Leidwesen einhergegangen, ist uns auch schon hernach von Gott Gnade wiederfahren in einem kindlichen Glauben der Vergebung in dem süssen Namen Jesu Christi: so soll uns doch beständig beibleiben die tiefe Beugung des Herzens wegen unsrer Sünden, wegen unsers vorigen Standes, worinn wir uns befunden. Kein Mensch wird jemals das Wort des Heilandes, das er zum Schächer sprach, hören, weder im Leben noch in der Stunde des Todes, wo er nicht ein solcher gebeugter Mensch ist. O wir müssen unserer Sünden wegen immer mehr und mehr recht klein werden; o klein, o klein müssen wir sein, sonst kommen wir nicht ins Paradies hinein: Das Pförtchen ist gar zu klein, das Pförtchen ist gar ein enges Pförtchen. Es kommt niemand ins Paradies, niemand kann das hören — heute wirst du mit mir im Paradies sein — als der sich klein macht, der sich beuget wie ein armes Kind, wie ein armes Würmlein.

Eben indem ich dieses sage, erinnere ich mich eines Briefs, den ich gestern bekommen habe von einer Seele, die auf ihrem Todbette Abschied von mir nimmt; von einer Seele, die richtig vor dem Herrn gewandelt hat. Ich will einige Worte hochdeutsch aus demselben vorlesen, er ist sonst holländisch geschrieben:

L 4   „Mein

„Mein herzlich Geliebter in Jesu, der mich ar=
„mes Würmlein liebet, der mich armes Würm=
„lein aus Gnaden liebet. In ihm geniesset mei=
„ne Seele einer solchen Ruhe und Vertrauen,
„welche über alle Ausdrücke ist. Gelobet sei
„sein Name, der als eine ausgegossene Sal=
„be mir in allen meinen Nöthen und Leiden ist.
„O er ist es, der meine Seele liebet. Er hat
„mit seiner ewigen Liebe mein Herz in Liebe um=
„fangen. Gelobet sei unser Gott und der Fels
„unsers Heils, der ewige Fels, der nicht wan=
„ken wird in alle Ewigkeit. Mein Herz ist voll
„von seiner Liebe und Vertrauen. Ich danke,
„daß ihr an mich, als an ein armes Würmlein,
„das vor seinem Gott liegt, gedenket.“ Se=
het, das ist eine Seele, die schon längst berufen
und in der Heiligung gefördert ist; dennoch sie=
het sie sich an als ein armes Würmlein, das
vor seinem Gott liegt. Meinen wir, daß wir
auf eine andere Weise das Pförtchen zum Para=
dies finden werden? O von nun an sollen wir
Würmlein werden, von nun an sollen wir uns
krümmen und niederbeugen unter Gott und alle
Menschen, unter alle Kreaturen, unserer Sün=
den und unserer Thaten wegen, die wir began=
gen haben.

Die Zweite Gestalt, die wir in diesem be=
gnadigten Schächer erblicken, und die auch in
uns allen, als bußfertigen Sündern, muß ge=
funden werden, ist diese: Daß er nicht nur seine
Sünden erkannte, fühlete und bekannte, sondern
daß er auch, eben dieser Sünden wegen, in

eine

eine solche Demuth des Herzens gesetzet war,
daß er sich werth achtete aller Leiden, die über
ihn kamen, und dieselben willig litte. Wir
beide, sagte er, sind billig in dieser Verdamm=
niß: denn wir empfahen, was unsere Thaten
werth sind. Siehe, der Mensch sahe und füh=
lete seine Sünden also. Was auch die Men=
schen mit ihm machten, wie schwer ihm das
auch war, was über seinen äussern Menschen
erging, wie bitter es ihm auch in seinem
Herzen seiner Sünden wegen fallen mochte, so
rief er dennoch aus und bekannte freimüthig:
Wir leiden das alles billig, wir sind deß werth,
unsere Thaten sind solcher Leiden, solch eines
schmählichen Todes werth. Das kam nun
aus der Demuth des Herzens, worinn dieser
bußfertige Sünder gesetzet war.

Wenn ein Mensch von GOtt begnadiget,
und in eine wahre Buß=Gestalt eingeführet
worden ist, so krigt er ein demüthiges, und ein
zum Leiden williges Herz. Was dann auch
für Leiden in dieser Zeitlichkeit über ihn kom=
men, es sei an seinem Leibe, oder an seinen
Gütern, oder an seiner Ehre, oder an einig
andern Dingen, so erkennet er in Wahrheit,
er sei des alles werth, er habe es alles wohl
verdienet; er demüthiget sich willig unter die ge=
waltige Hand GOttes. Und das ist dann ganz
was anders, als wenn die Menschen in Wi=
derwärtigkeiten und Krankheiten nur so aus
Gewohnheit sprechen: Ja wir habens mit un=
sern Sünden so verdienet: das sagt der Mund,

obs aber das Herz auch sagt, das ist dem lieben Gott bekannt. Aber wer seine Sünden erkennet, wer seine Sünden recht fühlet, der demüthiget sich von ganzem Herzen; der weiß dem lieben GOTT nicht genug zu danken für die Bitterkeit der Leiden; er schreiet nur um Geduld, er schreiet nur um Gnade auszuharren; was nur noch weniger ist als die Hölle, dafür danket er dem lieben GOTT, weil er weiß, daß er die Verdammniß, daß er die Hölle verdient habe.

Sehet, zu solchen Menschen müssen die bußfertigen Herzen werden, zu solchen Demüthigen werden die bußfertigen Herzen gemacht, daß sie sich willig und gern in alles Leiden dahin geben. Dieser Schächer sagte nicht zu dem Heilande: Bist du ein solcher Mann, dann hilf mir doch vom Kreuz ab, dann mache, daß du und ich loskommen vom Kreutz; so wie der andre Schächer sagte: Bist du Christus, so hilf dir selbst und uns: o nein, darum bat er nicht; er hielte sich dieser Strafe werth, er erduldete nun gern, was er mit seinen Thaten verdienet hatte. Aber der noch ungebeugte und ungebrochene Sinn will nur vom Leiden los sein; er will nur das Ungemach stracks vom Halse haben; und geschiehet dieses, dann ist die ganze Buße zu Ende. So bald die Leute nur wieder gesund worden sind, dann höret man nichts mehr von Erkenntniß der Sünden, dann siehet man nichts von ihrer Buß-Gestalt.

Die

Die rechte Buß-Gestalt nun ist ferner daran zu erkennen, daß, wie sich ein wahrlich be-
kehrter Sünder aller Leiden, aller Schmerzen,
alles Kreutzes, werth achtet, daß er, sage ich,
sich auch ander seits alles Guten von Herzen
unwürdig achtet. Einem recht bußfertigen
Menschen ist alles leicht gut genug; das Geringste, das ihm gegeben wird, das ist ihm
leicht übrig genug; es gehe mit ihm, wie es
gehe, es ist ihm leicht herrlich genug. Ein
noch unbekehrter Mensch kann essen, trinken,
und sich kleiden nach seinem Willen und Wohlgefallen; und er meinet, er habe Recht dazu,
das hätte er mit seinem sauren Schweiß und
Arbeit verdienet, das gehöre und komme ihm
ja zu: aber wann der Mensch recht bußfertig
geworden ist, dann achtet er sich dessen unwürdig; das schlechteste Kleid zum Bedecken, das
schlechteste Plätzchen im Hause, das ist ihm alles gut genug, ja, es ist ihm alles noch zu
gut, es ist ihm alles noch zu wohl, ein Stücklein Brod ist ihm schon zu viel für einen armen Sünder. An andern Menschen, die etwa
mit ihm umgehen, hat er auch nicht gleich
was zu tadeln. Ein Mensch, der in der Natur stehet, dem macht es bald dieser nicht recht,
bald behandelt ihn jener nicht gut genug, bald
denkt und spricht man nicht rühmlich genug
von ihm: aber ein demüthiger, bußfertiger
Sünder, der achtet sich unwürdig, daß andere
ihn lieben, ästimiren und hoch achten; er ist
dessen in seinen Augen nicht werth, er achtet

sich

sich nur der Verachtung, Schmach und
Schande werth. Sehet, solche arme Sünder
müssen wir werden.

Achtet man sich dann nun des geringsten im
Aeusseren für den Leib nicht werth; ach so ach=
tet man sich auch der geringsten Gnade an sei=
ner Seelen nicht werth, und noch viel weniger,
daß GOtt einem grosse Dinge geben sollte.
Gnade können wir freilich nicht entbehren;
Gnade zur Vergebung der Sünden, Gnade
zur Reinigung und Heiligung unsers Herzens,
Gnade um ewig bei GOTT zu kommen, die
können wir nicht missen: aber man achtet sich
doch derselben unwürdig, man achtet sich
von Herzen, ja, von Herzen unwürdig, daß
der liebe Heiland an uns denke und zu uns
sage: Sei getrost, dir sind deine Sünden ver=
geben: und wann ers zu uns sagt, so weiß man
nicht, was man sagen soll, so unwerth achtet
man sich; wenn er aber sagt: Heute wirst du
mit mir im Paradies sein; o da weiß man
gar vor Beschämung sich nicht zu lassen.

O die sicheren Menschen schwätzen wohl von
aus Gnaden selig zu werden, aber ehe
man dahin kommt, daß man aus Gnaden selig
wird, muß man werden wie der Schächer am
Kreuz. Es kostet Todesnoth, ehe der Mensch
dahin kommt; der Mensch wird nicht so leicht
ein armer Sünder, er läßt sich nicht so leicht
(so zu reden) ausplündern, er meinet noch im=
mer was Recht und Anforderung zu haben;
das heißt aber nicht aus Gnaden selig werden.

Wollen

Wollen wir ins Paradies hinein, so müssen
wirs freilich aus Gnaden erlangen; GOTT
verkauft sein Paradies nicht, GOTT der läßt
sich nicht abverdienen, er schenket es aus Gnaden, wann wir nichts mehr haben und arm
genug sind.

Die Dritte Eigenschaft, die wir an diesem
Schächer erblicken, und die auch in uns allen,
als bußfertigen Sündern, muß gefunden werden, ist diese: Daß er sich öffentlich erkläret wider die Welt und ihren Anhang, und sich hingegen auch öffentlich erkläret für Christum und seine
Sache. Er sagte zu seinem Mit-Gesellen: Und
du fürchtest dich auch nicht vor GOtt, da wir
in gleicher Verdammniß sind, und billig leiden,
was unsre Thaten werth sind? Er konnte das
nicht über sein Herz bringen, das nur so anzuhören, wie sein Mit-Gesell sich so verging
und Christum schmähet: er mußte ihn darüber
bestrafen, das ließ er so nicht passiren, dazu
schwieg er nicht stille; von Jesu aber sagte er:
Dieser, hat nichts ungeschicktes gehandelt,
er hat nichts strafwürdiges gethan, er ist unschuldig an und in allem. Es ging ihm innigst
nahe, und verdroß ihn, daß JEsus so gar unschuldig litte; das sagte er frei heraus, und
ließ es jedermann hören; mit dem JEsu, will er
sagen, halte ichs. Dabei sagte er zu JEsu:
Herr, gedenke du an mich, wann du in dein
Reich kommst; ich erkenne dich für meinen
HErrn und König, trotz allen, die es anhören
und sich darüber ärgern; du sollst mein HERR
sein.

sein. Diejenigen, die er vor sich sah, das
waren die Obersten des Volks; es waren die
Lehrer und Ausleger der Schrift, wovor er
grosse Furcht und Scheu hätte haben können,
aber nein, er achtete das alles nicht.

Liebste Herzen! sind wir recht bußfertige
Sünder geworden, die wider die Welt, und für
die Sache unsers liebsten Heilandes sind, so
müssen wir auch, nach den Umständen und Gelegenheiten, ohne Scheu die Sünde bestrafen
und GOttes Sache vertheidigen. Mancher
denkt, er sei nicht dazu gesetzt, daß er andere
erinnern und bestrafen sollte, (welches doch hier
der Schächer that, der bestrafte seinen Mit-
gesellen, als er solche böse Worte redete:) es ist
auch wahr, es wird nicht von einem jeden ge-
fordert, daß er viel reden und lehren, oder daß
man jedermann bestrafen soll; aber wir müssen es
auch nicht zu weit ausdehnen, und in Gesell-
schaften allerhand Zoten und unnütze Dinge ohne
Noth, und zwar mit Stillschweigen, anhören
können; wir müssen doch bei allen Gelegenheiten zeigen, daß wir einen Abscheu an allem Bösen haben; wir müssen lieber solche Gesellschaft,
so viel immer möglich ist, meiden. Haben wir
auch etwa in voriger Zeit unsre Mit-Gesellen
zum Bösen mit angereizt, wie vielleicht diese
Schächer auch unter einander gethan haben, so
kann es nicht schaden, ja, die Nothwendigkeit erfordert es wohl, daß wirs auch solchen vorhalten
und sagen: Siehe, solche Thaten haben wir mit
einander begangen, GOtt aber hat mir einen andern

dern Sinn, ein ander Herz gegeben; es wird
mit dir auch in die länge nicht gut gehen. Ja,
mit welchen man vorhin eine noch nähere und
vertrauliche Freundschaft gepflogen, da erfordert
es insonderheit die Nothwendigkeit, daß man
ihnen nun frei entdecke, wie man jetzt anders
gesinnet sei.

Wir müssen uns auch nicht scheuen, der Sache Christi, der Gottseligkeit, der Frömmigkeit,
beizustehen, sie zu vertheidigen, und uns der
Frommen und ihres Umgangs nicht schämen, es
mögen andere Leute sagen was sie wollen. Wenn
einer von GOTT begnadiget worden, und ein
recht gebeugter armer Sünder worden ist, so
schämet er sich auch der armen Glieder Christi
nicht, er läßt es gern jedermann wissen, daß
er es mit ihnen halte, daß er nach eben der
Sache sich mit ihnen ausstrecke, den JEsum,
den diese bekennen und den sie HErr nennen, den
bekenne er auch, der sei auch sein HERR, dem
wolle er sich auch ergeben, und dem sei er ergeben. Es ist zwar leider! die Wahrheit, daß
die Welt an diesem und jenem, der der Frömmigkeit zugethan ist, was zu tadeln und auszusetzen
hat: nun, wir können und dürfen auch das Böse
nicht rechtfertigen, keineswegs; allein, wir müssen
doch auch Schwachheiten und Gebrechen wegen
nicht eins mit dem andern wegwerfen. Die
Hauptsache der Frommen, die gute Sache,
muß doch allezeit vertheidiget werden; auf ihren Hauptgrund müssen wir allezeit sehen, und
ihre Gemeinschaft beizubehalten suchen. Es wird
doch

doch gewiß erfüllet werden, was der Mund der
Wahrheit sagt, Marc. 8, 38: Wer sich mein
und meiner Worte schämet, dessen wird sich
auch des Menschen Sohn schämen, wann er
kommt in der Herrlichkeit seines Vaters, mit
den heiligen Engeln. Wie wir Jesum erkannt
und bekannt haben, so wird er uns auch dermal-
eins bekennen, und zu uns sagen: Nun, du
hast mich bekannt vor den Menschen, ich will
dich jetzt auch bekennen; komm, gehe mit mir
ins Paradies.

Die vierte Eigenschaft, welche dieser bußfertige arme Sünder an sich erblicken läßt, ist,
daß er sich abwendet von der Welt und allem
ihrem Wesen; sein Aug und ganzes Herz siehet
nur nach der Ewigkeit: Herr, gedenke an mich,
wann du in dein Reich kommst. Hiemit wendet er sein Aug, Sinn und Herz, ab von dem
Reich dieser Welt, und von allen Dingen dieser
Welt, als wollte er sagen: Nun, weg Welt,
ich muß und will dich verlassen; ich kehre mein
Herz, ich kehre meine Augen von dir ab; dein
Reich, o Herr, ist es nur, was ich verlange,
nach deinem Reich allein sehnet sich mein Herz
und Gemüth, ich will nichts mehr; ja, wenn
ich auch Möglichkeit sähe, vom Kreuz herab zu
steigen, wieder in der Welt zu leben, und gar
alle Herrlichkeit der Welt zu erlangen, so gäbe
ich doch das alles von Herzen gern dran; in
dein Reich, Herr, wünsche ich nur auf- und angenommen zu werden.

Sehet,

Sehet, dieser Sinn muß auch in uns ge=
funden werden, wenn wir die tröstlichen Worte
unsers liebsten Heilandes, heute wirst du mit
mir im Paradies sein, im Leben oder in der To=
desstunde zu hören Hoffnung haben wollen.
Wir müssen von Herzen und in der That bezei=
gen, daß wir das Reich dieser Welt nicht mehr
begehren; wir müssen uns mit unserm ganzen
Herzen absehnen von allem Geschaffenen, von
allem Eiteln und Sichtbaren dieser Welt; der
Welt ihre Ehre, ihre Güter, ihre Lustbarkeiten,
und alle ihre sonst hochgeschätzte Sachen, o die
müssen wie nichts werden in unsern Augen. Ein
Mensch, der so angelegentlich noch denken und
reden kann von und an sichtbare und zeitliche
Dinge, der sich derselben noch so gar sehr an=
nimmt, sich sogar viel damit aufhält, und des=
sen Herz noch darinn lebet, der kann unmöglich
Theil haben an dem Paradies.

O wenn wir nur von ganzem Herzen das
Reich dieser Welt, alles Zeitliche und Geschaffe=
ne, dran gäben, wenn wir uns gründlich aus=
leereten von aller Liebe des Zeitlichen und Geschaf=
fenen, wenn wir uns zu einem glückseligen und
völligen Ausgang aus der Welt und aus uns
selbst entschlössen: o so würden wir einen ganz
freien Eingang thun können, wir würden von
nun an mit Christo ins Paradies eingehen, wir
würden heute noch dieß Wort, heute wirst du
mit mir im Paradies sein, hören können. Das
aber sei ein jeder versichert, er wird dieß Wort
nimmermehr hören, ja, nicht einmal verstehen

Erst. B. 1. Th.　　M　　　　　　kön=

können, wo er sich von dem Geiste Jesu Christi
nicht in die gründliche Verleugnung aller Dinge
dieser Welt einführen läßt. Es muß ein Aus:
gang geschehen, in der Kraft Christi; wir müs:
sen uns dazu übergeben, daß wir von Herzen
wünschen, mit Christo zu sterben allem was
vergänglich ist, loszulassen alles was hie unten
auf Erden ist. Es muß unser ganzer Wandel
je länger je mehr darnach eingerichtet werden,
daß wir auf alle Weise bezeigen, daß unser Reich
nicht von dieser Welt sei, sondern daß wir das
Ewige suchen, daß wir das nur im Auge haben,
und nichts anders suchen bei unsrer Frömmig:
keit.

Dieser arme Schächer suchte bei Christo nichts
anders, als nur, daß er Gnade für seine Seele
finden möchte, daß er nur auf ewig in sein Reich
möchte aufgenommen werden: aber wie so gar
leicht kann der Mensch bei seiner Frömmigkeit un:
lautere Absichten haben. O laßt uns unsere Her:
zen doch untersuchen: um nichts anders muß es
euch und mir zu thun sein, als nur um das
Reich: Herr gedenke mein, wann du in dein
Reich kommst; nichts such' ich mehr auf der
Welt, weder daß mich die Leute loben oder lieben,
noch daß ich gemächliche Tage haben möge; o
nein, wenn ich nur Gnade krige, wenn ich nur
in das Reich Gottes einkomme, wenn nur mei:
ner Seelen geholfen wird, dann habe ich alles,
was ich verlange. Sehet, eine solche ver:
leugnende Gestalt muß der Sünder mitbringen,
wenn er die Worte Christi, — heute wirst du mit

mir

mir im Paradies sein, — aus Christi Munde
hören will.

Endlich zum f ü n f t e n finden wir an diesem
Schächer am Kreuz, eine gründliche Zuwendung
zu dem Herzen Jesu, und eine kindliche Zuver-
sicht in das Herz Jesu: Herr, gedenke mein,
wann du in dein Reich kommst. Hiemit wendet
er sich von sich selbst, von allem seinem Jammer
und Elend, und von aller Kreaturen Hülfe ab,
und wendet sich zu Jesu: Herr, gedenke du an
mich; ich habe nun keine andere Hoffnung mehr,
weder im Himmel noch auf Erden, als auf dich,
niemand kann mir helfen, als du allein; dir und
deinem Willen überlaß' ich mich, und wie du es
mit mir machest. Ach Herr, gedenke mein.

Sehet, auch eine solche Glaubensgestalt
muß eine Seele mitbringen, daß sie allein zu
Jesu sich wende, daß sie von keinem andern, als
von ihm, Hülfe verlange und erwarte. O Herr,
unsere Augen warten auf dich; die ganze Welt
kann mir nicht helfen, kein Mensch, keine Kreatur, kann mich von meinen Sünden los machen; nun, Herr Jesu, gedenke du an mich!
Das erweckt dann in einer wahrlich bußfertigen
Seele so eine beständig seufzende, bethende, seh-
nende Herzens- und Glaubensgestalt. Manche
Menschen klagen wohl, sie könnten nicht bethen;
aber, wenn der Mensch recht bußfertig gemacht
wird, dann steigt immer so ein Seufzen, Sehnen, Flehen und Bitten, aus dem Herzen auf,
wenn er schon nicht viel Worte machen kann.
Der arme Schächer konnte auch wohl nicht viel

M 2 Worte

Worte machen: aber er sagte doch: O Herr,
denke doch an mich, o Herr, laß doch meiner
Seelen geholfen werden. So gehet es auch,
wenn der Sünder mit dem Schächer am Kreuz
recht in die Presse gebracht wird, dann wendet
sich das Herz ab von allen Kreaturen; Jesus ist
es nur allein, wovon er sein Heil erwartet, Jesus ist es nur allein, dem er nach den Augen siehet, und sagt: Herr, gedenke mein. Er schreibt
auch dem lieben Heilande nicht vor, wie er sein
gedenken solle; er überläßt es ihm, ob er ihm
früh oder spät helfen, ihn durch einen süßen oder
sauren Weg führen will, darum bekümmert er
sich nicht: Herr, gedenke du mein.

Es ist keine gute Eigenschaft bei manchem,
daß man in seinem Gebeth so viele Foderungen
macht, daß man so viele Triftigkeit hat, als
wenn man Gott was vorschreiben wollte, als
wenn man sich dieses oder jenes auswählen wollte. Nein, rechte Patienten schreiben dem Arzte
nichts vor, sondern die sagen: Thue nur, wie du
es gut findest, um mir armen Menschen noch zu
helfen; ordinire nur, es mag süß oder bitter
schmecken, ich will es herzlich gern nehmen,
wenn ich nur mag gesund werden. Nun, sehet,
so muß unser bußfertiges Gebeth und Aushalten
bei Jesu auch beschaffen sein, daß wir uns ihm
und seiner gnädigen Führung lediglich übergeben,
und es ihm zutrauen, er habe Gnade gnug, armen Sündern zu helfen, er wisse auch Mittel
und Wege gnug die uns können und die uns
müssen helfen. laßt uns darum die Augen
schließ-

schliessen, uns ihm anvertrauen, und ihn nur in Zeit und Ewigkeit nach seinem Rath mit uns machen lassen; nur, Herr Jesu, daß mir mag geholfen werden.

Zweiter Theil.

Wenn wir uns nun, liebste Herzen, dergestalt zu Jesu kehren, wie dieser arme Mensch, der Schächer am Kreutz, gethan hat, wenn wir zu ihm schreien um Buße und um Gnade, was wird dann erfolgen? dann werden wir erkennen und erfahren das süßliebende Herz Jesu Christi am Kreutz, gegen bußfertige arme Sünder; und dann werden wir auch die Kraft dieser Worte, — wahrlich, ich sage dir, heute wirst du mit mir im Paradies sein, — im leben und Sterben erfahren. Diejenigen, wie mit einer solchen Herzensgestalt kommen, die wir vorhin gesagt haben, die sind willkommen bei Christo, die werden von ihm auf= und angenommen, und er thut ihnen einen solchen Abgrund der liebe auf, wovor Engel und Menschen bestürzt stehen; Jesus sprach ein Wort zum Schächer, welches derselbe wohl nicht vermuthet hätte, welches auch ein armer Mensch, der sich selber kennet, nicht begreiffen kann: Wahrlich, ich sage dir, heute wirst du mit mir im Paradies sein.

Nun, wir wollen uns auf diese Blümlein nieder setzen, und versuchen, ob nicht etwas darinnen sei für ein hungriges Herze. Heute wirst du mit mir im Paradies sein, sagt Christus;

du

du wirst mit mir sein. Es war noch nicht
lange, da war der Mensch, der Schächer, und
Christus noch weit von einander geschieden, da
war er noch ein Feind Christi, und Christus
hatte mit ihm nichts zu schaffen: so bald aber
beugete sich dieser arme Mensch nicht, so bald
kam er nicht zuversichtlich zu Christo, als seinem
einigen Trost, damit öffnete sich das liebende
Herz Jesu Christi: Du wirst mit mir sein, du
wirst mit mir im Paradies sein, das sage ich
dir, der ich das Amen selber bin.

Von Natur ist Gott nicht mit uns, und
wir nicht mit Gott; sondern es ist durch den
Sündenfall eine Kluft entstanden zwischen Gott
und dem Sünder, zwischen Gott und unsrer
armen Seele; wir sind Feinde Gottes, und
Gott kann nicht anders als von uns abgeneigt
sein. Nun, Christus hing deßwegen amStamme
des Kreuzes, damit er in seinem Leiden die Feind=
schaft auflösete, die zwischenGott und dem Men=
schen entstanden war. Am Charfreitag da hieß
es recht, wie 2 Cor. 5, 19. stehet: Gott war
in Christo, und versöhnete die Welt mit ihm
selber; und hat uns, seinen Boten, das Wort
der Versöhnung in den Mund gelegt: lasset
euch versöhnen mit Gott. Durch Christi Leiden,
und durch Christi Fürbitte am Stamme des
Kreuzes, ist nun die Feindschaft aufgehoben,
daß an Seiten Gottes nun alles gut gemacht ist.
Sobald nun ein Sünder durch Gottes Gnade
und Liebe sich nur beugen läßt, und sobald er nur
so gebeugt und als ein armer Wurm zu Gott

kommt,

kommt, damit stehen ihm die Eingeweide der
Liebe und Barmherzigkeit Gottes in dem Blute
und in dem Namen Jesu Christi ganz angelweit
offen. Und davon finden wir Exempel in den
Gleichnißreden Jesu Christi; wir davon zu
lesen Luc. 15. von dem verlornen Schäflein,
von dem verlornen Groschen, und von dem
verlornen Sohn; da der liebste Heiland zu
verstehen gibt, wie daß an Gottes Seiten keine Feindschaft mehr sei gegen den Menschen,
sondern daß nur an unserer Seiten die Feindschaft müsse abgelegt werden, daß wir uns
nur sollen beugen, daß wir nur, als verlorne
Sünder, sollten kommen.

O sobald der verlorne Sohn kam, da um-
hälsete ihn sein liebster Vater, der war schon
bereit ihn anzunehmen, und da mußte ein Kleid,
ein Ring, hergebracht werden, es mußte ein
Kalb geschlachtet werden, und da war eine Freude mehr als gemein über den Sohn. der verloren
gewesen war. Der Sohn rief zwar: Ich bins
nicht werth! er erkannte seine Unwürdigkeit, er
fühlete, was er gethan hatte, wie es der Schächer auch fühlte; aber der Vater warfs ihm doch
nicht vor, wie der liebste Heiland auch nicht zum
Schächer sagte: Ja du bist ein solcher Bösewicht
gewesen, du hast Menschenblut vergossen, du
hast so und so gottlos gelebt; nein, davon sagt.
der Heiland nichts, sondern er sagte: Du wirst
heute mit mir im Paradies sein; das ist nun alles gut gemacht durch mein Blut, das ist nun
gut gemacht durch meine unermeßliche Liebe; ich

will dich nun aufnehmen, ich will dich an=
nehmen.

Darum ist es dem lieben Gott auch nun zu
thun mit allen Bestrafungen, mit allen Bedng=
stigungen und Nöthen, die die Seelen bei ihrer
Herumholung und Bekehrung manchmal erfah=
ren müssen, daß er das verlohrne Schäflein so
recht müde jagen will, daß es zur Erde falle:
Nun, Herr, richte dann auf, ich kann nicht
mehr. Siehe, darum ist es Gott zu thun.
Mühselig und beladen müssen wir werden, und
wenn wir dann so mühselig und beladen kommen,
da heißt es: Du sollst mit mir sein, du armes
Schäflein, du armes Kind, du hast nun lang
genug da gelegen. Das ist ein Wort, das aus
keinem, als aus dem zweifach süß=liebenden Her=
zen Jesu, kommen kann, das nicht allein dem
Sünder alle seine Sünden aus Gnaden schenket
und vergibt, sondern ihn auch zur Freundschaft
auf=und annimmt. Denn dieß Wort, du sollst
mit mir sein, will nicht allein sagen, ich lege die
Feindschaft ab, sondern es will auch sagen,(wie
wir uns, als Freunde, die Hand geben,) siehe, es
soll nun eine Vereinigung, eine Gemeinschaft,
zwischen uns sein; du sollst mit mir sein, wir
wollen nicht länger geschiedene Leute sein, son=
dern wir wollen gemeinschaftliche Güter haben:
Alle deine Bosheiten, deine Schandthaten, deine
gottlosen Bubenstücke, und was du je betrieben
hast, das alles nehme ich auf mich, auf mein
leidendes Herz, auf mein versöhnendes Herz,
ich, der ich hier am Kreuze hange; und alle mein

bitte=

bitteres Leiden und dessen Verdienst, alle meine Gerechtigkeit und Tugenden, die schenke ich dir, daran sollst du Gemeinschaft haben.

Welch ein liebendes Herz, welch ein Abgrund der ewigen Erbarmung, öffnet sich nicht in unserm süßesten Heilande! Sobald wir nur recht gebeugte Sünder werden, so erlangen wir nicht nur die Gnade der Vergebung der Sünden, daß sie verschlungen werden in seinem Verdienst, in seiner ewigen Liebe, daß sie in Ewigkeit nicht mehr gesehen werden, daß sie versenkt werden in die Tiefe des Meers; sondern wir treten auch alsobald ein in die Gemeinschaft mit Christo Jesu, daß er uns Theil vergönnet an allen seinen Verdiensten, an allen seinen Tugenden, an aller seiner Frömmigkeit, an aller seiner Herrlichkeit, so daß wir in einer seligen Erwartung einer ewigen Seligkeit in dieser Zeit leben können. Sollte eine Seele dabei nicht muthig und getrost sein können?

Diese Theilhaftigmachung wird wirklich und dem Wesen nach erfahren, obgleich nicht allemal nach der Empfindung. Denn wo nur unsre Zukehr, unsre Uebergebung, völlig und gründlich ist, so rufen wir uns Jesum entgegen, nicht bloß mit dem Munde, sondern in der Wahrheit; und so gibt sich auch Jesus dem gläubigen Herzen, nicht nur in Gedanken, sondern thätig und wirklich. Wahrlich, die Gläubigen können Jesu Verdienste, Jesu Leiden, und all sein Gutes, als ihre Sache an

M 5   sehen

sehen und vor den Vater bringen in Zeit und
Ewigkeit. Das muß eine Gnade sein, das
muß ein süß=liebendes Herz sein, worinnen
noch unendlich mehr Seligkeiten zu erfahren
sind, als meine gebrechliche Zunge aussprechen
und meine Gedanken erreichen können! Das
ist das große Geheimniß der Gottseligkeit,
Gott geoffenbaret im Fleisch, daß nemlich durch
die Menschheit Jesu Christi, vereinigt mit der
ewigen Gottheit, uns wieder alles Gute und
göttliches Leben sollte mitgetheilet werden. Deß=
wegen nennen die heil. Apostel die Bekehrung,
die gründliche Veränderung unsers Standes,
ein Sein in Christo. Menschen, die wahr=
lich bekehrt sind, die sind in Christo, die ste=
hen mit ihm auf ein und eben derselben Wur=
zel, worauf sie, als auf ihre rechte Wurzel
gepflanzet sind; die sind Christo eigen und er=
geben, und durch Christum und von Christo
wird ihnen alles mitgetheilet.

Weiter, Heute, ja, noch heute, wirst du
mit mir im Paradies sein. Das war eine
Aenderung für einen armen Sünder! das war
ein süß=liebendes Herz Jesu! dem, der einige
Augenblicke vorher noch wie in der Hölle ge=
wesen war, dem wurde nun von dem, der
nicht lügen kann, der Trost eingesprochen: Heu=
te, noch heute, wirst du mit mir im Paradies
sein. Das war eine erstaunliche Sache, daß
dieser arme Sünder auf einmal solch einen
großen Sprung that, daß er so bald ins Pa=
radies versetzet war. Wenn wir dieses bloß
mensch=

menschlich ansehen, so kann sich die Vernunft
nicht drein finden. Allein, es war in dieser
kurzen Zeit eine gar zu große Veränderung in
diesem armen Menschen vorgegangen, und war
alles ordentlich zugegangen, so wie es noch bei
unserer Bekehrung zugehet und zugehen muß,
nur daß es an demselben Tage ein besonderes
Wunderwerk sein sollte, daß Gott ein Wunder wollte darstellen durch das blutige Verdienst
Jesu Christi, zur Erweisung der Größe seiner
Liebe, aber auch zur Erquickung unsers allerliebsten Heilandes mitten in seinem Leiden, mitten in seiner allergrößesten Noth, zum Beweiß,
daß sein Leiden kräftig genug sei, tausende
arme Sünder zu bekehren und herum zu holen, weil sich an diesem Schächer die Beloh-
nung so reichlich erfüllete.

Ferner, du wirst mit mir im Paradies
sein. Die wahre Bekehrung ist eine gründliche Sache; das ist nicht ein Werk, das nur
so in Worten und Geberden besteht, sondern
die wahre Bekehrung ist ein Versetzen aus dem
Reich der Finsterniß in die selige Lichtwelt,
in das himmlische Wesen, aus der Hölle in
das Paradies. Und dieses Versetzen ist nicht
nur so ein Gleichniß, sondern es ist die pure
Wahrheit.

So lange wir noch unbekehrt und in unsrer Natur leben, so lange sind wir alle noch
in der Hölle, in dem Reich der Finsterniß.
Das ist bald gelesen, was wir I Mos. 3. finden, wie unsre ersten Aeltern nach dem Sün-

den-

denfall aus dem Paradies ausgestoßen worden, und wie ein Engel vor das Paradies sei gestellet worden mit einem flammenden Schwerdt,
daß sie nicht wieder hinein sollten. Nun, das
lesen wir so wie eine Geschichte, und denken
nicht, daß es uns selber so nahe ist. Wir selber sind durch den Sündenfall aus dem Paradies gestoßen, und unser armes Herz ist,
ach leider! aus dem Paradies in diese Welt,
ja, was noch schlimmer ist, in das Reich der
Finsterniß, in die Hölle, gekommen. Da hat
der Mensch mit dem Reich der Finsterniß und
mit dem Fürsten der Finsterniß eine solche genaue Vereinigung und Gemeinschaft, daß die
Kräfte der Finsterniß ihre Wirkungen der Bos-
heit in ihm haben zu allen bösen Gedanken,
Lüsten und Begierden. Das sind Ausflüsse
aus dem Reich der Finsterniß, die sich in einem
unbekehrten Menschen kräftig erweisen, und die
er in seinem Herzen erfahren muß. Zu einem
solchen nun kann und muß man sagen: Heute
wirst du mit den Teufeln in der Hölle sein: und
wenn ein solcher Mensch stirbet, so darf er nicht
weit fahren, um in die Hölle zu kommen; o
nein, nach seinem Innern, nach seinem Geiste,
stehet er schon wirklich in der Hölle.

Wenn aber und sobald eine Seele auf eine
gründliche, auf eine unverfälschte Art sich zu
Gott bekehret, und sich im Glauben Christi
ergeben hat, sobald geschieht eine Uebersetzung
aus der Hölle ins Paradies, und sie ist in dem
Stand, daß sie die Kräfte und Ausflüsse aus
dem

dem Paradies, aus der seligen Lichtwelt, erfahren kann; sie erlanget wieder eine wahre Gemeinschaft mit dem Gott des Paradieses, und
mit den lieben Engeln des Paradieses. Wie
aber ein unbekehrter Mensch das eben nicht so
deutlich gewahr wird, daß er in der Hölle lebet
und mit den bösen Geistern Gemeinschaft hat;
eben also wird es auch nicht einem jeden Bekehrten so deutlich offenbaret und dargethan, daß
er wirklich durch seine Bekehrung ins Paradies
versetzet sei; er ist es aber doch in der Wahrheit, und wann er stirbet, so findet er sich in
dem Paradies, in der seligen Lichtwelt; ja,
wenn er auch in der Stunde seiner wahren Bekehrung sterben sollte, so ist er auf dem Wege
zum Paradies, das Paradies wird ihm nicht
entgehen, er ist im Stande der Seligkeit.

Wenn aber auch manchmal Seelen bei ihrer anfänglichen gründlichen Bekehrung wun-
derbare Süßigkeiten und Erquickungen erfahren
und empfangen, so ist es nicht eben ein Beweis, daß sie schon so weit gekommen wären,
sondern nur, weil der liebe Gott solchen armen
Sünder einmal so ein Blickchen aus dem Paradies zu ihrer Stärkung vergönnet, als einen
Beweis, daß sie wirklich in eine solche selige
Welt nach ihrem Inneren versetzet sind, wor-
aus sie diese Ausflüsse empfangen.

Ob also gleich eine Seele bei ihrer gründlichen Bekehrung ein Kind des Paradieses geworden ist, so ist sie doch lange nicht vollendet,
sondern sie muß durch den Einfluß aus Jesu
immer

immer mehr geheiliget, immer mehr in eine sol=
che Gestalt gebracht werden, als ins Paradies
gehöret. Als unser liebster Heiland am Char=
freitag die wichtigen Worte sprach: Es ist voll=
bracht! Vater, in deine Hände befehl ich mei=
nen Geist! und darnach sein Haupt neigete und
verschied; da lesen wir, daß der Vorhang vor
dem Allerheiligsten von oben an bis unten aus
zerrissen sei, zu einem kräftigen Beweis, daß
durch Christi Leiden und Sterben der rechte Weg
ins Heiligthum den armen Sündern wieder ge=
öffnet und dargestellet sei. Was ist aber das
Heiligthum? Das ist das Paradies, das ist der
Zugang zu Gott in unserm Herzen. Hebr. 10,
19. 20. 22: So wir dann nun haben die Frei=
müthigkeit zum Eingang in das Heilige durch
das Blut Jesu, welchen er uns zubereitet hat
zum neuen und lebendigen Wege durch den
Vorhang, das ist, durch sein Fleisch; so lasset
uns hinzu gehen mit wahrhaftigem Herzen, im
völligem Glauben, besprenget in unserm Herzen
und los von dem bösen Gewissen, und gewa=
schen am Leibe mit reinem Wasser. Nun, ha=
ben wir dann einen offenen Zugang zu dem Pa=
radies in unserm Herzen, durch Christi Blut,
Leiden, Sterben und Verdienst, so sollen wir
durch eine beständige Zukehr, durch ein beständi=
diges Bethen, durch ein beständiges Hinzuwen=
den zu Christo, auch stäts unsern Wandel haben
in dem Paradies. Paulus sagt Phil. 3,20: Un=
ser Wandel ist im Himmel, von dannen wir auch
einen Seligmacher erwarten den Herrn Jesum
Christum.   End=

Endlich sehen wir auch noch das süß-liebende
Herz Jesu in der Betheurung, die er dem
armen Schächer that: Wahrlich, heute
wirst du mit mir im Paradies sein. O ein
süßliebendes Herz Jesu! Der arme Schächer
hätte können denken: Ach das ist zu viel für
mich, das kommt mir nicht zu; das schickt
sich nur für Leute, die lange gerungen und ge-
kämpfet haben, die lange fromm und heilig gewesen sind; aber ich gottloser Mensch, sollte
das so auf einmal mit mir zugehen? sollte ich
so auf einmal ins Paradies versetzet werden? Jesus sagt: Wahrlich, ich sage es dir; laß du
dir nur keinen Zweifel einkommen, ich habe
zu befehlen, ich sage es dir. Kein Prophet konnte also sagen, sondern die Propheten mußten sagen: so spricht der Herr. Nun,
Jesus war der Herr selber, darum konnte er ja
sagen. Ich sage dir, ja, wahrlich, ich sage dir,
du wirst heute mit mir im Paradies sein.

Dergleichen wiederfährt manchen sich bekehrenden armen Sündern, und öfters wohl gar
großen und großen Sündern, die gemeiniglich
am allerschüchternsten sind, glauben zu können
die Gnade und die grosse überflüßige liebe und
Barmherzigkeit Jesu Christi. Denen gibt Gott
manchmal grosse Versicherungen, grosse Be-
theurungen: Ja, es ist so, es ist so, ich liebe dich, ich
will dich annehmen, ich will dich aufnehmen,
ohnerachtet du ein solcher Sünder bist, es
ist alles freie Gnade, Ich sage es, Ich sage
es dir.

Auf

Auf diese Empfindungen aber, auf diese Versicherungen, sollen wir unsere Rechnung nicht machen. O es kommen Abwechselungen, es kommen Proben. Es scheinet nicht, daß der Schächer immer in einer süssen Empfindung des Paradieses geblieben sei. Er starb noch sogleich nicht, sondern lebte noch länger am Kreuz als Christus selber gelebet hat: ihm mußten noch die Beine gebrochen werden. Es entstand eine dreistündige dicke Finsterniß, und nach der Finsterniß rief Christus das unbegreiflich große Wort aus: Mein GOtt, mein Gott, warum hast du mich verlassen? und hernach sprach er: Mich dürstet: ferner rief er abermal aus: Es ist vollbracht! Vater, in deine Hände befehl ich meinen Geist! Siehe, das waren sehr große Proben. Der Schächer hätte mit seiner Vernunft können denken: Ja derjenige, der zu mir gesagt hat, heute wirst du mit mir im Paradies sein, der klaget nun selber, daß ihn Gott verlassen habe; der mir die Erquickungen des Paradieses versprochen: der sagt, mich dürstet, der leidet noch Durst; der mir gesagt hat, ich sollte es so gut haben, der ist nun verschieden: wo soll ich nun hin? was wird nun daraus werden?

Siehe, so geht es auch manchmal bei den Gläubigen, bei wahrlich bekehrten Seelen. Da kommen auch wohl Zeiten, da die ganze Erde verfinstert ist, und da man auch gleichsam von Christo hören muß. Mein Gott, mein Gott, warum hast du mich verlassen? Da die Seele in eine innere Verlassung mit Christo geführet wird

Das

Dennoch aber, gleichwie Christus diesem Schächer durch das Wort, so er zu ihm gesprochen,
einen solchen kräftigen Eindruck gegeben hatte,
daß ers ausmachen und bis ins Paradies hindurch kommen konnte, (denn Christus war mit
ihm, und er war nicht allein;) eben also gehet es auch bei allen wahrlich sich bekehrenden
und wahrlich bekehrten Sündern; sie sind bei
dem allen doch mit Christo, und Christus ist
mit ihnen; und in der Kraft seiner Leiden kommen sie durch alle ihre Leiden und Nöthen hindurch zu dem herrlichen Paradies.

Nun, zum Beschluß; Wir sehen hier dann
das süß-liebende Herz Jesu am Charfreitage
allen armen Sündern dargestellt, ja, allen,
auch den größten Sündern, offen gelegt. Ach
könnte ichs doch sagen, ach könnte ichs so sagen, daß es alle Menschen, daß es alle Welt
begreifen könnte; ja, könnte ich nur das Wenige
jemand beschreiben, was mein mattes, blödes
Auge darinn siehet, was in Jesu für ein
Reichthum von Erbarmen, ein Reichthum von
Liebe, ein Reichthum von Willigkeit für einen
Sünder, auch für den allergrößten Sünder, zu
finden sei, ich zweifele nicht, der allerhärteste
Sünder würde dadurch erweichet und bewogen
werden. Jesus sagt hier zu einem offenbaren
Uebelthäter, zu einem Mörder: Heute wirst du
mit mir im Paradies sein. O fasset doch
Muth, liebe Seelen, die ihr eure Sünden
erkennet, die ihrs fühlet, daß ihr schwere La-
sten auf eurem Halse habt; fasset doch Muth

und verzaget nicht: hier wird euch offen dar
gestellet das süß-liebende Herz Jesu gegen
alle sich bekehrende arme Sünder, gegen alle
gebeugte und bußfertige Sünder; waget es
nur, waget es nur. Wenn ihr auch Blutschulden auf euch hättet, so dürft ihr doch
nicht verzagen; ja, wenn ihr auch Christum
mit eigener Hand gekreuziget hättet und in
eurem vorigen Leben noch so schwere Sünden
begangen hättet. Heute ist es Charfreitag:
lasset euch doch die Versöhnung verkündigen;
lasset euch heute verkündigen die Versöhnung,
die durch Christi Blut erworben ist; lasset euch
verkündigen, daß ihr heute mit Christo könnet
im Paradies sein. In dem Propheten Za-
charia 3, 8. 9. stehet nachdenklich, daß der
Herr seinen Knecht Zemah kommen lassen
wollte, und daß dann die Sünden des Landes,
des ganzen Volks, würden weggenommen werden auf Einen Tag. Dieses ist eben der Tag.
Wer nun Sünden hat, der komme, der fliehe,
der eile und laufe nun mit seinen Sünden in
das geöfnete Herze, in die geöfneten Wunden
JesuChristi, der wird sie wegnehmen, und die
trostvollen Worte sprechen: Heute wirst du mit
mir im Paradies sein. O das Paradies ist den
Sündern geöffnet!

Aber, aber, laßt uns doch nicht denken:
Ja ist es eine so leichte Sache, kann man so
bald ins Paradies kommen, so will ich meine
Buße sparen bis auf mein Todbette? ist Jesus so bereitwillig die Sünder anzunehmen, so
will

will ich noch ein wenig warten, dann will ich
auch kommen. O liebe Seele, ich fürchte für=
wahr, die göttliche Gnad, die man so lang
verspottet hat, wird dann schwerlich ob uns
schweben. Es wird dann nicht so leicht fallen,
als man sichs wohl einbilden möchte, weil wirs
bei Zeit gehöret haben. Dieser Schächer hatte
vielleicht in seinem ganzen Leben nicht viel Gutes
gehöret; sobald er aber das gute Wort Christi
am Kreuz hörte, da gab er sich, da bekehrte er
sich von ganzem Herzen. Stehet man erst vor
der Pforte der Ewigkeit, soll man nun sterben,
ach da heißt es: Ja nun wohin? wo willst du
nun bleiben? Meinen wir wohl, daß Jesus
alsdann so parat sein wird, wenn wir seinen
Ruf so lang gering geachtet und so oft abge=
schlagen haben, daß er zu uns sagen wird: Nun,
weil du die Welt nicht mehr genießen kannst, so
will ich dich mit mir nehmen; nun, komm ins
Paradies? O nein, das gehet nimmermehr
an. Wenn wir das Paradies erlangen wollen,
so müssen wirs mit Jesu erlangen; mit mir,
sagt der Herr Jesus, nicht ohne mich. Wir
müssen uns ihm erst ergeben haben, wir müs=
sen es mit Jesu gehalten, die Welt verleugnet,
das Kreuz erduldet haben; niemand kann einen
andern und gemächlichern Weg hoffen, ins Pa=
radies zu kommen. Lasset uns dann, die wir
bisher noch nicht Buße gethan haben, doch
noch diesen Tag Buße thun. O großer Tag,
o Gnadentag, o großer Versöhnungstag! Heu=
te liebe Seelen, laßt uns das Heute nicht

verſäumen, das Morgen möchten wir nicht erleben. laßt uns heute Chriſto zu Fuße fallen,
da er am Charfreitag am Kreuze hänget; heute
iſt er noch bereit, mit ſeinem geöffneten ſüß-lie-
benden Herzen die Sünder anzunehmen und zu
empfangen, aber wie lange die Gnadenzeit währen wird, das können wir nicht wiſſen.

Ihr aber, die ihr euch in eine wahre Buß-
geſtalt habt einführen laſſen, o laſſet uns doch immer gründlicher der Sache nachdenken, laſſet uns
mit mehrerem Ernſt dran denken, in gründlicher
Verleugnung unſer ſelbſt und aller Dinge, und
in gründlicher Uebergebung unſerer Seelen an
Jeſum, damit wir auch erfahren, welche große
Dinge der Herr thun kann in kurzer Zeit. Die
Verleugnung des Schächers war gründlich,
ſeine Uebergebung war gründlich, ſie war ganz,
ſie war auf die ganze Ewigkeit. O wenn
die Seelen ſich ſo gründlich Gott ergeben, und
ſich Jeſu Führung ohne Ausnahme überlaſſen;
dann kann es Gott ſo mit ihnen machen, als ers
mit dem Schächer machte; dann kann er in
kurzer Zeit große Dinge in ihnen ausführen, und
große Sachen vollenden.

Aber ich fürchte, daß manches ſeine Buſſe
nur eine halbe Buſſe ſei, daß ſeine Verleugnung nur eine halbe Verleugnung ſei, daß ſeine
Uebergebung nur eine Verſprechung und keine
gründliche Uebergebung ſei. Gründlicher müſſen wir in die Sache eingehen, meine lieben,
und es uns einen rechten Ernſt ſein laſſen,
ſonſt werden wir gewiß kümmerlich und ohne

Troſt

Troſt leben, und auch kümmerlich umkommen
müſſen an unſerm Ende. Laßt uns mit ſol-
chem Ernſt uns auf die Sache legen, als
wenn wir ſchon wirklich auf dem Todbette
wären.

Wir haben gehört, daß uns durch Chriſti
Blut und Hingang das Paradies wieder geöffnet ſei. Nun, iſt es wahr, daß wirs glauben,
daß wir auch aus Gottes Gnade berufen ſind,
Einwohner des Paradieſes zu werden; glauben wirs, daß uns in Chriſti Namen das
Paradies, und durch Chriſti Blut das ſüß-
liebende Herz Gottes eröffnet ſei: müſſen wir
uns dann nicht beſchuldigen und ſchämen,
daß wir uns dieſes großen Vorrechts nicht
mehr bedienen, daß wir nicht mehr hinzu nahen zu dieſem Paradieſe, daß wir nicht mehr
Einwohner unſers Herzens und des Paradieſes ſuchen zu werden, daß wir nicht mehr in
einer aufrichtigen Zukehr unſrer Seelen die
lebenskräfte Jeſu ſuchen hinein zu ziehen und
ſeine Einflüſſe durch eine ſtille Einkehr wahrzu-
nehmen und zu erwarten? O thäten wir das
ſo würden wir mehr ganze Chriſten werden,
ſo würden wir mehr und mehr erfahren, daß
das Paradies nicht ſo ferne iſt, und daß Jeſus ein ſo naher Heiland iſt. O wir würden mehr geheiliget werden, wir würden mehr
durchſüßet werden, wir würden mehr inwendig
himmliſch geſinnet werden, wenn wir ſo mehr
eingekehrt blieben in das geöffnete Jeſusherz.

laſſet uns Muth faſſen, liebſte Herzen, mit=
ten unter allen Beſchwerden, Mühſeligkeit,
Jammer, und allen Leiden dieſes Lebens, es
ſei innerlich oder äuſſerlich. O meine Mitbrü=
der, haltet doch Stand, werdet doch nicht
müde! Unſer liebſter Heiland und der Schächer
die hingen nur noch eine kurze Zeit am Kreuz,
und darauf waren ſie ſo fort im Paradies. Nur
ausgehalten am Kreuz! wir ſind ja nicht allein,
wir hangen mit Jeſu am Kreuz: Wahrlich,
ich ſage dir, du wirſt mit mir am Kreuze, und
dann im Paradies ſein. Laſſet uns aushalten;
bald, bald werden wir mit Chriſto am Kreuze
dahin kommen, daß wir ſagen: es iſt voll=
bracht! Vater, in deine Hände befehl ich mei=
nen Geiſt! und dann gehet der Weg—wohin?
ins Paradies.

O ſelige Ewigkeit, o ſeliges Paradies, das
den armen Sündern durch Chriſti Leiden, Blut
und Verdienſt, eröffnet iſt. Was wird nun
der Schächer ſagen, und was wird er geſagt
haben; als er im Paradies ankam? O wie
wird er ſeinem Erlöſer zu Fuße gefallen ſein!
o wie wird er dem ganzen himmliſchen Heer
dieſe ſonderbare Gnade, dieſe auſſerordentlich
erlangte Barmherzigkeit, gerühmet und geprie=
ſen haben! Ja, der Schächer iſt noch jetzt die=
ſen Augenblick vor dem Thron des Lammes,
und rühmet deſſen überſchwengliche Jeſus=Liebe;
und gewiß, es iſt nichts geringers als eine
Ewigkeit, als eine ſelige vollkommene Ewigkeit
nöthig, um das Lamm zu loben, das uns er=

me,

me, heillose Menschen, erlöset hat aus dem Reich der Finsterniß, und uns versetzet hat ins himmlische Paradies.

Lasset euch den Muth nicht klein machen, liebste Seelen, durch keinerlei Bande und Gegenstände böser Geister, die uns vom Wege zum Paradies abzuhalten, und uns den Eingang in daselbe zu verwehren suchen. Hier ist Christus, der kann sagen: Ich sage dir, du wirst mit mir im Paradies sein. Wenn dann alle höllische Geister bewaffnet da stünden, so können sie doch die Seelen, die durch eine wahre Bekehrung auf dem Wege zum Paradies sind, und zu denen Christus diese Worte sagt, nicht zurück halten, und ihnen den Eingang in das Paradies nicht verwehren. Was Christus sagt, das muß gelten; davor müssen sich die Pforten der Höllen fürchten, davor müssen alle Bande zerspringen. Lasset uns nur wacker mit unserm Gebeth, mit unserm Glauben, auf Jesum andringen, so werden wir gewiß auch gewürdiget werden, ewiglich vor dem Lamme nieder zu falken, nicht mehr als Hangende am Kreutz, sondern als Verherrlichte auf dem Berge Zion, ihn zu lieben, ihm Ehre zu geben, ihm anzubethen und ohne Ende zu loben, mit so tausendmal tausend erlöseten Sündern, darum daß er uns erkaufet hat mit seinem Blut, und uns unserm GOTT zu Königen und Priestern, und zu Kindern des Paradieses, gemacht hat. Amen.

lasset

laſſet uns mit einander uns nun demüthigen vor dem Herrn unſerm Heilande, ihm
herzlich danken, daß er uns noch ein gutes
Wort mitgetheilet, und ihn um ſeinen Segen
anrufen, daß es möge Frucht bringen in unſer
aller Herzen.

Gebeth.

O HERR JESU Chriſte, du Lamm
Gottes, das die Sünde der Welt
getragen hat am Stamme des Kreuzes;
du Lamm Gottes, das jetzt verherrlichet
iſt mit Ehre und Herrlichkeit in ſeinem
himmliſchen Reiche und Paradieſe: vor
dir fallen wir billig im Geiſte nieder,
und begehren dich anzubethen mit allen denen, die vor deinem Throne ſtehen; wir
begehren dir Dank, Lob und Ehre, zu
bringen, daß du ein ſolcher Jeſus biſt,
und daß du uns alſo und ſo hoch geachtet haſt, o du Sohn Gottes, daß du
ein Menſchenſohn geworden biſt, um
in deiner allerunſchuldigſten Menſchheit
alle unſre Sünden auf dich nehmen zu
können, und unſre Sündenſchulden be-
zahlen und wegnehmen zu können. Ewiges
Lob, und Dank, und Ehre, müſſen dir
bringen alle himmliſche Heerſchaaren, die
                                    Sera-

Seraphinen und Cherubinen, und deine viele tausend mal tausend heilige und selige Geister, sammt so vielen armen Sündern, die durch dein Blut erlöset und schon ins Paradies eingegangen sind: o die müssen auch an diesem Charfreitage mit uns dir Ehre geben.

O du höchst liebenswürdiges, o du holdseligstes Lamm Gottes, das auf dem Thron sitzet; dir sagen wir herzlich Dank, daß du uns noch einen solchen Tag der Versöhnung hast erleben lassen, da wir von deinem süß-liebenden Jesus-Herzen gegen die armen Sünder, ein schwaches Zeugniß haben geben können. O laß es doch an unser aller Herzen gesegnet sein; laß es nicht einen vorüber fliegenden Schall und ein bloßes Menschen-Wort sein; sondern predige du, o du Prediger in der Kraft, predige du vom Kreuz mit deinem heiligen Geiste in unser aller Herzen; predige uns die Größe deiner bittren Leiden, und die Ueberschwenglichkeit deiner Liebe, daß wirs fühlen mögen in unsern Herzen.

O Jesu, welch ein Tag ist der heutige Tag dir gewesen! O daß derselbe auch uns ein ewiger Feier-Tag sein möchte!

O daß

O daß wir auch Theil haben möchten an allen deinen Verdiensten an diesem Tage;
da du dein Blut zur Versöhnung der armen Sünder vergossen hast. Süsser Heiland JESU, du öffnest dein süß-lieben-
des Herz allen bußfertigen armen Sündern; o mache uns so bußfertig, mache
uns so klein, mache uns so arm am Geiste,
mache uns so frischen Muths, uns dir
zu ergeben.

O HERR JESU, dich allein erwählen wir auch heute zu unserm Heiland und Seligmacher. Auf dich sehen
unsre Augen: o HERR Jesu, gedenke
doch auch nun an uns, da du in dein
Reich gekommen bist, und sprich auch zu
unserm Herzen: Du wirst mit mir im
Paradies sein. O Jesu, laß uns durch
deine süße Paradiesische Kräfte immer mehr
abgezogen werden von alle dem, daß hier unten auf Erden ist, damit wir mit dir der Welt
gekreutziget sein und bleiben mögen, und die
ganze Welt, und alles Sichtbare, auch
uns wie ein Scheusal uns gekreutziget bleiben möge. Führe uns in die Abgeschieden-
heit des Herzens, daß nur du und dein
Königreich das einige sein möge, das wir
suchen, das wir verlangen hier auf Erden.

O lieb-

O liebſter Jeſu, bewahre mich und bewahre uns alle getreu, die wenige Stunden, die wir noch hier am Kreutz hangen, und ſo zwiſchen Himmel und Erde ſchweben. O HERR JESU, laß uns nur mit dir ſein; laß uns nur in deiner Gegenwart, und in deiner Vereinigung, und mit dir im Paradies ſein, durch ein ſtätes Kleben an — und Bleiben in dir. Lehre mich und alle arme Sünder das kleine, das geheime Weglein ins Paradies, durch Lieben, durch Glauben, und durch Bethen.

O Herr Jeſu, wie biſt du ſo ſüß! O Herr Jeſu, wie biſt du ſo nah! o Herr Jeſu, wie biſt du ſo willig, armen Sündern zu helfen! Ach wie ſo wenige Herzen kennen dich! ach wie ſo wenige Herzen erfahren dich! O mache dich bekannt auch an dieſem Tage Du haſt geſagt: Wann ich werde erhöhet ſein von der Erden, dann will ich ſie alle zu mir ziehen: O zeuch uns doch zu dir; zeuch uns an dein Kreutz, zeuch uns in dein Paradies. O liebſter Heiland Jeſu laß uns keine Ruhe in einigen vermiſchten Dingen dieſer Erden genießen; laß unſern Wandel einen ganzen Wandel ſein; laß

unſern

unfern Sinn einen ganzen Sinn werden;
laß unfer Wefen ein himmlifch-gefinnetes
Wefen werden, damit wir als Kinder des
Paradiefes hier leben mögen vor dir,
fremd allen Dingen diefer Erde, bis wir
gewürdiget werden mit dem Schächer,
auf dem Tod-Bette die Kraft diefer Worte:
Ich fage dir, heute wirft du mit mir im
Paradies fein, zu erfahren.

O Herr Jefu, erbarme dich über alle,
die dich noch nicht kennen, und über alle, die
den Charfreitag bis hieher noch fo unfrucht-
bar gefeiret haben, und denfelben noch un-
fruchtbar feiren mögen. O laß die armen
Menfchen-Kinder doch deiner Fürbitte ge-
nieffen. Du haft für deine Feinde gebethen:
Vater, vergib ihnen; denn fie wiffen nicht,
was fie thun: ach Herr Jefu, fchone
auch noch der armen Sünder! gehe ihnen
doch mit deiner züchtigenden und herum
holenden Gnade-nach, bis fie fich auch fo,
wie der arme Schächer, dir ergeben.

O HERR Jefu, hilf uns, daß wir
deiner Fürbitte zu der Rechten deines Vaters gewürdiget werden. O Jefu, erwirb
du uns Gnade, erwirb du uns ewige Gnade,
erwirb du uns einen offenen Eingang in
dein ewiges Reich. Amen, Amen.

Fünfte

Fünfte Rede.

Gehalten über

Joh. XIX. ỳ. 25:27.

———————

Jesus Christus, der Sohn Gottes, unser
Heiland, hochgelobet und innigst geliebet bis in alle Ewigkeit, der als das
Lamm Gottes, unsere und der ganzen
Welt Sünde getragen hat; der richte,
als von seinem heiligen Kreuß, seine
gnaden-vollen Augen auf uns in dieser
Stunde, damit wir gesegnet, und unsere Unterredung fruchtbar sein möge
zur Erbauung unsrer Seelen. Amen

Jetzt sind wir, geliebten Freunde, wie bekannt
in der Paßions-Zeit. Es ist schon von
der Zeit der Aposteln her eine löbliche Gewohnheit gewesen, daß man die Woche vor Ostern
mit einer sonderbaren Andacht im Gebeth, im
Fasten, in gottseligem Andenken und Betrachten der Leiden und der Liebe Jesu, zugebracht

hat, so daß noch hin und wieder in und auſſer
den Kirchen von dieſer wichtigen Haupt-Materie
des bittern Leidens Jeſu Chriſti, unſers Erlö-
ſers, geprediget und gehandelt wird.   Gott
gebe, daß nicht alles Kraft- und Fruchtlos an
den Herzen ſein möge!

Wir, unſers Theils, ſind auch verpflichtet,
dieſe Gelegenheit in acht zu nehmen.   Wer ſeiner Seelen Erbauung lieb hat, der läßt nicht
gern die geringſte Gelegenheit und Hülfe dazu
vorbei gehen.   Wir wollen daher, in Erwartung göttlicher Genehmhaltung und Beiſtan-
des, eine kleine Stunde zur Erbauung ausſetzen.
laſſet uns aber zuvorderſt uns demüthigen vor
unſerm gekreuzigten Heilande Jeſu, und ihn
um ſeinen Segen und gnädige Beiwohnung fle-
hentlichſt anrufen.

Gebeth.

O Lamm Gottes unſchuldig, am Stamme des Kreutzes geſchlachtet, allzeit
erfunden geduldig, wiewohl du wurdeſt verachtet; all' Sünd haſt du getragen, ſonſt
müſſen wir arme Menſchen ewig verzagen.
Erbarme dich unſer, o JESU! Dir, o
Lamm Gottes, ſei ewig Lob und Dank
geſagt, daß du uns von dir, von deinem
Evangelio, und von deinem bittern Leiden
und Sterben, haſt wiſſen laſſen: dir ſei
auch herzlich Lob und Dank geſagt, daß
du

du uns so manches mal die gelegene Zeit vergönnest, daß wir von diesem wichtigen Werk unserer Seelen Erbauung und Nahrung haben können.

O HERR Jesu, du Gottes-Lamm, wie so wenig wirst du erkannt, wie so wenig werden deine Leiden, deine Wunden, und dein Tod geschätzet und dessen Kraft erfahren! O Herr Jesu, wie so manches mal haben auch wir diese Marter-Woche erlebet, und o wie so wenig ist unser Herz dadurch gebeugt und gebrochen worden, und wie wenig ist es über dem Anblick dieser deiner unbegreiflichen Wunderliebe entzündet worden! O liebster Immanuel, du, und dein bitteres Leiden und Sterben, sollte sein der einige Grund unserer Seelen-Ruhe, unser einziges Labsal im Leben und im Sterben, und die einzige Quelle aller Gnaden, die wir hier und in der Ewigkeit zu gewarten haben. O erbarme dich über uns, liebster Immanuel: laß uns doch diese Passions-Zeit, da wir uns von deinem bittern Leiden wollen unterreden, gesegnet sein. O segne es an meinem und allen diesen Herzen: Beweise dich in dieser Stunde kräftig bei uns und unter uns.

O Herr

O Herr Jesu, male du dich uns mit
deinem bitteren Leiden und überschwenglichen
Jesus-Liebe vor die Augen unsrer Herzen.
O laß deine Leiden eine wahre Buße und
Zerknirschung über alle unsere Sünden bei
uns wirken, da wir ja wissen, daß unsere
Sünden dich gekreuziget, und unsere Missethaten dich getödtet haben. O laß es doch
uns allen, Herr Jesu, einen Stich durch
unsre Herzen geben, damit wir alle mit einander, als aufs neue, in eine kindliche Beugung für und über alle diese deine Gnaden
mögen gesetzet werden.

O Herr Jesu, du hast uns Sünder,
uns, deine Feinde, lieben und unsere Nöthen auf dein Herz nehmen wollen; das,
was wir ewig hätten fühlen und leiden müssen, das hast du allein fühlen und leiden
wollen; du hast durch deinen theuren Tod
den erschrecklichen ewigen Tod abgewandt.
O Herr Jesu, laß diese Liebe in unser
aller Herzen tief eingedrücket werden, zur
Entzündung unserer kalten Liebes-Neigung.
O laß uns dich lieben, wie du uns geliebet
hast, da du dich selbst für uns dahin gegeben in der Brunst deiner unendlichen Jesus-
Liebe. O laß es uns kräftiglich rühren und
bewegen, uns selbst und alles auch um dei-

net

net willen zu verleugnen, und dir und deiner
Liebe zu Ehren zu leben und zu sterben.

O Herr Jesu, wie hat deine Seele gear-
beitet um unsert willen, und um uns ewiges Heil und Leben zu erwerben! O laß
dieß doch uns aus unserer Schlafsucht aufwecken, damit wir nun in dem erworbenen
Heil nicht mehr träge sein, sondern alle unsere Herzensandacht und Begierden, und
alle Leibes = und Seelenkräfte, dahin aus-
strecken mögen, dir wiederum zu dienen,
und dir, dem Gotteslamm, auch nachzufolgen durch Kreuz und Leiden, durch Bitterkeit und Tod, um auch mit dir in deine Herrlichkeit erhaben zu werden.

Nun, Herr Jesu, segne uns alle mit
dem Blick deines Angesichts: gib du nach
deinem Wohlgefallen ein Wort nach deinem Herzen zu reden. Rühre aber auch
uns alle durch dein Wort, damit unsere
Seelen gestärket, genähret, erbauet und
erwecket werden mögen, zum Preise deines
Namens. Amen.

Wir wollen jetzt unsere Betrachtung, als
vor dem Angesichte Jesu Christi anstellen über
das Wort seiner Liebe, das er am Kreuz gesprochen hat und beschrieben steht,

Erst. B. 1. Th.   O   Joh.

Joh. XIX. ℣. 25-27.

Es stunden aber bei dem Kreuße Jesu seine Mutter, und seiner Mutter Schwester, Maria, Cleophas Weib, und Maria Magdalena. Da nun Jesus seine Mutter sah, und den Jünger dabei stehen, den er lieb hatte, spricht er zu seiner Mutter: Weib siehe, das ist dein Sohn. Demnach spricht er zu dem Jünger: Siehe: daß ist deine Mutter. Und von der Stunde an nahm sie der Jünger zu sich.

Dieses ist das dritte Wort von den sieben wichtigen Worten, so unser lieber Heiland am Kreuß gesprochen hat. Ueber die zwei ersten Worte haben wir vorm Jahr um diese Zeit unsere Betrachtung gehabt. Das erste Wort, so Jesus am Kreuße sprach, hieß: Vater, vergib ihnen; denn sie wissen nicht, was sie thun: das war ein Wort, wodurch Jesus seine große liebe gegen seine größten Feinde offenbarte. Das zweite Wort, das Christus am Kreuß sprach zu dem Schächer, das hieß: Heute wirst du mit mir im Paradies sein: das ist ein Wort, womit Jesus seine große liebe gegen die arme bußfertige Sünder bezeuget. Nun kommen wir zum dritten Wort Christi am Kreuß, da er zu seiner Mutter sagt: Weib, siehe, das ist dein Sohn; und zu Johanne: Siehe, das ist deine Mutter: durch dieses Wort entdecket Jesus
seine

seine große und zarte Liebe zu seinen Freunden.
Kurz zu sagen: das erste Wort zeigte die Liebe
Jesu zu seinen Feinden; das zweite, seine Liebe
zu den bußfertig kommenden armen Sündern;
das dritte, seine Liebe zu seinen guten und lieben Freunden.

Die Freunde Christi sind Leute, die durch
Buße und Bekehrung sich mit Gott in Christo
haben versöhnen lassen und seine Freunde geworden sind. Von Natur sind wir alle Feinde
Gottes. Ach ein jämmerliches und doch wah-
res Wort! Ein Mensch mag von Natur noch
so sittsam, noch so tugendsam sein als er will,
wir werden alle von Natur als Feinde Gottes geboren. Ob nun zwar Christus durch
seine Menschwerdung und Geburt die Tren-
nung, die zwischen Gott und dem Menschen
war, aufgehoben, und uns durch die Ver-
gießung seines Bluts wiederum mit Gott aus-
gesöhnet hat, so hilft uns doch solches nicht,
bis daß wir auch unserer Seits die Feindschaft
ablegen, und durch wahre Buße und Bekehrung uns mit Gott versöhnen lassen, wie Paulus hievon redet, 2 Cor. 5, 20: Wir bitten
nun an Christus Statt, lasset euch versöhnen
mit Gott. Demnach sind das Freunde Christi,
die mit Gott wahrlich versöhnet sind, die mit
ihren sündlichen und feindseligen Herzen sich vor
Gott gedemüthiget haben, die durch wahre Bekehrung von der Welt und Sünde sich abgewandt haben, und durch die Kraft der versöh-
nenden Gnade Jesu Christi zu seinen Freunden

und

sind aufgenommen worden. In einem genaueren Verstande aber sind Freunde Christi, solche,
die auch ein recht Freundesherz bekommen haben; die ein solches Herz gegen Christum haben als ein Freund gegen den andern hat;
die eine solche zarte innige Neigung zu diesem
ihrem Freunde fühlen, daß sie ihm gerne alles
zu Gefallen thun wollen, und alles zu Gefallen
gern leiden wollen.

In diesem genaueren Verstande sind demnach
die noch keine Freunde Christi, die nur in
der Noth, in einer Krankheit, fromm sind;
die nur aus Furcht vor der Hölle sich von Sünden, von diesen und jenen groben Lastern, enthalten; die nur zum Schein so ein wenig Liebe,
ein wenig Frömmigkeit, beweisen. Nein, das
sind noch keine Freunde Christi: denn die haben noch ein solches Herz, daß, wenn sie nur
dürften, wenn sie nur wußten und gesichert wären, daß sie nicht in die Hölle kommen würden,
dann lebten sie so eitel als die andern auch.
Auch sind das keine Freunde Christi, die nur so
mit den Frommen mitlaufen, so lange die Sache eben keinen Anstoß hat, so lange es gut gehet, und es noch gelobet und gerühmet wird.
Unser lieber Heiland hatte viele Nachfolger, so
lange er predigte und Wunder that; aber als es
zum Kreutz ging, da blieben viele, ja, fast alle
zurück; da bewiesen sie, daß sie keine Freunde,
keine standhafte Freunde Christi waren.

Rechte Freunde Christi aber haben einen solchen Sinn bekommen, daß sie es mit ihrem

　　　　　　　　　　　　　　　　Freun-

Freunde in allen Leiden und Proben aushalten
wollen, wenn es gleich auch zum Kreuß und Tod
gehen sollte. Und solche waren hier eines theils
Maria, die Mutter Jesu, und andern theils
Johannes, von welchem hier der schöne Titel
steht: der Jünger, den er lieb hatte: das mußte
ja ein guter Freund sein, der Jünger, den Er
lieb hatte: und dazu gehöreten auch Maria,
Cleophas Weib, und Maria Magdalena, und
noch andere, die uns von den Evangelisten be-
nennet werden, daß sie bei der Kreußigung Christi gewesen sind. Diese Leute hielten Stand,
die folgeten Jesu nach; das waren Freunde, die
sich bei Jesum unter das Kreuß stellten, und
von allen Menschen sich als solche ansehen liessen,
die es mit Jesu hielten. Nun, das waren
Freunde Christi; und zu solchen Freunden wollen
wir uns mit gesellen, und uns einmal in herzlicher Andacht mit Maria, mit Johanne, mit
Cleophas Weib, mit Maria Magdalena und
den übrigen, unter das Kreuß Christi stellen,
und unsern gekreußigten Jesum, und dessen Liebe
zu seinen Freunden beschauen.

Hier möchte nun wohl mancher denken: Ja
ich bin noch kein Freund Christi. Dem sei aber
wie ihm wolle, es stunden damals auch gar viele
bei dem Kreuße Christi, die nicht seine Freunde
waren: sie konnten indessen doch werden; manche sind auch noch bei der Kreußigung gerühret,
und aus Feinden, Freunde Christi geworden.
Wollte Gott, daß dieses Stündlein auch so gesegnet sein möchte, daß manche, die noch als Fein-

O 3   de.

Christi hieher gekommen sind, doch als seine Freunde von hinnen gehen möchten! Gott verleihe und schenke uns diese Gnade.

Wir besehen dann in den verlesenen Worten:

Die große und zarte Liebe Jesu Christi gegen seine Freunde:

Und zwar, wie solche ist,

I. Eine sich hingebende Liebe;

II. Eine wachsame Liebe;

III. Eine versorgende Liebe;

IV. Eine unaufhörliche, beständige Liebe;

V. Eine Verwandtschaft stiftende Liebe.

Erster Theil.

Die große zarte Liebe Jesu Christi zu seinen Freunden, ist nicht eine Liebe, die nur in Worten oder im Schein bestehet, sondern es ist erstens eine sich hingebende, und eine sich Preis gebende Liebe. So sagt Paulus davon, Galat. 1, 4. und Tit. 2, 14: Christus hat uns geliebet. (wie, oder welcher gestalt?) daß er sich selbst für uns dahin gegeben. Und Christus sagt es selbst, Joh. 15, 13: Niemand hat größere Liebe, denn die, daß er sein Leben läßt für seine Freunde. Nun, das that Christus, und seine Freunde sahen es. Lasset uns mit unsrer Andacht

dacht uns neben sie stellen, und Jesum anschauen. Da hängt Jesus am Kreuz, da
hängt er! warum hängt er da? Als unser
Freund sein Leben für uns arme Menschenkinder dahin zu geben. Das ist Liebe! das ist
die größte Liebe, wovon je ist gehöret worden.
Ja, wir waren nicht einmal Freunde, sondern
Feinde Christi, und dennoch, dennoch hat er
uns so geliebet, daß er sein Leben für uns dahin
gegeben hat.

Man findet bei menschlichen Freundschaften
oft die theuresten Versicherungen von Liebe, von
Geneigtheit und Zuneigung; aber wenns darauf
ankommt, daß man es mit der That erweisen
soll, dann sind es oft nur Worte und Compli-
mente, da nichts hinter ist. Ja, selbst wohl
bei Frommen, wenn etwas für die Freunde soll
gewagt, verleugnet und gethan werden, dann
ist wohl niemand zu Haus. Das ist keine rechte
Freundschaftsliebe gegen unsersgleichen. Auch
ist die Freundschaftsliebe bei den Weltmen-
schen mehrentheils eine Selbstliebe; man suchet
und beduget sich nur selbst, indem man andere
liebet, man liebet die Freunde nur um sein selbst
willen. So liebet Jesus seine Freunde keineswegs: Jesus hängt da am Kreuz, und gibt
sein Leben dahin für seine Freunde. Nun, was
hatte er doch immermehr davon? Wären wir
arme Menschen auch schon alle verloren geblieben, und ewig zur Höllen gefahren, so wäre
und blieb' er doch der Sohn Gottes, der Hohe,
der Herrliche und Erhaben, gleich selig, gleich

ver-

vergnügt, gleiche Freuden = und Wonnevoll.
Und dennoch nimmt der Herr Jesus auf sich,
was wir in einer ganzen Ewigkeit hätten leiden
müssen, ja, das alles hat er auf sich geladen:
was seine Freunde in einer ganzen Ewigkeit hät=
ten leiden sollen, das litte Jesus, indem er da
am Kreuze hing. Ist das nicht Liebe! durch
sein Leiden allein, (denn durch kein anderes Mit=
tel konnte es geschehen,) hat er seinen Freunden
die völlige Erlösung von der Hölle, von der
Sünde, von allem Jammer und Verderben,
erworben, und zugleich auch den Eingang in
sein ewiges himmlisches Reich. Er suchte nichts
für sich, sondern nur seine Freunde zu lieben,
und seinen Freunden Gutes zu thun. Sehet,
einen solchen Freund haben wir an unserm Hei=
lande Jesu.

O lasset uns doch den wieder lieben, der uns
also geliebet hat. Ist seine Liebe eine Liebe ge=
wesen, die nicht sich selber gesuchet hat; eine
Liebe, die nicht zum Schein gewesen, oder nur
in Worten bestanden, sondern eine mit der That
sich beweisende Liebe: ach so lasset unsere Liebe
gegen ihn doch auch nicht zum Schein sein,
und nur in Worten bestehen. Der Mund kann
leicht sagen: lieber Gott, lieber Heiland: Ach
Mensch, hast du ihn lieb, so beweise es mit der
That; du mußt ja dann doch auch um Jesu
willen etwas können verleugnen, etwas können
dran geben, etwas können leiden, etwas können
dabei wagen. O wenn wir Liebe zu Jesu ha=
ben, so muß es sich zeigen. Und dieses sollen
wir

wir lernen aus dem Spiegel seiner Freundschafts
liebe; und aus der selben sollen wir auch die liebe
nehmen, die wir zu ihm hegen müssen, denn
seine liebe theilet sich seinen Freunden wesentlich
mit. Ihm sollen wir dann anhangen mit s e i n e r
liebe, und uns selbst vergessen und dran geben,
nur damit wir ihm in allem wieder wohlgefällig
erfunden werden mögen.

Zweiter Theil.

Zum andern ist die liebe Jesu ein w a ch=
same liebe. Das sehen wir aus den
Worten, da es heisset: da Jesus seine Mutter
sah, und den Jünger dabei stehen, den er lieb
hatte. Es waren bei dem Kreuze viele, und
vielleicht etliche tausend Menschen, so wie es bei
solchen Gelegenheiten zu geschehen pflegt, wenn
ein Missethäter hingerichtet wird. Ohnerachtet
nun der liebe Heiland diese Menge von Men=
schen auch wohl so überhaupt sahe, so sah er
doch unter allen denen insbesondere seine Mut=
ter und Johannes. So genau hatte Jesus,
auch in seinem größten leiden, ein wachsames
Auge über seine lieben Freunde; er kannte sie
genau unter dem ganzen Haufen, er vergaß und
verfehlete keines von ihnen allen, die da stunden.
O das müßte uns einen wichtigen Eindruck geben
von der Wachsamkeit Jesu über seine Freunde.

Es sind in der Welt viele Millionen Men=
schen, und unter denselben Gott lob! auch noch
manche Fromme hin und wieder an allen Orten

und,

und Enden. Wie groß nun auch dieser Erdboden ist, wie groß die Menge der Menschen ist,
so siehet dennoch Jesus unter allen Millionen
Menschen ganz genau auf seine Freunde, er erkennet die Seinen, er vergisset keines einzigen,
er hat sein wachsames Auge auf einen jeglichen
insbesondere gerichtet: er siehet die Seinigen,
wo sie irgend in einem Winklein oder Ecklein,
im Finstern, oder sonst unter der Menge der
Menschen sein mögen.

Der Herr Jesus sah seine Mutter, er
sah den Jünger, den er lieb hatte, er sah die
andern Freunde an mit einem wachsamen Auge;
er sah sie nicht so bloß hin an, wie wir etwa
einen Menschen so nur im Vorbeigehen ansehen;
sondern das Sehen, das hier beschrieben wird,
war ein Sehen mit einer besonderen Liebe, Zuneigung und Wohlgefallen seines Herzens; es
war ein Sehen mit einer besonderen Sorgfalt
und Angelegenheit. Und so siehet Jesus noch
alle die Seinigen an. Er siehet sie an mit einem
Auge der Zuneigung und des Wohlgefallens;
er siehet sie an mit einem Auge der Sorgfalt;
er siehet sie an mit einem alles zu ihrem
Beßten lenkenden Auge.

Jesus, sag' ich, sah seine Mutter an, er
sah Johannem an, er sah die andern Weiber
an mit Wohlgefallen. Er sah sie nicht nur
äusserlich, sondern er sah auch vornehmlich ihre
innere Gemüths-Gestalt, wie sie in Ansehung
seiner stunden. Er sah, daß ihr Herz noch
in der Liebe beständig bliebe, daß sie noch eben
dies

dieselben gegen ihn waren, die sie sonst gewesen
waren ; er sah das zarte Mitleiden in ihrem
Herzen, das sie mit ihm hatten: er sah, wie
sehr sie über sein Leiden gerühret waren: und
diese Herzensgestalt sah der Herr Jesus mit
Wohlgefallen an.

Nun, es sind auch jetzt hier mancherlei Gemüther gegenwärtig, und unter diesen allen kennet Jesus die Seinigen, nicht nur überhaupt,
sondern einen jeglichen insbesonder; und auch
siehet er nicht nur einen jeden so von aussen, sondern er siehet auch eines jeden Gemüthsgestalt,
wie er vor ihm stehet. Gesetzt nun, der Heiland fände, daß ein Herz hier wäre, das herzlich geneigt wäre, eine Erbauung, eine Kraft
und Nahrung der Seelen zu bekommen, siehe,
das würde Jesus mit einem besonderen Wohlgefallen ansehen. Jesus würde es gar süß merken, wenn auch hier jemand wäre, der in in-
nerlicher Zerknirschung über seine Sünden dächte:
Habe ich das gethan? Haben meine Sünden
Jesum ans Kreutz geheftet? Hat mich Jesus
also geliebet, daß er um meinet willen das all's
hat leiden wollen, nun, so möchte ich ihm dann
auch gern mein Herz ganz ergeben. Siehe,
wenn solche, oder dergleichen Gedanken bei einem oder andern unter uns aufsteigen möchten,
so würde es der Herr Jesus alsobald sehen, er
würde es ansehen mit Wohlgefallen, und er
würde seinen Segen dazu geben, und eine solche
Seele würde mit Nutzen wieder von hinnen gehen. Insonderheit aber wird es Jesus mit

Wohl-

Wohlgefallen ansehen, wenn jemand ist, der
nicht nur angefangen hat ihn zu lieben, sondern
auch, mit Maria, mit Johanne, mit den an=
dern Weibern, in seiner Liebe noch beständig und
treu geblieben ist.

Der HERR JESUS siehet auch die Sei=
nigen an mit einem Auge der Sorgfalt und An=
gelegenheit: ihr Anliegen, ihre Noth, siehet er
nicht allein, er weiß es nicht allein, was ihnen
fehlet und denket an sie; sondern es gehet ihm
auch zu Herzen, er läßt sichs angelegen sein,
und höret auch ihr Schreien. Wir können es
lesen, Psalm 33, 18: Das Auge des Herrn
ist über die, die ihn fürchten und auf seine Güte
hoffen: und Psalm 34, 16: Die Augen des
Herrn sehen auf die Gerechten; und seine Oh=
ren auf ihr Schreien.

Manchmal plagt uns der leidige Unglaube,
daß wir denken: Ach da sind so viel tausend
Menschen in der Welt, sollte der liebe Heiland
just an dich gedenken? Du bist eine so armselige
Kreatur, du bist solch ein untreues Kind, du
hast so viel Jammer und Elend, an dich wird er
wohl nicht denken. Aber der liebe Heiland hat,
als ein Freund, so genau die Seinigen im Auge,
daß er keines einzigen, auch des allerärmsten
Kindes, nicht vergißt, daß er, auch mitten un=
ter dem Getümmel und Geschwärm in der Welt,
seine Sorgfalt und Angelegenheit von keinem
unter ihnen abziehet. Er siehet es mit Sorg=
falt, er siehet es mit Mitleiden an, in welchem
Jammer, in welcher Noth, in welcher Bedrü=

ckung,

ckung, sich einer nur immer besinden mag, es sei nach dem leiblichen oder geistlichen. Die Augen des Herrn Jesu sind in allem ganz genau auf die Seinigen gerichtet. In Ansehung des geistlichen heißt es, Ezech. 16, 6: Ich sehe dich wohl in deinem Blute liegen; ich sehe wohl, ich weiß wohl wie du aussiehest; aber ich werde zu dir sagen: Du sollst leben, ja du sollst leben. Und in Ansehung des leiblichen und äussern, sagte dort der Heiland, Marc. 8: Mich jammert des Volks, denn sie haben nichts zu essen; siehe, es jammerte ihn auch ihrer leiblichen Noth: und Matth. 6, 32: Euer himmlischer Vater weiß, daß ihr deß alles bedürfet. Der himmlische Vater weiß, daß seine Kinder Essen, Trinken, Kleider, und alles was zur Nothdurft gehöret, nöthig haben. Auch wenn sie sonst in mancherlei Bedürfnissen, Armuth und Elend sich finden, das weiß, das siehet der Herr Jesus alsobald mit Angelegenheit, wenn es auch manchmal einer, der in der Noth steckt, selber nicht so merken könnte, daß der Herr Acht darauf hat, weil ihm nicht so geschwind geholfen wird. Es ist die Wahrheit, liebe Seelen, laßt uns doch unsers Unglaubens uns recht schämen, den der Herr siehet.

Der Herr aber, siehet nicht allein auf uns, auf seine Freunde, mit seinem Auge der Zuneigung, des Wohlgefallens, und der Sorgfalt, sondern er siehet auch auf sie mit seinem alles zu ihrem Beßten leitenden und regierenden Auge: „Des HERRN Auge ist über sie; darum

kann

kann die Welt mit den Frommen nicht machen
was sie will; der Teufel kann sie nicht plagen wie
er will: nein, das Auge des Herrn siehet auf
uns, es kann uns kein Härlein vom Haupte fallen ohne den Willen unsers Vaters, und es muß
alles so und so zum Beßten der Freunde Jesu
gelenket und regieret werden.

Ach sähen wir die treue Hand, Die so viel
Schaden abgewandt,

Und so viel tausend Gutes giebet; Das Aug,
das alles wohl regiert,

Und uns jetzt so, bald anders, führt; Das Herz,
daß uns so zärtlich liebet:

Wir würden, wie die Kindlein thun, und sanft
im Schoos der Mutter ruhn.

Denn dazu muß uns das wachsame, das sorgfältige Auge Gottes, und das alles zu unserm
Beßten lenkende Aug unsers Heilandes, dienen: Nun, Herr Jesu, siehest du auf mich
armes Menschen-Kind, so will ich es dann auf
dich wagen, und auf dich ankommen lassen; du
mußt, und du wirst an mich denken, du wirst
mich durchbringen, du wirst alles zum Beßten
lenken.

Dritter Theil.

Weiter und zum dritten ist die liebe Jesu zu
seinen Freunden eine versorgende Liebe: Weib, siehe, das ist dein Sohn; und zu
dem)

dem Jünger: Siehe, das ist deine Mutter.
Maria mußte nun Jesum, ihren Sohn, missen; Joseph war, allen Umständen nach, ge-
storben; und sie war nun ein armes verlassenes
Weib: nun, da sorgte Jesus auch in seiner
höchsten Noth für ihr äusseres und versorgte
sie: Weib, siehe, das ist dein Sohn, der wird
dich aufnehmen, der wird dich versorgen; und
zu dem Jünger: Siehe, das ist deine Mutter,
nimm sie auf, verpflege sie, laß sie nirgend
Noth oder Mangel leiden; und der Jünger
nahm sie auch von der Stunde an zu sich, und
wird Zweifels ohne ein zartes kindliches Herz zu
ihr, und sie hingegen ein rechtes Mutterherz
zu ihm, gehabt haben. Siehe, so ist die liebe
Jesu zu seinen Freunden auch eine versorgende
liebe.

Die Freunde Jesu können in dieser Welt in
mancherlei Umstände kommen. Manchmal
kommen Verfolgungen, da einer, wenn er sich
Christo ergibt, sich seine leiblichen Freunde zu
Feinden machen muß, daß ihm sein Vater und
Mutter fremd werden, daß ihm seine Brüder
und Schwestern feind werden, und alle Anver-
wandte ihm den Rücken zukehren: und alsdann
sagt der liebe Heiland: Siehe, da hast du andere Brüder, da hast du andere Schwestern,
siehe, da hast du Vater und Mutter. Manchmal muß einer auch wohl sonst Haus und Hof
und alles verlassen um des Namens Christi willen, so daß er oft in allerhand Dürftigkeiten und
kümmerliche Umstände geräth, und dabei von
allen

allen seinen Freunden verlassen wird.   Nun, da
weiß der Herr Jesus zu sorgen, daß ein solcher
das, was er verlassen, wohl noch in diesem Leben,
wie der Heiland sagt, hundertfältig wieder be=
kommt; oder er weiß ihn doch oft auf eine wun=
derbare Weise zu versorgen, daß manchmal auch
von andern Kindern Gottes für einen solchen
muß gesorget werden, daß er doch deßwegen
nirgend einen Mangel hat.   Aber da denken
wir auch wohl in unserm Unglauben: Ach wenn
der und der einmal sterben sollte, der liebe Freund,
der so viele Liebe für dich hat, der nun noch für
dich sorget, wo wolltest du armes Schaaf dann
bleiben? So hätte Maria auch denken können;
aber der liebe Heiland wußte sie schon zu versor=
gen; da war noch ein Johannes, der mußte sie
aufnehmen.   Siehe, sagte der liebe Heiland,
das ist dein Sohn, der wird sich deiner anneh=
men, darauf kannst du dich verlassen.   Kinder
Gottes können sich in allen Fällen auf ihren
Freund Jesum, und auf die Hülfleistung seiner
Kinder verlassen, obschon aus höheren Ursachen,
und wohl aus eigener Noth, die Hülfe nicht so
bald geschähe und erfolgte als mans gerne hätte.
Man sollte sagen, der liebe Heiland hätte alles
zuvor bedacht, daß er für Maria, seine Mutter,
sorgen möchte ehe er noch am Kreuz hinge; aber
nein, der liebe Heiland läßt es bei den Seini=
gen, bei seinen Freunden, auch manchmal auf
die Probe kommen, damit er einmal sehe, ob
wir ihm auch etwas trauen wollen.   Als es mit
der lieben Mutter des Heilandes aufs äußerste
                                        gekom=

gekommen war, nun, da war auch Rath: Siehe,
das ist dein Sohn, der wird dich verpflegen.

Hier möchte die Vernunft denken: Sorget
dann der Heiland auch so für äussere Dinge?
Hält er sich noch mit solchen Sachen auf?
Denkt er noch an dergleichen, da er in der größten Noth sterbend am Kreuz hängt? O ja,
der liebe Heiland sorget auch im Aeusseren für
die allergeringsten und kleinesten Umstände der
Seinigen; und versorget sie, wo sie auch nur
immer seiner Hülfe und Vorsorge bedürfen.
Aber sorget er so genau für ihr Aeusseres, o
wie genau wird er dann nicht für ihr Inneres
sorgen. Er siehet es nicht allein, was uns der
Seele nach fehlet, sondern er sorget auch aufs
genaueste dafür. Wenn wir gleich manchmal
in Versuchungen und Anfechtungen denken
möchten: O der Heiland denkt nicht an dich,
er vergißt deiner, er läßt dich nun allein zap-
peln, darum bist du nun in so großem Kum-
mer, Noth und Verlegenheit; nein, der liebe
Heiland sorget auch da zu rechter Zeit: wenn
die Noth an den Mann gehet, wenn man
manchmal am wenigsten dran denkt, dann ist
die Hülfe da, dann sagt der liebe Heiland:
Siehe, da hast du einen Freund, der wird
auch der Seele nach für dich sorgen, der wird
dir rathen, der wird dir helfen, der wird dich
unterweisen, der wird dich führen, der wird
dich anfassen im Gebeth. So weiß der liebe
Heiland auf alle Weise den Seinigen beizustehen.

Erl. B. 1. Th.   P   Dieses

Dieses nun, daß Jesus auch in den geringsten Dingen an seine Freunde denkt, und für sie sorget, das soll uns dazu dienen, daß wir uns auch in kleinen Dingen nicht entziehen; wir sollen unserm Herrn Jesu auch gern in den kleinsten Dingen, und in den allergeringsten äusseren Umständen, hinwiederum unsere Gegen-Liebe und unsere Treue beweisen; obschon auch die Vernunft sagen möchte: das sind Bagatellen, das sind nur Kleinigkeiten; o nein, die Liebe weiß von keinen Kleinigkeiten, es sind ihr alles große Dinge, worinn sie dem Freund nur gefallen kann: wir sollen in allem und jedem unserm theuresten und allerliebsten Heilande, unserm Freunde JESU Christo suchen gefällig zu sein.

Vierter Theil.

Zum vierten ist die Liebe unsers Heilandes am Kreutz, auch eine unaufhörliche, beständige Liebe. Und das sagt Johannes: Gleichwie er hatte geliebet die Seinen, die in der Welt waren, also liebete er sie bis ans Ende, Joh. 13, 1. Das ist eine Liebe! Johannes hieß noch der Jünger, den der Heiland lieb hatte, da Jesus am Kreutze hing, und bald alles schiene, so zu reden, aus zu sein. So ist die Liebe JESU zu seinen Freunden unaufhörlich und beständig; es ist eine Freundschaft darauf man sich verlassen kann. Die Freunde, die man in der Welt hat, (wärens auch die Beßten,) können

durch

durch ein Wort, durch ein kleines Versehen, unsere Feinde werden. O so unbeständig ist die Freundschaft Jesu nicht. Wenn es seine Freunde aus Schwachheit hie oder da etwa versehen möchten, so wird dadurch doch die liebe und Freundschaft nicht aufgehoben. Johannes heißt hier der Jünger, der Freund, den Jesus lieb hatte, und nicht viele Tage vorher hatte er noch einen großen Fehler begangen, indem er Christo in seinem Reiche zur Rechten oder zur linken sitzen wollte; das war ein großer Fehler; aber er blieb doch Freund wie er gewesen war. So ist die liebe und Freundschaft Jesu eine beständige liebe und Freundschaft.

Jesus blieb so gar ein Freund der Seinigen, wie er selbst in der Noth war. Er hing da in der Noth, in der größten Noth, da sollte man gedacht haben, nun vergißt er wohl seiner Freunde; aber nein, er vergaß ihrer nicht. Uns Menschen gehet es manchmal so, daß, wenn man im leiden ist, man oft so viel mit sich selber zu thun hat, daß man der andern Freunde darüber vergißt: aber so dürfen wir von Jesu nicht denken; o, nein, er vergaß der Seinigen nicht in der Noth; er bliebe beständig ihr Freund, und bewieß sich, da es aufs höchsten, daß er ihr Freund in der Noth und ihr Nothhelfer sei, der ihnen aushelfe zu rechter Zeit.

Ja, er bleibt ein Freund der Seinigen auch im Tode. Dieß ist eine Sache, wichtiger als

wir

wir begreifen und denken können. Wann ein
Mensch auf seinem Tod-Bette liegt, dann stehen
die Freunde da: was helfen da dann die Freunde?
im Sterben muß man doch scheiden. Keine
Freundschaft ist so bündig, und wenn es auch eine eheliche Freundschaft ist, im Sterben höret sie
auf, dann ists geschehen, und endiget sich wohl
noch mit großer Betrübniß und Schmerzen: ja,
je größer die liebe gewesen ist, desto größer, desto
empfindlicher sind auch die Schmerzen. Nun,
das darf man bei Jesu nicht besorgen. Er blieb
ein Freund, auch indem er bald sterben und seinen
Geist aufgeben wollte; er starb in der Freundschaft
gegen seine Freunde; er nahm die Freundschaft
für seine Freunde mit sich in die Ewigkeit. Und
da ist er noch zur Rechten seines himmlischen Vaters, und bittet unaufhörlich für seine Freunde;
er will sie auch gern aus allem Jammer, Noth
und Tod, heraus geführet haben in sein ewiges
himmlisches Reich. Das ist eine Freundschaft!
Es ist eine Freundschaft, die ewig beständig
bleibt, die erst recht anfängt im Sterben, und
am herrlichsten wird, wann wir in die Ewigkeit übergehen. Ach liebe Seelen, gebet doch
alle Freundschaft dran, die nicht Jesu Freundschaft ist; wählet doch den beßten, den beständigen Freund, zu eurem Freunde; liebet auch
keine andere, als diejenigen, die ihr in Jesu
lieben könnt; diese liebe und Freundschaft gehet
mit durch den Tod in die selige Ewigkeit, und
da wird sich Jesus den Seinigen erst recht
recht als Freund zeigen.

Fünfter Theil.

Endlich, zum fünften, die Liebe JEsu ist auch eine Verwandtschaftstiftende Liebe: Weib, siehe, das ist dein Sohn; und zu Johanne: Siehe, das ist deine Mutter. Das war nun natürlicher Weise nicht also; natürlich war Maria nicht die Mutter Johannis, und natürlich war Johannes auch nicht der Sohn Mariä, sondern es war eine Stiftung. Jesus stiftete da eine besondere Verwandtschaft; und demnach war es nicht nur so ein blosses Annehmen, wie man wohl jemand annehmen kann; nein, es hatte einen weit tieferen Grund. Maria nahm Johannem so an, als wenn sie wirklich an ihm einen leiblichen Sohn hätte, und Johannes hatte mehr Liebe für diese Mutter, als für seine natürlich leibliche Mutter. Dieß siehet man klar, weil des Johannis natürliche Mutter, die Salome, auch just mit beim Creutze stund, (wie wir bei Matthäo lesen,) Johannes aber meldet kein Wort von seiner natürlichen Mutter; denn die natürliche Verwandtschaft ging ihm so nahe nicht; die Liebe aber und Verwandtschaft, die der liebe Heiland zwischen Ihm und seinen Gliedern, und zwischen seinen Gliedern untereinander, am Creutz stiftete, das war eine übernatürliche, eine neue Liebe und Verwandtschaft. Doch ich muß das ein wenig näher bedeuten.

Wir lesen 1 Mos. 2. daß Gott einen tiefen Schlaf auf Adam fallen lassen, seiner Rippen eine

eine genommen aus seiner Seite, und ihm daraus ein Weib erbauet habe; und als Adam das
Weib sah, sagte er: das ist Bein von meinen
Beinen, und Fleisch von meinem Fleisch: man
wird sie Männin heissen, weil sie vom Manne
genommen ist. Und darum wird ein Mann
Vater und Mutter verlassen, und seinem Weibe
anhangen. Was ist das? Es ist die Stiftung
des Ehestandes, wird man sagen. Allerdings
ist es die Stiftung des Ehestandes, aber es
siehet auch viel weiter.

Als unser liebster Heiland am Kreuze hing
und sich seine Seite durchbohren ließ: da hat er
sich auch aus seiner Seite ein Weib erbauet,
nemlich seine heilige werthe Gemeine. So wie
nun ein Mann seinen Vater und Mutter verläßt, und seinem Weibe anhängt; oder, wie
ein Weib Vater und Mutter verläßt, und ihrem
Manne anhängt: also auch, die aus Jesu,
seiner Seite, geboren werden, die spüren in ihrem Inwendigen auch eine solche liebe zu Jesu,
als zu ihrem einigen Manne, daß sie auch Vater und Mutter, Welt und alles, um ihres Heilandes Jesu willen verlassen können. Diese
eheliche, diese wahrlich göttlich eheliche liebe,
zwischen Jesu und seiner Gemeine, die hat Jesus am Kreuz gestiftet, da er sich das Weib,
seine Gemeine, erbauet hat. Und daher haben
alle wahrlich wiedergeborne Kinder Gottes ein
solche Zuneigung zu Jesu, daß sie ihn, als
ihren Freund und Bräutigam herzlich und innigst lieben. Und in denen Gläubigen sonderlich,

sich angewöhnet, mit Maria, mit Johanne,
und den andern Weibern, sich oft und viel unter
das Kreuz zu stellen, und die Wunderliebe ihres
Heilandes zu betrachten, in solchen Herzen wird
eine überaus zarte und übernatürliche liebe entzündet, mit welcher sie Christo, als ihrem zärtlich geliebten Bräutigam, zugethan sind. Alle
liebe des Ehestandes, wenn es auch eine Christ-
liche wäre, (die doch in der Welt sehr rar ist,)
die ist doch nur ein schwacher Schatten von der
liebe und von der Zuneigung, die zwischen Jesu als Bräutigam, und seinen Freunden, als
Braut, gefunden wird. Sehet, liebste Herzen,
wie hoch werden wir geadelt! Jesus Christus
will sich mit uns verloben, er will sich mit uns
vermählen, er will sich mit uns vertrauen; solche
Menschen will Jesus aus uns machen. O so
sollen wir ihn so lieben, als eine Braut ihren
Bräutigam, wir sollen ihn lieben, als ein Weib
ihren Mann, weil er uns geliebet, und sich selbst
für uns dahin gegeben hat.

Nun ferner, aus dieser zarten liebe und Vereinigung, die Jesus am Kreuz gestiftet hat,
wird auch die übernatürliche Verwandtschaft gestiftet, die nun seine Kinder unter einander haben: Weib, siehe, das ist dein Sohn; und
zu dem Jünger: Siehe, das ist deine Mutter.

Der liebe Heiland hätte können sagen, Mutter, denn sie war seine Mutter, die ihn geboren
hatte; aber nein, er sagte, Weib. Das war
nicht ein Wort der Geringachtung, sondern eines Theils war er mehr als bloß ein Sohn

P 4

Maria;

Maria; andern Theils gab der liebe Heiland
damit zu verstehen, daß sie eben das Weib sei,
von welcher der schon so lang verheissene Wei-
bes-Saame geboren und in die Welt gebracht
worden; und daß, gleichwie der Satan durch
das Weib die Uebertretung und Sünde
eingeführet hatte, also auch das Weib das
Werkzeug habe sein sollen, wodurch der Erlöser und Hersteller kommen sollte; und troß
dem Satan, der auch durch das weibliche Geschlecht wieder zu Schanden gemacht werden sollte; wie dann Jesus von solchen schwachen Ge-
fässen auch wohl am mehresten geehret, verherrlichet und am zärtlichsten geliebet wird.

Nun, ich sage, Kraft dieser Liebe, die Jesus am Kreuße gestiftet hat, wurde auch eine
übernatürliche Verwandtschaft unter den Kindern Gottes gestiftet. Gleichwie diese Verwandtschaft zwischen Maria und Johanne eine übernatürliche Verwandtschaft war, so ist es auch
bei allen Kindern Gottes. Wie sie nun lieb
haben den, der sie geboren hat, so lieben sie auch
alle diejenigen, die aus ihm geboren sind: Kraft
der hohen Geburt, die wahrlich wiedergeborne
Kinder Gottes aus Gott erlangt haben, fühlen
sie auch eine zarte Liebe zu allen ihren Mitglie-
dern, so daß sie solche wahrlich höher schätzen
und zarter lieb haben können, als alle ihre natürliche Anverwandten, wenn solche nicht in
der Gnade stehen, wenn sie auch noch so groß,
noch so reich, noch so ansehnlich in der Welt waren. Und deßwegen müssen wir diese Sache, die

Bru-

Bruderliebe, die Liebe unter einander, be=
handeln als eine sehr heilige Sache. Denn
diese Liebe, die Kinder Gottes unter einander
haben, ist eine wahre Liebe, sie bestehet nicht
in Worten, sie bestehet nicht in Flatterien, sie
bestehet nicht in diesen und jenen sinnlichen
Tändeleien unter einander; sondern, weil die=
se Liebe, die Kinder Gottes unter einander ha=
ben, nicht entstehet aus der Natur, sondern,
wie gesagt, aus einer übernatürlichen Geburt:
so ist es eine Liebe, die sie in Gott haben, eine
Liebe, die alles Band der natürlichen Liebe weit
übertrift. Was nun Gott zusammen gefüget
hat, das soll der Mensch nicht scheiden. Gott,
Jesus Christus hat diese Liebe, diese übernatür=
liche Verwandtschaft unter Kindern Gottes,
am Kreuze gestiftet; deßwegen sollen wir Fleiß
anwenden, die Einigkeit zu halten im Geist,
durch das Band der Liebe.

Kurz zu sagen: die Liebe, die Kinder Gottes
unter und gegen einander haben müssen, das
muß eine Liebe sein, als die Liebe Jesu gewesen
ist. Was war dann das für eine Liebe? Es
war, wie wir gehöret haben, eine sich hingeben=
de, eine sich preis gebende Liebe, eine Liebe, die
etwas wagen konnte. Johannes sagt: Daran
haben wir erkannt die Liebe, daß Er sein Leben
für uns gelassen hat. Und wir sollen auch das
Leben für die Brüder lassen, 1 Joh. 3, 16. Nun
ist es zwar noch nicht dazu gekommen, das Le=
ben für die Brüder zu lassen; wir sollen aber
wenigstens doch zeigen, daß wir die Brüder,

P 5   daß

daß wir uns unter einander so lieben, daß einer
für den andern was verleugnen, was wagen,
was leiden und ausstehen kann. Wir sollen in
der Liebe unter einander nicht uns selbst, nicht
unsern Nutzen, nicht unsere Vergnügungen suchen; nein, wir müssen uns herzlich gern andern
Kindern Gottes auf alle uns mögliche Weise
Preis geben wollen.

Die Liebe Christi war auch eine wachsam
sorgfältige und versorgende Liebe. So muß auch
die Liebe der Kinder Gottes unter einander sein.
O wir sollen uns das Wort auch zur Lehre nehmen: Siehe, das ist deine Mutter; siehe,
das ist dein Sohn; siehe, das ist dein Bruder,
das ist deine Schwester: siehest du wohl, der leidet Mangel, der ist in Noth, der hat Hülfe
nöthig: da liegt dein Bruder, da liegt deine
Schwester krank, siehe, der oder die hat Mangel an Kleidung: nun, weißt du, was zu thun
ist? Greif zu, sorge, hilf auf alle mögliche
Weise. Wenn auch Kinder Gottes in innere
Nöthen, in Verlegenheit, gerathen, da sollen
wir ihnen mit Trost, mit Unterricht, mit Gebeth, suchen zu Hülf zu kommen und beizusprin-
gen. Siehe, so muß sich unsere Liebe in allen
und jeden Gelegenheiten mit der That äussern
als eine sorgfältige Liebe.

Die Liebe Christi war auch eine beständige
Liebe. So soll unsere Liebe unter einander auch
sein. Wir sollen die Kinder Gottes lieben beständig, und nicht nur dann und wann, wann
es ihnen wohl gehet. O wenn etwa Kinder
Got-

Gottes auch selbst von der Welt geliebet und
geachtet werden, dann läßt es sich noch wohl
mitmachen; aber wenn manchmal KinderGot=
tes in den Koth geworfen werden, wenn sie
in Verachtung kommen, und seine Liebe als=
dann nicht entziehen, das ist der Preis der
Liebe.   Wenn auch Kinder Gottes noch manch=
mal Fehler an sich haben, wenn sie manchmal
aus Schwachheit straucheln und stolpern, und
sich hier oder da nicht vorsichtig oder nach der
Liebe betragen, so sollen wir um eines geringen
Anstoßes, um eines geringen Unterschieds wil=
len in Worten, oder in etwas anders, das
Band der Liebe nicht sobald zerreissen. Kranke
Kinder, sind auch Kinder; lahme Kinder sind
auch Kinder.   Wir sollen da das Pflaster der
Liebe auflegen, wir sollen Stand halten und
in der Liebe beständig bleiben, so wie Jesus
auch Stand gehalten hat am Kreuße in der
Liebe gegen seine Freunde. Bei dem Kreuß
stunden manche seiner Freunde, die auch Feh=
ler hatten: von Johanne haben wirs angeregt,
und von seiner Mutter Salome stehet ein glei=
ches geschrieben; in dem Garten Gethsemane
waren alle seine Jünger geflohen, und Petrus
hatte sich im Pallast des Hohenpriesters gar
schlecht aufgeführt, und Christum, seinen Herrn
und Meister, verleugnet: indessen die Liebe deckte
das alles zu, und Kreuß und Leiden schmelzte
hernach alle diese Fehler wieder ab.

Ist dann nun eine Verwandtschaft durch
Christum unter uns gestiftet worden, sind wir

Kin=

Kinder Gottes, sind wir Brüder und Schwestern unter einander geworden; nun so lasset uns einander bei der Hand fassen, und fest halten in der Liebe. Bald werden wir Jesum sehen auf dem Thron seiner Herrlichkeit, und als Freunde mit einander vor ihm stehen: da wird dann einer an dem andern keine Flecken, keine Fehler und keine Gebrechen mehr sehen, sondern wir werden in Ihm und durch Ihn schöne und gloriöse Kinder sein in alle Ewigkeit. Darum lasset uns von nun an einander lieben, damit Jesus erfreuet, und sein Name verherrlichet werde. Amen.

Nun lasset uns dann, zum Beschluß unserer Betrachtung, unsern lieben Heiland um den milden Ausfluß seiner göttlichen Liebe in unsere Herzen, demüthigst anflehen.

Gebeth.

O Herr Jesu Christe, hoch verherrlichter, aber um unsert willen tief erniedrigter Heiland am Stamme des Kreutzes, dich begehren wir anzubethen und zu verherrlichen auch in dieser unansehnlichen Gestalt. Ach Jesu, warum siehest du so blutig aus? Ach Jesu, warum läuft dir das Blut aus deinen Händen, aus deinen Füssen, aus deinem Haupte, und aus deinem Herzen? Sind es nicht unsere Sünden und Missethaten, die

die dich also geschlagen, die dich also zu‐
gerichtet haben? Solten wir dann in dei‐
ner verächtlichen niedrigen Gestalt dich
nicht eben so lieben, ja, noch unendlich
mehr lieben, als wenn wir dich in deiner
Glorie sähen? Um unsertwillen bist du
also verwundet, aus Liebe zu uns bist du
also zugerichtet. O Liebe, o anbethens‐
würdige Liebe, o unbegreifliche Jesus‐
Liebe, verwunde doch unsere Herzen durch
einen Strahl deiner Liebe, damit wir in
inniger Liebe zu dir mögen entzündet wer‐
den in der Wahrheit. O Herr Je‐
su ewig, ewig müssen verabscheuet und
verpfuiet werden alle Sünden, womit wir
dir einen solchen Stich durch dein Herz
gethan haben, und wodurch wir dich also
geschlagen und verwundet haben. Ewig,
ewig müssen deine Freunde nun Abschied
geben alle dem, was du nicht selber bist,
und wodurch du noch ferner könntest belei‐
diget und dein Herze betrübet werden, o
allerliebster Jesu!

Und wir bitten dich, liebster Immanuel,
laß doch deine große Jesus‐Liebe ihre
Kraft an unserm Herzen beweisen, daß
wir dich auch rein und allein lieben mö‐
gen. O wie so oft hat es nicht unser
Mund

Mund gesagt, daß wir dich liebeten und
lieben wollten; aber wie so wenig haben
wirs noch in den Gelegenheiten mit der
That und in der Kraft bewiesen! O Jesu, gib uns ein Herz, daß dich lieben
kann um dein selbst willen, damit wir
nicht bloß Vergnügen und Ergetzlichkeit
für uns in deiner Liebe suchen, sondern
nur deine Ehre und dein Vergnügen von
Herzen meinen und beäugen mögen. O
Herr Jesu, gib mir und allen deinen
Freunden ein solch liebendes Herz, daß
wir unsere Liebe von allen Kreaturen um
keinet willen williglich abziehen mögen,
und daß wir alle unsere Kräfte und Säfte,
um deiner Liebe willen gern wagen mögen, um nur dir zu gefallen, dich zu vergnügen und deinem Herzen einen Wohlgefallen zu erweisen. O gib uns ein
Herz, dich auch zu lieben unter dem
Kreutz, so, daß wir nicht sobald in Ungeduld, in Klagen, in Murren gerathen,
wann Kreutz, Leiden und Trübsal kommt.
O gib uns ein Herz voll Liebe, womit
wir auch das Kreutz lieben können um
deinet willen, der du das allergrößte Kreutz
um unsert willen erlitten hast. O Jesu,
pflanze deine Kreutzesliebe in unser aller
　　　　　　　　　　　　Herzen

Herzen ein, daß wir nicht mögen lieben
nur nach der Gemächlichkeit, nicht lieben
nur nach der Sinnlichkeit, nicht lieben nur
in Eigenliebe, sondern daß wir uns selbsten
dir ganz mit Leib und Seele, mit Herz
und Willen und allem preis geben, damit
du mögest verherrlichet werden, und damit
du deine Liebe, und das Reich deiner Liebe,
in unser aller Herzen aufrichten mögest.

O Jesu, du wachsamer Heiland, der
du deine Mutter, den Jünger, den du lieb-
test, und alle, die deine Freunde waren,
sahest unter dem Kreutze stehen, ach du
weißst uns alle noch unter dem Kreuz zu
finden; deine Augen sehen auch nun auf
uns.   Lehre es uns glauben, lehre uns
auf dich sehen in allem unserm Jammer
und Elend, daß, da du unserer nicht ver-
gissest noch verfehlest unter so viel tausend-
den, wir auch deiner nimmermehr vergessen, sondern an dich gedenken in allem
Kreuz und Noth, und in allen unserm
Wegen, unter allem Getümmel und Ge-
wimmel dieser Welt; o Jesu, daß unser Glaubens- und Liebes-Auge unverrückt auf dich, den Gekreutzigten, gerichtet bleibe; damit wir durch das Aufsehen
auf deine Liebe, richtige Tritte auf unserm
Pilger-

Pilgerwege thun mögen. Du sorgest
für uns, deine armen Kinder; du willst
uns leiblich und geistlich versorgen und
verpflegen. Jesu, liebster Heiland! lehre
uns dann auch nur sorgen, wie wir dir
gefällig werden mögen; lehre uns alles
unser Anliegen auf dein Herz und in deinen Schoos wälzen, damit wir uns an
dich anhangen mögen, um aus deiner Je-
sus-Fülle zu nehmen die Gnade, dir wohlgefällig leben zu können, und dir wohlgefällig erfunden zu werden.

Mache uns getreu und beständig in
deiner Liebe, o Jesu, wie du uns bis
ans Ende, bis in den Tod geliebet, und
liebend uns umfasset und dein Haupt ge-
neiget hast. O laß uns auch also unsere
letztere Tage und Augenblicke in deiner
Liebe beständig zubringen, und nur um
deiner Liebe willen noch unsere wenige
Tage und Stunden wünschen zu leben,
bis wir auch endlich gewürdiget werden,
im letzten Augenblick unsern letzten Athemzug, als einen Hunger der Liebe, als einen Ausgang der Liebe, in deine Jesus-
Arme auszulassen.

O liebster Immanuel, du hast die Liebe,
die übernatürliche Liebe, unter den Deinigen

am

Die

am Kreutz gestiftet, und solche heilige Verwandtschaft so theuer durch dein Blut erworben. O laß diese Liebe unter deinen Kindern immer lebhafter, kräftiger und gesegneter, gesehen werden, damit die Welt erkenne, daß wir dir angehören. O bind' zusammen Herz und Herz, laß uns trennen keinen Schmerz. Räume alle Aergernisse, Anstöße und Hindernisse der Liebe, hinweg. Lehre uns doch, mit einfältigem und reinem Herzen, in kindlichem Sinn und Gemüthe, alle, auch die geringsten unter den Deinigen, als unsere Mutter, als unsere Brüder und Schwestern, lieben, und uns an der Liebe und an dir genügen zu lassen, bis wir gewürdiget werden, mit allen den Deinigen vor deinem Throne zu stehen, und, mit allen erkauften Heiligen, dir, dem Ursprung aller Liebe, alles Lebens und alles Heils, ewige Anbethung, Liebe, Lob und Ehre zu erweisen.

Herr Jesu, erbarme dich über alle, die noch ferne sind. O laß noch viele deiner Feinde zu deinen Freunden werden. O sind noch Herzen hier gegenwärtig, die bis dahin von dir und deiner Liebe, von dir und deiner Freundschaft, noch ferne

sind, denen rühre ihre Herzen durch die
Macht deiner Liebe, damit sie dich mögen
umfaſſen, und damit wir sie auch können
mit umfaſſen als deine Freunde, und uns
mit ihnen erfreuen in alle selige Ewigkeiten. Erhöre uns aus freier Gnade,
zum Preiſe deines allertheuresten Namens, um deines bittern Leidens und Todes am Kreutze willen.   Amen.

Sechste Rede.

Gehalten über

Matth. XXVII. ꝟ. 45. 46.

Jesus Christus, der Sohn Gottes, unser Heiland, hochgelobet und innigst geliebet in alle Ewigkeit, der, als das Lamm Gottes, unsere und der ganzen Welt Sünde aus unbegreiflicher Liebe getragen, und uns durch sein Blut eine ewige Erlösung zuwege gebracht hat, der richte seine gnadenvolle Augen von seinem Kreuz auf uns alle in der jetzigen Versammlung, und segne uns, daß wir auch diese Stunde zu unserer Seelen - Erbauung, und zu seines Namens Verherrlichung, anwenden mögen. Amen.

Das alte Volk Israel, geliebten Freunde, hatte seinen wichtigsten Feiertag einmal im Jahr, welcher war der grosse Versöhnungs-

Q 2

tag;

Tag; wovon wir mit mehrerem lesen können
3 Mof. 16. Dieser grosse Versöhnungstag war
ihr wichtigster Tag, und es war auch eben der
Tag, wodurch der Charfreitag vorgebildet wur=
de. Wann an diesem Tage der Hohepriester
ins Allerheiligste einging, für seine und des
Volks Sünde Versöhnung zu thun durch Bö=
cke=und Kälber=Blut, so zielte alles auf diesen
grossen Versöhnungs=Tag, da Jesus Christus,
unser grosser Hohepriester, nicht durch das Blut
der Böcke und Kälber, sondern durch sein eigen
Blut, einmal für uns arme Sünder eingegan=
gen ist in das Allerheiligste, und uns eine ewige
Versöhnung zuwege gebracht hat.

Das Volk Israel mußte diesen Tag alle
Jahr feiren, weil keine bildliche Versöhnung,
kein Blut der Böcke und Kälber, das Gewissen
reinigen und beruhigen konnte, bis Jesus Chri=
stus erschienen ist, und alle die Opfer durch sein
eigen Blut aufgehoben hat. Wir brauchen nun
zwar nicht mehr einen solchen Versöhn=Tag zu
halten; aber es ist doch nützlich, es ist heilsam,
daß wir wenigstens an dem Tage, welcher durch
jenen vorgebildet war, uns dieser wichtigen
Wohlthat mit andächtigem und dankbarem Her=
zen erinnern, da uns armen und sonst ewig ver=
lornen Sündern, durch die Versöhnung, die
durch Jesum Christum geschehen ist, der Weg
zu Gott und seiner Gemeinschaft wieder geöff=
net ist, der uns sonst ewig wäre verschlossen blie=
ben. Ja es wird dieser Tag noch in der unend=
lichen Ewigkeit geheiligt und gefeiert werden,

da

da das Lämmlein Gottes wird angebethet werden für alles, was er an diesem Tage zum
Heil der Menschen gethan hat.

An jenem großen Versöhnungstage mußte
der Hohepriester seinen großwichtigen Dienst anfangen mit diesen dreien Stücken: Er mußte
seine gemeinen Kleider ausziehen; er mußte
weisse heilige leinen Kleider anziehen; und sodann mußte er, ehe noch das Blut der Böcke
und der Kälber ins Allerheiligste gebracht wurde, mit der goldenen Rauchpfanne und dem
Räuchwerk ins Allerheiligste hinein gehen. Was
will uns dieses lehren? Es will uns lehren, wenn
wir die Versöhnung Jesu Christi fruchtbarlich,
und nach dem Wohlgefallen Gottes, betrachten, und dieser großen Sache nachdenken wollen, so müssen wir unsere Kleider, unsere ge-
wöhnliche Werktagskleider, ausziehen, und
heilige Kleider anziehen, das ist: wir müssen
alle Gedanken auf weltliche Dinge ablegen, wie
man ein Kleid ablegt, und heilige Kleider wahrer
Andacht anlegen, und auch hier heiliglich sitzen
als vor dem Angesichte unsers Gottes. Wir
müssen den Anfang unserer Betrachtung machen,
daß wir mit der goldenen Rauchpfanne eines
bethenden Herzens, und dem Räuchwerk eines
heiligen Gebeths, vor Gott treten, und in der
Stille des Geistes ins Allerheiligste gehen, daß
der Herr uns dieses Stündlein gnädigst wolle gesegnet seyn lassen. Dieses laßt uns dann thun.

Gebeth.

Gebeth.

O Lamm Gottes unschuldig, am Stamm des Kreutzes geschlachtet, allzeit erfunden geduldig, wiewohl du wurdest verachtet: alle Sünden hast du getragen, sonst müßten wir ewig verzagen. Erbarme dich unser, o Jesu, jetzt, und in der Stunde unsers Todes! Wir arme, wir Fluch- und Verdammnißwürdige Sünder, wollen uns beugen und demüthigen vor deinen heiligen und gnädigen Augen, o Herr Jesu; wir wollen dich, o du Lamm Gottes, das der Welt Sünde trägt, im Glauben jetzt beschauen, so wie du da unserer Sünden und Erlösung wegen am Stamme des Kreutzes hängest, und wir wollen dir unser Bekenntniß zu deinen Füßen legen.

Ach ja, du unschuldiges Lämmlein, du leidest nicht deiner Sünden wegen; sondern wir, wir, unsere Sünden, haben es gethan; wir haben dich gegeisselt, haben dir eine Dornenkrone aufgesetzt, haben dir deine Hände und Füße durchgraben, haben dir eine solche unaussprechliche Leibes- und Seelennoth verursachet; ja, wir haben dir dein heiliges Blut abgezapfet durch unsere schändliche Blutschulden und Sünden

den, die dir bekannt sind. Meine Seele
thut dir demüthiges Bekenntniß: Herr, ich
habe mißhandelt; Herr, ich habe gesündiget; Herr, ich habe die ewige Strafe verdienet. Wir alle, die wir hier sitzen, thun
Bekenntniß unserer Sünden: Wir haben
dich beleidiget, den Herrn und Gerechten;
wir haben gesündiget durch Vergessung deiner heiligen und gerechten Wege; wir haben gesündiget, daß wir nicht dich, sondern
die Kreaturen hochgeschätzet; wir haben gesündiget mit unserm Herzen, durch falsche
Liebe der Welt, und durch sündliche Liebe
unser selbst; wir haben gesündiget, o Herr,
durch die Zerstreuung unserer Sinnen, da
wir unsere Gedanken auf Dinge, die nicht
gut waren, auf eitele, auf sündliche Dinge,
gerichtet; wir haben gesündiget mit unserm
Willen, da wir dir unsern Willen entzogen,
da wir nach dem Gutdünken unsers Herzens, und nicht nach dem Wink deiner heiligen Augen, gewandelt haben. Wir haben gesündiget, o Herr, indem wir der
Zucht deiner Gnade und deines heiligen
Geistes wiederstanden; indem wir so viele
theure, theure Mittel der Gnaden versäumet, für gering geachtet, und nicht die
Acht darauf hatten, wozu du uns dieselben

ben gegeben hatteſt. Wir haben geſündiget, Herr, mit unſern gottloſen Thaten;
wir haben geſündiget mit unſeren unnöthigen
ſündlichen Worten; wir haben geſündiget
mit unſern unnöthigen ſündlichen Gedanken; wir haben geſündiget mit unſern unnöthigen und eiteln Begierden, die wir von
dir abgewandt haben. Dieſe, dieſe, und
unzähllich mehr unbenannte und unbekannte
Sünden ſind es, die dir, o Jeſu, o Lämmlein Gottes, auf deinem Herzen gelegen
haben. Meine und aller Welt Sünden
trugeſt du, o Lamm Gottes, auf deinem
Herzen; darum, eben darum, drückte dich
das Leiden ſo ſchwer; und darum mußteſt
du in der groſſen Angſt deines Herzens ausrufen: Mein Gott, mein Gott, warum
haſt du mich verlaſſen? damit wir nicht
ewig von Gott und ſeinem freudenvollen
Anblick müßten verlaſſen ſein.

Nun, was ſollen wir ſagen, Herr Jeſu? Laß uns dann doch dein bitteres Leiden,
Kreuz und Blut, zu gut kommen, zur völligen Ausſöhnung, gnädigen Vergebung
und Wegnehmung aller unſerer Sünden.
O Herr Jeſu, dein Schreien und dein
Winſeln, dein Bethen und dein Klagen,
dein Zagen und dein Weinen, das komme
unſes

unseren Seelen zu gut, damit uns dieser
Tag auch ein wahrer Versöhnungs-Tag sein
möge, woran wir durch dein Leiden in eine
wahre gründliche Buße, in eine tiefe Reue
und Leidwesen, in innige Zerknirschung und
gründliche Beugung vor deinen heiligen Augen, gesetzt werden, und woran wir auch,
als von deinem Kreuze, mit deinem Blut
mögen besprenget werden, zur völligen Be-
ruhigung unsers armen, bekümmerten Gewissens, um dich, unsern Gott, mit lebendiger Glaubens-Freude unsern Heiland nennen zu können.   O laß dein Kreuz und Leiden kräftiglich würken in unsern Herzen,
und uns mit hinein ziehen; dir, dem Lamme, nachzufolgen, durch Verleugnen, durch
Kreutz und durch Sterben, damit wir auch
mit dir in dein himmlisches Reich und ewige
Herrlichkeit eingehen mögen.
   Nun, Herr Jesu, dazu wollest du uns
allen diese Stunde kräftiglich gesegnet sein
lassen.   Wir wollen uns hinsetzen, als unter dein heiliges Kreutz; wir wollen uns
hinsetzen in dem Glauben, daß du mitten
unter uns gegenwärtig seist, und als wenn
wir dich jetzt gekreutziget vor unsern Augen
sähen.   Du, du sollst predigen von deinem
Kreutze.   O rufe, o predige in unsere Her-

zen,

zen hinein, daß wir erwecket, daß wir ein-
weichet, daß wir erbauet werden mögen.
Alles aus freier Barmherzigkeit, zur Ver-
klärung deiner theuren Verdienste, Blutes
und Namens, in unser aller Herzen. Amen.

Verwichenen Sonntag gab uns der liebe
Gott ein Stündlein zur Erbauung, da wir betrachtet haben das dritte Wort, welches der liebe
Heiland am Stamme des Kreuzes gesprochen
hat. Jetzt wollen wir dann in seiner Gegenwart
im Verfolg mit einander erwägen und betrachten das vierte Wort, daß Christus, uns zu
gut, am Stamme des Kreuzes gesprochen: Und
dieses stehet beschrieben,

Matth. XXVII. v. 45. 46.

Und von der sechsten Stunde an ward
eine Finsterniß über das ganze Land,
bis zu der neunten Stunde. Und um
die neunte Stunde schrie Jesus laut, und
sprach: Eli, Eli, lama asabthani? Das
ist: Mein Gott, mein Gott, warum hast
du mich verlassen? Zeit zu gewinnen, wollen wir alsobald zur Betrachtung dieser Worte schreiten.

Die drei ersten Worte, welche Christus am
Kreuz gesprochen hat, die hat er sonderlich
gesprochen in Angelegenheit der Menschen. Das

erste

erste Wort, — Vater, vergib ihnen, denn sie wissen nicht, was sie thun, — betraf die Feinde Jesu, und war ein Wort der Gnade für die Feinde Christi. Das zweite Wort, welches er zu dem Schächer sprach, — heute wirst du mit mir im Paradies sein, — betraf die bußfertigen, armen Sünder, und ihnen wurde dadurch Trost zugesprochen. Das dritte Wort, welches Jesus vom Kreutze zu seiner Mutter und zu Johanne sprach: Weib, siehe, das ist dein Sohn! und zu Johanne: Siehe, das ist deine Mutter! das war ein Wort der Liebe, und betraf seine vertrauten Freunde; und nach diesem wandte sich Jesus ab von Feinden und Freunden, und sprach die übrigen vier Worte nur zu seinem lieben himmlischen Vater über seinen eigenen Seelen-Zustand: uns zu einem Beispiel, wie wir es bei unserm Sterben machen müssen, und wann wir auf unserm Tod-Bette liegen. Erstlich sollten wir uns versöhnen mit unsern Feinden; können wir noch ein Wort der Erbauung zu denen, die bei uns sind, sprechen, so mag solches dann auch geschehen. Hernach macht und nimmt man Abschied mit und von seinen allerliebsten Freunden, damit man sodann sein Herz von allen Kreaturen ab und zu Gott und zu dem Ewigen richten könne. Denn es verlassen uns endlich alle; und wir müssen auch alle verlassen, ehe wir mit unserm himmlischen Vater können anfangen.

Ehe aber Jesus dieses vierte Wort sprach, ging etwas Wichtiges vor, welches nur mit wenigen nigen

nigen Worten beschrieben wird. Nämlich von
der sechsten Stunde an ward eine Finsterniß
über das ganze Land, bis zu der neunten Stunde. Es gingen also ohngefehr drei ganzer Stunden vorbei, ehe Jesus das vierte Wort zu seinem
himmlischen Vater sprach. Denn um die sechste
Stunde, das ist bei uns um Mittag, da kam
eine Finsterniß, die währete bis um die neunte
Stunde, das ist nach unserer Uhr bis um drei
Uhr Nachmittags. In diesen dreien Stunden
war es finster über der Erde, und in diesen
dreien Stunden hat Jesus kein Wort gesprochen.

O Finsterniß! o Stillschweigen! was sollen
wir davon sagen? Sagen wir, Jesus habe dabei
um müssen stillschweigen, weil unser aller Mutter, die Eva, sich mit der Schlange in Reden
eingelassen; sagen wir, er habe durch sein Stillschweigen unser sündliches, unnöthiges und är-
gerliches Geschwätz müssen büssen; denken wir
er habe durch sein Stillschweigen in der allerhöchsten Noth, unser Murren, unser Klagen,
unsere Ungeduld in unserm Leiden, sollen und
wollen büssen, und als ein Lämmlein seinen
Mund nicht aufthun: so ist das zwar wahr, es
ist etwas; aber es ist nicht alles. Und was soll
uns die Finsterniß, die nicht natürlich war, lehren? (Es war eben Vollmond, da keine Finsterniß an der Sonne sein kann, nun noch viel
weniger eine Finsterniß, die drei Stunden wäh-
ret.) Sagen wir, die Sonne die bei der
Schöpfung ihr Licht von dem Sohn Gottes

empfan-

empfangen, habe ihr Licht nicht behalten können, da ihr Schöpfer selber in der allerhöchsten Verlassung ohne Gottes Licht war; sagen wir, die ganze Natur habe gleichsam ein schwarzes Trauer-Kleid anlegen müssen, bei dem greulichen Spectakel, da der Sohn Gottes am Kreuße hing: so ist das auch etwas, aber es ist noch nicht alles, und auch nicht das Wichtigste.

Diese Finsterniß, dieses Stillschweigen, zeiget uns an, daß ein Geheimniß vorgegangen sei, ja, es ist das allergrößte Geheimniß, das je auf Erden gewesen ist, und es ist eine Decke davor gezogen, die uns alles Nachdenken benimmt, wobei alle menschliche Gedanken nieder sinken müssen, und wobei man sich in den Staub legen und bekennen muß, daß uns die Sache unbegreiflich sei. Es soll dieses Stillschweigen Jesu in uns wirken ein Stillschweigen der Bestürzung, ein Stillschweigen der Bewunderung, ein Stillschweigen voll tiefer Ehrfurcht; es soll uns setzen in eine innige Andacht, zu erwegen die grosse Sache, die zu der Zeit vorging.

In diesen dreien Stunden ging Jesus als Hoherpriester hinter den Vorhang; der Vorhang ward zugezogen, man sahe nichts von dem Glanz und Herrlichkeit unsers Hohenpriesters. Wollen wir etwas von der grossen Sache, die hier vorging, verstehen, so müssen wir mit hinter den Vorhang gehen, und in eine stille Ehrfurcht vor dem Angesichte Gottes einsinken. Alle äussere und innere Ausschweifungen der Ge
danken

danken erreichen das Geheimniß nicht. Es muß
an diesem stillen Freitage stille sein alles Fleisch
vor dem Herrn, wenn es dem Herrn gefallen
soll; uns ein wenig von diesen grossen Wundern
zu entdecken. Doch wird was eigentlich in diesen dreien Stunden vorgegangen, da Jesus in
der allergrößten That seines hohenpriesterlichen
Amtes stand, und in dem allerhöchsten Gewicht
seiner Leiden von aussen und von innen, da hing
auf der schwarzen mit Dunkelheit bedeckten Erde, — das wird, sage ich, die Ewigkeit erst recht
klar machen und vollkommen entdecken. Ja,
wenn Jesus nicht bei Endigung dieser Finsterniß dieses vierte Wort gesprochen hätte, so würde uns alles gänzlich verborgen geblieben sein,
und wir würden nichts von allem wissen können,
was da vorgegangen ist. Da aber Jesus nach diesen dreien Stunden mit lauter Stimme ausrief:
Eli, Eli, lama asabthani? das ist: Mein
Gott, mein Gott, warum hast du mich verlassen? So zeigte er damit an, daß er in der
allergrößten Verlassung von Gott und dessen
gnädigen Einfluß da gehangen; und war die äussere grosse Finsterniß nur eine Abbildung von dem,
was innerlich bei Christo vorging, da ihm das
Antlitz Gottes des himmlischen Vaters entzogen, verschlossen, und wie mit einer dicken Decke
verhüllet war.

**Mein Gott, mein Gott, warum
hast du mich verlassen?**

In

: In diesen Worten können wir betrachten:

Jesum, als den Mittler zwischen Gott und den Menschen:

1. Wie er, als Mittler, unsere und der ganzen Welt Sünde in dem göttlichen Gerichte trägt.

2. Wie er, als Mittler, sich Gott zur Aussöhnung für unsere Sünden aufopfert.

3. Wie er, als Mittler, uns zu Gott, als zu unserm Gott, wieder hinführet.

Erster Theil.

Erstlich sehen wir, wie Jesus unsere und der ganzen Welt Sünde in dem göttlichen Gerichte trägt. Christus ruft aus: Mein Gott, mein Gott, warum hast du mich verlassen? Die Verlassung Jesu Christi am Stamme des Kreutzes ein wenig mehr einzusehen, müssen wir erwägen, warum Jesus verlassen ward. Jesus ward verlassen unserer Sünden wegen, die er auf sich genommen hatte. Die Sünde ist, wenn der Mensch Gott verläßt; und eine solche Verlassung muß Gott, kraft seiner Heiligkeit und Gerechtigkeit, wieder mit Verlassung beantworten und strafen.

Ein

Ein Mensch, der da sündiget, der verläßt Gott, da er die Hochachtung, die er Gott schuldig ist, aus den Augen setzet, und dagegen die Kreaturen und andere Dinge hochschätzet. Ein Mensch, der da sündiget, der verläßt Gott, da er seine Liebe, seine Lust, seine Begierde, von Gott abwendet, und nichtigen Dingen anhanget. Ein Mensch, der da sündiget, der verläsz set Gott, da er nicht Gottes, sondern seinem eigenen Willen, und dem Gutdünken seines Herzens folget. Und daraus folget die natürliche Frucht und Strafe der Sünde, daß, weil der Mensch bei einer jeden willigen That der Sünde Gott verläßt, Gott einen solchen Menschen wieder verlassen muß, kraft seiner Heiligkeit, die nichts böses leiden, und kraft seiner Gerechtigkeit, die nichts böses gut heissen noch ungestraft lassen kann. Gott kann an dem Bösen keinen Gefallen haben, was sündlich und unrecht an sich ist; Gott ist ein Gott, dem gottlos Wesen nimmermehr gefallen kann. Und als solche von Gott verlassene unselige Menschen werden wir alle empfangen und geboren, und solche werden wir noch mehr, indem wir täglich und stündlich immer aufs neue sündigen.

Ich sage, ein Mensch, der da sündiget, und, durch die Sünde Gott verläßt, der wird von Gott wieder verlassen. Er wird verlassen von Gottes Licht, und von Gottes freundlichem Angesicht. Seine Untugenden scheiden ihn und Gott von einander, und seine Sünden verbergen das Angesicht Gottes von ihm; Gott hat ihm

ihm

ihm nicht anders vorkommen als ein schrecklicher Gott und als ein zorniges Wesen, weil
die Sünde so zu reden eine schwarze Decke ist,
die zwischen ihm und dem liebenswürdigen heiligen Angesichte Gottes hänget. Und daher
kommt es, wenn ein unbußfertiger Mensch, ein
Sünder, der ausser Christo lebet, auch noch so
viel süßes von Gott, von dem seligen Gott, höret, daß ihm Gott dennoch immer fürchterlich
und schrecklich vorkommt, ihm wird bange,
wann er an Gott gedenket; und wenn er nicht
wüßte, daß er dermaleinst vor Gottes Angesicht
erscheinen müßte, so sollte er lieber nimmermehr an Gott gedenken wollen.

Wer von Gott, von Gottes Licht, von
Gottes freundlichem Angesicht, verlaßen ist,
dem kommt nicht allein Gott fürchterlich vor,
sondern, wegen der Scheidung von Gott, bekommen auch die bösen Geister und das Reich
der Finsterniß eine Oeffnung in eines solchen
Menschen Herz, daß sie mit allen ihren Kräften und Einflüssen in einem solchen Menschen
wirken, und allerlei böses, auch allerlei Schrecken und Furcht, in ihm erregen können. Zwar
so lange der Mensch in diesem Leibe lebet, siehet
er die bösen Geister nicht mit leiblichen Augen
ohnerachtet er von ihnen an Ketten geführet
wird; aber was wirds dann nach dem Tode
werden, was wirds einmal an jenem großen
Tage werden, wann sich das Licht Gottes auf
ewig zuschließen wird; und der unbußfertige Sünder auf ewig von Gottes Licht wird verlaßen

seyn, und er ihn ewig nicht als einen freundlichen
als einen gnädigen Gott wird ansehen können?
O da werden die bösen Geister der Finsterniß
nicht mehr heimlich, verborgen und dem Menschen unwissend, sondern offenbar sich ihm darstellen, als solche Herren, denen er gedienet,
denen er gefolget, und in deren Dienst er gelebet hat: O erschrecklicher Anblick! o erschreck-
liche ewige Verlaßung! wovor uns Gott bewahren wolle, um des bittern Leidens und kostbaren
Bluts Jesu Christi, unsers Herrn, willen.

Ein Mensch, der in der Sünde lebt, der
seine Lust hat an der Sünde, und williglich sündiget, der wird nicht nur verlaßen von Gottes
Licht, sondern er wird auch verlaßen von Gottes Trost, von Gottes Freude, und von
Gottes gnädigem Einfluß in sein Herz. Daher
kommts, daß ein solcher Mensch ein bedrücktes
trauriges Herz bei sich trägt. Die Frommen
werden zwar vielmals melancholisch gescholten,
aber ein unbußfertiger, ein mit Gott nicht ver-
söhnter Sünder, der hat im Grunde ein recht
melancholisches Herz, und ein innerlich bedrücktes und trauriges Gemüth bei sich. Und das
mag man durch diese und jene Puppereien, sinnliche Vorwürfe, Lustbarkeiten und Veränderun-
gen, als ein wenig vertreiben wollen, man mag
sich mit diesem oder jenem trösten wollen, es
hilft doch alles nicht. Ach, von Gottes Trost,
von Gottes Freude, in seinem Inwendigen verlaßen seyn, das kann durch nichts äußeres ersetzet
werden. Wann ein Mensch auf seinem Todbette
liegt

liegt und von Gottes Trost verlaßen ist, was
kann doch einen solchen trösten? Man hole Trö-
ster herbei von allen Orten und Enden, man
bringe die herrlichsten Trostsprüche der heiligen Schrift her, ach, tröstet Gott nicht inwendig, ist das Herz inwendig von Gottes Trost
und Freude verlaßen, so kann das äussere Trösten nicht helfen. Zwar einer Seele, die nur
noch in der Gnadenzeit verlaßen ist, stehet die
Pforte noch offen; aber wenn der Mensch diese
Zeit so hingehen läßt, und sich nicht bekehret, so
kann nichts anders als eine ewige Verlaßung
von Gottes Trost, von Gottes Freude, erfolgen.
Ist das nicht eine etschreckliche und unglückselige
Sache, in eine Ewigkeit zu kommen, da man,
ohne Hoffnung der Wiederkehr, von Gottes
Trost und von Gottes Freude in ewiger Un-
glückseligkeit und Verzweifelung verlaßen ist!

Ein Mensch, der unbußfertig in den Sünden dahin lebt, der ist nicht nur verlaßen von
Gottes Licht und von Gottes Trost und Freude, sondern er ist auch verlaßen von Gottes
Friede, von der süßen Ruhe, von dem inneren
Vergnügen und Wohlleben, das in Gott und
deßen Gemeinschaft erfahren wird; und im Gegentheil ist ein solcher Mensch angefüllet mit einer
heimlichen Unruh, mit einer innerlich quälenden
unüberwindlichen Unzufriedenheit in allem seinem
Thun und Laßen, und in allen seinen Ständen.
Es mag haben und anfangen was er will, er
kann kein gründlich zufriedenes und vergnügtes
Herz erlangen. Er suchet und erwählet sich zwar

bald dieses bald jenes; um sein Herz in Ruhe zu
setzen; aber ach die innere Unruhe, das innere
Mißvergnügen, das aus der Verlaßung Gottes, der Sünden wegen, entstehet, das wird
nimmermehr überwunden, oder der Mensch muß
Buße thun. O man denke doch der Sache
ernstlich nach; denn da wir noch hier in der
Gnadenzeit zwischen Himmel und Hölle leben,
so kann noch eine Umkehr geschehen, wodurch
wir noch können aus dieser jämmerlichen Unruhe
errettet, und in die Ruhe, in den Frieden Gottes, versetzet werden.

So lange man noch hier im Fleische lebt,
macht der äussere Körper, daß der unbußfertige
sündige Mensch, die Verlaßung Gottes, die
innere Hölle, nicht so empfindlich gewahr wird;
der Körper macht es so was ungefühlig und
stumpf; der Mensch weiß nicht, was ihm ist,
ohnerachtet er wohl fühlet, daß ihm nicht so
recht wohl ist. Die äusseren Geschäffte und
Vorwürfe, womit der Mensch zu thun hat, und
die sinnlichen Ergetzlichkeiten, die er sich macht,
die machen auch, daß er bei seiner inneren Hölle
und Verlaßung Gottes nicht einmal still steht
und sich bedenket: aber laßt den Körper einmal ins Grab fallen, laßt die Augen sich einmal vor alle den Vorwürfen schließen, die einen
hier noch etwa divertiret und einige Ergetzung
gegeben haben, so wird der Geist bloß stehen in
alle Ewigkeit. Die Welt und das Sichtbare
hat er dann nicht mehr, und von Gott ist er
auch verlaßen, und ewig verlaßen. Das ist ja
wohl

wohl eine Verlaßung, wovor man erschrecken
mag!

O wenn wir das recht bedächten, wie wich=
tig würden wir nicht den Charfreitag schätzen!
einen Charfreitag, da uns die Verlaßung
Jesu Christi, des Sohnes Gottes, als ein
gnädiges Evangelium verkündiget wird, wo=
durch einem armen, von Gott verlaßenen Sün=
der, noch geholfen, und er wieder mit Gott
versöhnet werden, von ihm angenommen wer=
den, und zu seiner Gemeinschaft wieder gelan=
gen kann. Denn um unsert willen, und uns
zu gut, war Jesus so verlaßen, daß er ausru=
fen mußte: Mein Gott, mein Gott, warum
hast du mich verlaßen.

Christus sagte nicht: Mein Vater, mein
Vater! Er hätte können sagen, Vater! so wie
bei seinem ersten Wort, Vater, vergib ihnen;
und bei seinem letzten, Vater, in deine Hände
befehl ich meinen Geist; aber nein, hier gebraucht
er nicht das Wort V a t e r, sondern das Wort
G o t t, und zwar zweimal, Eli, Eli, lama
asabthani, mein Gott, mein Gott, warum
hast du mich verlaßen! Christus hatte hier nicht
als der ewige Sohn Gottes, als der einig ge=
liebte Sohn seines Vaters, mit Gott, als mit
seinem Vater zu thun, und er ward auch in
der Stunde von Gott nicht als ein Sohn, son=
dern als ein Bürge der Sünder, angesehn und
behandelt; er stund hier an meiner, an deiner,
und aller Menschen statt, in dem höchsten Ge=
richt eines heiligen und gerechten Gottes. Gott

Gott, will er sagen, was bist du ein heiliger
Gott, was bist du ein gerechter Gott! Gott!
Gott, was ist die Sünde ein schweres Gewicht!
Gott, Gott, was ist es eine drückende Hand,
wenn man deine Hand fühlet! Gott, Gott,
was Sünden fühle ich auf meinem Herzen liegen! So stund Jesus an unserer Statt in dem
allerhöchsten Gerichte, und in der allerwichtigsten
Handlung des richterlichen Ausspruches, da er
unsere Sache vor dem Richterstuhl Gottes wollte gut machen. Mein Gott, mein Gott, warum hast du mich verlaßen?

Ist nun dem also, wie wir vorhin gehöret
haben, daß die Sünde natürlicher Weise eine
solche Frucht wirket, und daß, Kraft der Heiligkeit und Gerechtigkeit Gottes, auf die Sünde eine solche Strafe folgen muß, daß der Mensch
verlaßen wird von Gottes Licht, von Gottes
freundlichem Angesicht, von Gottes Trost, von
Gottes Freude, von Gottes Frieden, siehe,
so hat Christus, unser Bürge, auch eben das in
dieser Stunde fühlen müßen. Er war nicht von
Gott verlaßen nach seiner wesentlichen und ewigen Gottheit und Einheit mit seinem Vater;
denn dieses Band blieb und bleibt unaufhörlich
fest und unzertrennlich in alle Ewigkeit, er war
und er blieb der eingeliebte Sohn seines Vaters,
aber er ward doch verlaßen von Gottes Licht,
von seinem freundlichen, von seinem günstigen
Ansehen, er war geschieden von Gottes gnädigem Angesichte. Gott kam ihm, unserer Sünden wegen, die er trug, also erschrecklich, also

graus

grausamer, und als ein zorniger Gott vor, als
ein Gott, der nur Eindrückungen seines Grim=
mes, und zwar ihn, das allerheiligste und un=
schuldigste Gotteslamm, fühlen ließe. Je rei=
ner ein Mensch ist, desto empfindlicher ist ihm
alle Unreinigkeit; und je heiliger ein Mensch ist,
desto empfindlicher sind ihm die Eindrückungen
des Zorns Gottes. Nun, diese Verlaßung
von Gottes Licht, sage ich, von Gottes freund=
lichem Angesicht, und hingegen die Eindrückun=
gen von Gottes Zorn, mußte Jesus fühlen.

Kann nun aber eine einzige willige Sünde
schon eine solche Beraubung von Gottes Licht,
eine solche schmerzhafte Empfindung von Gottes
Zorn, zuwege bringen, was wird dann nicht
eine unzählige Menge der Sünden thun? Und
was wird das nicht seyn, wenn einer nicht nur
um einer, und eines einzigen Menschen, sondern
um alle, und aller Menschen Sünden willen in
der ganzen Welt, die Verlaßung von Gottes
Licht, und von Gottes gnädigem Anblick, füh=
len und empfinden muß! und eine solche Verla=
ßung fühlte Jesus. O das muß eine Verla=
ßung gewesen seyn! wie muß ihm Gott nicht so
schrecklich seyn vorgekommen, wie muß er Got=
tes Zorn und die Hölle gefühlet haben in der
Stunde, da er ausrief: Mein Gott, mein
Gott, warum hast du mich verlaßen!

Aber Jesus fühlete nicht nur eine Verla=
ßung von Gottes Licht; sondern, eben weil sich
das verschloß, und eine Finsterniß über sein
. . . . Ja wie sie äußerlich über die Welt

R 4

kam, so bekam auch das Reich der Finsterniß die
größte Macht, den lieben Heiland in Furcht und
Schrecken zu setzen, zu peinigen und zu quälen.
Wenn ein Mensch nur einen einzigen bösen Geist
leibhaftig vor sich sähe, welch eine Furcht, welch
ein Schrecken würde den nicht überfallen! Jesum aber fiel das ganze Heer der Hölle an, als
er da hing in der größten Finsterniß von innen
und von aussen, beraubt alles göttlichen Lichts.
Da werden ihm die bösen Geister mit aller Hef-
tigkeit zugesetzt haben, ihn zu schrecken, ihm
Sorge, Angst und Furcht einzujagen, wegen
der Sünden, die er auf sich genommen, die sie
ihm werden vorgerückt haben, wegen der Sünden, die du, und ich, und alle Menschen, begangen haben. O was hat Jesus gelitten, da
er der ganzen Welt Sünde auf sich hatte!

Jesus war auch verlaßen von Gottes Trost,
von Gottes Freude, von Gottes gnädigem
Liebeseinfluß. Gottes Trost war weg Gottes
Freude war weg, der Einfluß, den seine Gottheit in seine Menscheit je gehabt hatte, war
für die Zeit ganz unterbrochen: Er hing da
in der empfindlichsten Betrübniß, sein Herz
war erfüllet mit Traurigkeit, mit der äussersten
Traurigkeit. Rief er doch schon aus, als er in
dem Garten Gethsemane war: Meine Seele ist
um und um betrübt bis in den Tod! wie groß
wird dann nicht die Betrübniß gewesen seyn, in
der Stunde, als er so verlaßen von allem Trost,
entblößt von aller Freude und dem freundlichen
Einflusse seines himmlischen Vaters, am Kreuz
gehan-

gehangen hat, um deiner, und meiner, und der
ganzen Welt Sünde willen. Ja, es war nicht
nur um meiner Sünde willen, die wir gethan,
noch um etlicher Menschen Sünde willen, sondern um aller Sünden willen, die alle Menschen
in der ganzen Welt begangen, daß Jesus so
von allem Trost entblößet seyn mußte.

Jesus war auch verlaßen von Gottes Frieden. Kann eine einzige muthwillige Sünde
schon eine Verlaßung von Gottes Frieden in
eine Seele bringen, und die Seele mit Unruh,
Verwirrung, Zittern und Zagen anfüllen, was
hat Jesus dann nicht fühlen müßen, nicht nur
um einer, und eines einzigen Menschen, sondern um aller und jeder Sünden aller Menschen willen.

Ja, Jesus, der unsere Sünde trug, der
fühlte was alle Menschen in alle Ewigkeit hätten
leiden müßen. Er litte in der Stunde nicht nur
dasjenige, was wir, der Sünde wegen, in der
Zeit hätten büßen und leiden müßen; sondern
er litte alles das, was du und ich, und alle
Menschen in der Ewigkeit, ja, bis in alle Ewigkeit, hätten leiden sollen. Alle diese Verlaßungen, alle diese leiden, hatten sich auf einmal auf
das Herz Jesu gehäufet und niedergesenket.
Es hing das Lamm Gottes verlaßen! da mochte
er wohl schreien: Mein Gott, mein Gott,
warum hast du mich verlaßen?

Nun, sehet, sollten wir dann noch mit der
Sünde einen Scherz treiben? Sollten wir mit
Heiligkeit und Gerechtigkeit Gottes so
leicht

leicht vorstellen? Christus hats anders gefühlet.
Wer ihn hätte gesehen am Kreuz hangen, und
wer ihn hätte hören ausrufen: Mein Gott,
mein Gott, warum hast du mich verlaßen! der
würde ganz andere Gedanken von der Sünde,
und auch andere Gedanken von der untadelichen
Heiligkeit und Gerechtigkeit Gottes bekommen.
O so lange wir arme Menschen es nur bei uns
selber mit der Sünde zu thun haben, und so
lange wir nur so mit Menschen von der Sünde
reden, achten wir die Sünde gering. So
lange man nur so bei sich selber von der Sünde
handelt, daß man denkt: Ey was ists dann
nun mehr, was hast du dann geredt, was hast
du dann gethan? Das ist ja lange vergessen; ja
das geht so an, so lange man nicht mit Gott
zu handeln hat: aber wenns einmal heißt: O
Gott, Gott, nun muß ich vor dein Gericht
treten, nun habe ich nicht mehr mit Menschen,
sondern mit dir, o Gott, zu thun; wenn Gott
mit uns ins Gericht geht, dann werden uns
die Sünden ganz anders unter die Augen gestellet werden, dann werden wir so bethen lernen, wie David bittet, Psalm 143: Herr,
gehe nicht ins Gericht mit deinem Knecht, denn
vor dir ist keiner lebendiger gerecht; denn der Feind
verfolget meine Seele, und schläget mein Leben
zu Boden, u. s. w. Alle Sünder werden ins
Gericht treten müßen. Darum laßt uns die
Sünde meiden und verabscheuen, laßt uns die
Heiligkeit Gottes fürchten, und zur Bekehrung
eilen. Darum ruft uns zu: Wir, die wir der
Schre-

Schrecken des Herrn kennen, wir, die wir wissen,
daß Gott zu fürchten ist, wir bereden die Menschen zur Bekehrung. 2 Cor. 5. 11.

Zweiter Theil.

Nun zum andern, Christus hat nicht nur,
als das lamm Gottes, alle unsere Sünde getragen am Stamme des Kreuzes, sondern
er hat auch sich, sein leiden und sein Blut,
Gott zur Aussöhnung für unsere
Sünde geopfert. Mein Gott, mein Gott,
warum hast du mich verlaßen?

Christus fraget Warum? aber nicht aus
Unwissenheit, dann er wußte es ganz wohl:
Auch fraget er nicht Warum? aus einer murr-
renden Ungeduld, als wollte ers nicht tragen,
nein, keineswegs: sondern er fraget Warum?
um nur Gott, als Richter, so zu sagen an die
Sache zu erinnern, die er vorhatte. Warum
hast du mich verlaßen? Mich, den du ja ken-
nest, will er sagen; mich, deinen eingeliebten
Sohn, mich, der ich in einem so genauen Bande
mit dir stehe nach meiner ewigen Gottheit; mich,
der ich, als Mensch, dein Gesetz untadelich erfüllet habe; mich, der ich gar ein unbeflecktes lämmlein bin; warum hast du mich verlaßen? Jesus
legt hier diese beiden Worte, das Warum
und das Mich, gleichsam gegen einander auf die
Wage, und hält es seinem himmlischen Vater,
als Richter, vor: Mein Gott, Warum hast du
Mich verlaßen? Du mußt ja wohl, will er sagen,

gen, das Warum, du weißt ja, in mir ist keine
Sünde, meinetwegen könnte und dürfte ich nicht
von dir geschieden und verlaßen werden; das
Warum ist dir bekannt. Alle Sünden, ja alle
Sünden der Menschen, die von Adam an be=
gangen sind, und bis auf den letzten Menschen
noch werden begangen werden auf dem ganzen
Erdboden, die sind das Warum, weßwegen ich
hier von deinem Licht, von deiner Freundlichkeit,
von deinem Tost, von deiner Freude, von dei=
nem Frieden, muß verlaßen seyn. Nun, siehe,
dieses Warum lege ich in die eine Wagschale, und
in die andere lege ich das Mich, das große Mich,
meine Gottheit und meine Menschheit, die uns
endlich wichtiger ist als alle Sünden von tausend
Welten: Mich, der ich ohne Sünde empfangen
und geboren bin; der ich von dem ersten Augen=
blick meines Lebens an als ein heiliger unbeflect=
=ter Mensch gelebet, und alle deine Gebote erfül=
let habe, und dich so von ganzem Herzen gelie=
bet habe, wie du nur kannst geliebet werden;
Mich; der ich auch den Himmel mit allet seiner
Freude und Herrlichkeit um der Menschen willen
verlaßen, und um ihrentwillen die ganze Zeit
meines Lebens gelitten habe; der ich alles gelit=
ten habe, was sie hätten leiden müßen; der ich
alle Angst und Noth ausgestanden habe für sie.
Nun, mein gerechter Richter und mein Gott,
will er sagen, sind gleich in der einen Wagschale
große und wichtige Sünden, ich lege das weit
größere Mich dagegen. Ich schenke nun den
armen verlornen Menschen mich selbst, meinen

Gott=

Gottheit und meine Menscheheit; ich schenke
ihnen all' mein heiliges Leben, alle meine Treue,
die ich dir je in meinem heiligen und unsträflichen
Leben bewiesen habe; ich schenke auch ihnen all,
mein heiliges und bitteres Leiden, meine Höllen=
angst, Noth, Blutvergiessen, ja all' mein Lei=
den und Sterben: das alles schenke ich nun den
Sündern, zur Bezahlung ihrer Sünden, und
lege das alles in die andere Wagschale ein. Siehe,
nun hebe ich die Wage auf: Ist nun nicht das
Mich unendlich wichtiger als das Warum?
Ist nicht diese Schale schwerer als alle Sünden
der ganzen Welt? Ist nicht ein einziges Tröpf=
lein meines Bluts vermögend, viele Wagscha=
len voll Sünden weit weit zu überwiegen? Ich
spreche nun, gerechter Richter, in diesem Zustand
ein Wort für die arme, verlaßene und ver=
dammte Menschen; du kannst sie nicht verstoß=
en, du kannst sie nicht verlaßen; ich bitte um
Gnade für die armen Sünder, sie können, sie
sollen, sie müßen nicht verlaßen seyn in Ewig=
keit; das Mich, das Mich, hat allem genug
gethan und alles überflüssig bezahlet; ich trete
nun ins Gericht, und begehre, daß du es
nun völlig allen Menschen verzeihen wollest.
Sehet, das ist die große, das ist die wichtige
That, in dem göttlichen Gerichte.

Sehet, bußfertige Herzen, die ihr eure Sün=
den fühlet, die ihr über eure Sünden wehklaget
und das Gewicht der Sünde fühlet, hier ist der
einzige Grund eures Heils und eurer Erlösung.
Wendet euch doch weder im Leben noch im Ster=

ben zu etwas anders als zu dem Mich, zu Jesu
Christo allein, und zu seinem kostbaren und theu,
resten Blute. O suchet weder auf Erden noch
im Himmel durch sonst etwas, als nur allein
hiedurch, euere Herzen und Gewissen zu beruhi,
gen, sowohl im Leben als im Sterben.

Bedenket auch, die ihr das mit mir glaubet
und erkennet, wie sehr, wie unendlich sind wir
nicht dem verpflichtet, der unsere Sache so auf
sich genommen hat! Sollten wir dann den nicht
lieben, der uns also geliebet hat? Sollten wir
nicht auch willig seyn, um seinet willen unser
Blut zu vergießen und unser Leben zu laßen, da
er seinen letzten Blutstropfen für uns dahin ge,
geben hat? Durch Christum, und durch die
Kraft seiner Verdienste, müßen wir uns nun
auch Gotte ganz aufopfern, und uns bei Je,
su in die Wagschale hinein setzen (daß ich so
rede;) das ist, unser bußfertiges Herze, unser
bißchen Treue, die wir Gott können und sollen
erweisen, unser bißchen Leiden, das wir hier in
dieser Welt auszustehen haben, sollen wir bei
Jesum Treue, und bei Jesu verdienstliches Leiden
legen, und so dem himmlischen Vater aufopfern.
Wir thun nichts verdienstlich, und wir sollten
und könnten auch nichts aufopfern, wenn wirs
nicht mit Jesu Christo, mit seinem heiligen Le,
ben, mit seinem wichtigen Leiden, und mit sei,
nem verdienstlichen Sterben, vereinigen. Chri,
sten sollen ein ganzes Opfer werden an Leib und
Seele, in allem ihrem Thun und Laßen.

Drit,

Dritter Theil.

Endlich und zum dritten, so ist Christus auch ein Mittler, der uns wieder zu Gott führet und führen muß; beides im leben und im Sterben, und an jenem großen Gerichtstage. Mein Gott, mein Gott, warum hast du mich verlaßen? Er sagt nicht nur Gott, sondern: Mein Gott, mein Gott. Ach wir Menschen sagen oft so leichtsinnig, mein Gott; wer aber recht sagen will: Mein Gott, der muß es durch Verlaßung gelernet haben, der muß mit Christo ans Kreuz gekommen, und ohne Gottes Trost gewesen seyn, sonst kann er nicht sagen: Mein Gott. Christus drücket durch dieses Wort aus ein lebendiges Vertrauen zu seinem himmlischen Vater, da er nicht nur in das Gerichte für uns eintritt, ringet und überwindet, sondern auch mit seinem Versöhnblute ins Allerheiligste eingeht und spricht: Nun bist du wieder mein Gott, nun ich für die Sünder bezahlet habe. Er spricht: Mein Gott, nicht als Sohn, auch nicht als ein heiliger Mensch, denn so war Gott immerdar der Gott und Vater Christi, sondern er spricht hier, mein Gott, als Mittler zwischen Gott und den Menschen, als unser Bürge, in unserm Namen sagt er: Mein Gott. Und so sagte ers auch gleich nach seiner Auferstehung zu der Maria Magdalena: Gehehin, und sage meinen Brüdern: Ich fahre auf zu meinem Gott, und zu eurem Gott, zu meinem Vater, und zu eurem Vater.

Nun,

Nun, durch das Leiden, durch die Verlaßung, durch das Opfer Christi am Kreuz, ist
Gott in Christo Jesu wieder unser Gott worden. Kein einziger Mensch würde weder in Zeit
noch Ewigkeit Gott seinen Gott haben nennen
können, wo nicht Jesus das ausgestanden und
gelitten hätte, was er in der Stunde litt und
ausstunde. Er führte uns wieder zu Gott, als
er am Charfreitage uns und alle Menschen gleich
als in ein Bündlein nahm, und uns durch den
Vorhang ins Allerheiligste brachte und sagte:
O Gott, da sind nun die Menschen, da sind
nun wieder die Menschen, deren ihr Gott sollst
du nun wieder seyn, deren ihr Gott kannst du
nun wieder seyn. Dann in eben der Stunde
zerriß der Vorhang im Tempel von oben bis unten aus, zu einem deutlichen Beweis, daß nun
ein armer, verlegener, bußfertiger Sünder, durch
Jesum Christum wieder zu Gott, als zu seinem
Gott, kann hingeführet werden.

Verzagt nicht, arme Sünder, große Sünder, Christus hat ein Opfer gebracht für die
Sünde am Tage seiner Verlaßung, da er aus-
gerufen: Mein Gott, mein Gott, warum hast
du mich verlaßen? Jesu Leiden, Sterben und
Verdienst, das kann euch nun dahin bringen,
das kann den allergrößten Sünder dahin bringen, daß er Gott als seinen Gott wieder ansehen kann.

Christus führet uns, als Mittler, wieder
zu Gott, im Anfang der Buße; und er allein
kann es thun, wie er selber sagt: Niemand kommt
zum

zum Vater, denn durch mich, Joh. 14. Wenn
ein Sünder recht sündig gemacht wird, und in
wahrer Buße seine Sünden, und die Früchte und
Strafen der Sünden fühlet, siehe, da ist dann
Christus mit seinem Versöhnblute wieder gegenwärtig, und hilft einen solchen Menschen
bitten, ringen und anhalten, bis er Luft kriegt,
und bis er endlich wieder sagen kann: Mein
Gott, mein Gott, du bist nun wieder mein
Gott geworden.

Christus führet uns aber als Mittler zu
Gott nicht nur im Anfang der Buße, daß wir
alsdann, kraft seiner Verdienste und Blutver-
gießens, bei Gott, als bei unserm Gott,
Gnade finden können; sondern er thut es auch
im Fortgang bei der Heiligung, und in allen
Wegen der Verleugnung.   Er hat sich selbst geheiliget, das ist, aufgeopfert für sie, auf daß
auch wir geheiliget seyn sollen in der Wahrheit,
wie er selber sagt, Joh. 17.   Er hat sich geheiliget für uns, aufgeopfert für uns, damit wir,
die wir uns ihm ergeben haben, und ihm nun
auch völlig und gründlich geheiliget werden können.   Jesus Christus ist es, der durch sanfte
Züge seine Kinder mit ihrem Herzen von allen
Kreaturen abziehet, der ihnen, durch liebliche
Züge zu ihm, die Sünde, die Welt, und
alles was in der Welt ist, bitter und zuwider
macht; er führet sie zu Gott, und macht ihnen
Gott wieder lieblich und liebenswürdig. Er
macht ihnen die Wege der Verleugnung leicht
und erträglich; daß sie durchkommen können,

Erst. B. 1. Th.   S   und

und führet sie zu Gott, daß alles, was in ihnen ist, Gotte zum Eigenthum werde.

Er führet die Seinigen zu Gott, in den Wegen des Gebeths und kindlichen Vertrauens. Mein Gott, mein Gott, deutet an ein kindliches Vertrauen. Dieses kindliche Vertrauen könnte in dem Herzen auch der allerfrömmsten Menschen nicht Statt haben, wo nicht Jesus am Stamme des Kreuzes sein Blut vergossen hätte. Aber auf dessen Rechnung, und durch dessen Wirkung, wird nun in den glaubigen, bethenden Herzen ein kindliches Vertrauen gewirket, daß sie sich wieder zu Gott, als einem liebevollen Gott, kehren können. Es eröffnet sich zu seiner Zeit in ihrem Inwendigen die erbarmende ewige Liebe Gottes, in dem süßen Namen Jesu, daß sie Gott nicht nur als ihren Gott, sondern auch als ihren Vater, können ansehen; daß sie wieder einen Weg ins Allerheiligste finden können, um sich mit Gott, als ihrem Gott, zu vereinigen.

Christus führet die Seinigen auch zu Gott, als zu ihrem Gott, in allen Wegen der Verlaßungen und trostlosen Umständen. Wenn sie auch bisweilen einmal rufen müßen: Mein Gott, mein Gott, warum hast du mich verlaßen? (wie wir hin und wieder Psalm. 22. Psalm 88. und in andern Psalmen, lesen,) da manchesmal Kinder Gottes Christo müssen nachgeführet werden: siehe, da führet sie Christus auch, als Mittler, zu Gott, das ist, er erhält in dem Grunde ihres Herzens ein beständiges

z. Dig

dig lebendiges Vertrauen, daß sie, wenn es
ihnen auch noch so sauer und noch so schwer wird,
dennoch an Gott, als an ihrem Gott, können
haften und hangen, und das Leben erhalten.
Nein, mein Gott, mein Gott, ich laß dich
nicht, und wenn mirs auch noch so sauer und
schwer fiele. Endlich hilft dann Jesus nach
dem Ringen überwinden, daß endlich das Licht
in ihren Herzen wieder hervor bricht.

Christus führet auch die Seinigen, als Mittler, zu Gott in der Stunde ihres Todes, wann
sie zu Gott hingehen sollen. O zu Gott zu gehen, vor Gott zu erscheinen, das ist schrecklich
allen natürlichen Menschen, die noch nicht die
Versöhnung mit Gott in Christo angenommen
haben, die noch nicht zu Gott sagen können,
mein Gott; aber durch Christum zu Gott zu gehen, als zu seinem Gott, als zu seinem ver-
söhnten Gott und himmlischen Vater, ein solches Sterben ist kein Sterben, sondern ein seli-
ger Uebergang aus der Fremde nach Haus, da
man wieder in des Vaters Schoos eingeführet
wird. Und das kann nur allein durch Jesum
Christum und durch die Kraft seines Verdienstes
geschehen; dieses allein ist unser Grund, dieses
allein kann uns helfen im Leben und im Sterben.

Ja, Christus führet uns und alle, die ihm
angehören, auch zu Gott an jenem großen Ge-
sichtstage. Ein Mensch könnte nach seiner
Vernunft denken: ja mit meinen Sünden habe
ich doch nicht nur zeitliche, sondern auch ewige,
... ... se, verdienet; Christus aber

hat ja nur einige Stunden am Kreuz gehangen,
wie kann das denn gültig gerechnet werden zu
jenem Tage, auf alle Ewigkeit? Aber bedenket
das wichtige Wort, das große M i ch. Die
Person Christi war eine göttliche Person, seine Thaten waren göttliche Thaten, seine leiden waren göttliche Leiden, sein Blut war ein
Blut von unendlichem Werth, dessen Würdig-
keit, dessen Kraft, dessen Gültigkeit, unausdenk-
lich, unaussprechlich ist, und weder Engel noch
Mensch genug begreifen kann. Darauf nun
können wirs wagen, daß wir auch an jenem
großen Gerichtstage damit bestehen können, da
es denn am letzten geschehen wird, daß Christus, als Mittler, seine Glaubigen zu Gott,
als zu ihrem Gott, führen wird.

O wie viel fürchterliche, kümmerliche Gedanken, bringt nicht der große Gerichtstag
manchem Herzen beim Nachdenken! und gewiß,
wer an diesen Tag denket, und an diesen Tag
kommen soll, und hat den Mann, Jesum Christum, nicht zu seinem Beistand und Führer zu
Gott bei sich, wehe dem in alle Ewigkeit! Wer
dann mit Gott, als Gott, handeln soll über
seine Sünden, ohne Jesum Christum, wie
will der bestehen? Die Glaubigen aber werden
an diesem großen Tage zwar v o r das Gericht
aber nicht i n s Gericht kommen, wie der Heiland
sagt: Wer an den Sohn glaubt, der wird
nicht gerichtet; der ist schon in das Leben eingeführet. Der große Tag des Gerichts wird
den Glaubigen kein schrecklicher Tag, kein un-

des Gerichts, sondern ein Tag der ewigen Be-
willkommung seyn, da sie Gott, als ihren Gott,
ewig anschauen, lieben und loben werden, da
sie eingehen werden in sein ewiges himmlisches
Reich. Christus wird ihnen seine Verdienste in
die Hände geben, und zu seinem himmlischen
Vater sagen: Vater, siehe, hier bin ich, und
die Kinder, die du mir gegeben hast; mein Blut
und mein Verdienst ist in ihren Händen und in
ihren Herzen; sie sind die Meinigen, und du
kannst nicht anders als ihr Gott seyn in alle Ewigkeiten. Diese große Barmherzigkeit, als die
einige Frucht des Lebens und Leidens Jesu Christi, laße der Herr uns armen Menschen allen in
Gnaden wiederfahren.

Laßet uns denn nochmalen uns demüthigen
vor unserm erniedrigten, nun aber auch zur
rechten der Majestät Gottes hochverklärten Heilande Jesu, und ihm herzlich Dank sagen, wie
vor seine Liebe, also auch vor seine Güte, daß
er uns sein theures Evangelium hat wissen und
verkündigen lassen.

Gebleth:

O geschlachtetes Lämmlein Gottes, welches dein heiliger und lieber Apostel
Johannes in der Offenbarung, noch als
ein geschlachtetes Lämmlein gesehen hat,
du, du bist würdig zu nehmen Kraft, und
Weisheit, und Stärke, und Herrlichkeit.

S 3

und Lob, und Preis, und Dank, von uns und von allen Kreaturen, denn du haft uns mit deinem Blut erkauft, du haft uns mit deinem Blut gewaschen, um uns unserm Gott zu Königen und zu Priestern zu machen.

O Jesu, du Sohn Gottes des Allerhöchsten, selbst wesentlich ewiger Gott von Ewigkeit zu Ewigkeit, wer kann es ergründen, und wer muß nicht bestürzt stehen bei dem Andenken dieser Wundergeheimnissen, und dieser unerforschlichen Menschenliebe, daß du, der ewige Sohn Gottes, selber, um unsert willen haft wollen leiden, ja, unsert wegen haft wollen leiden ein solches Leiden, ein so tiefes Leiden, und daß du uns durch ein so wichtiges Leiden eine vollkommene und ewige Versöhnung und Erlösung haft wollen zuwege bringen. O Herr Jesu, laß es uns aufs neue auf unser Herz gedrückt werden, damit wir einen Eindruck davon bekommen mögen, und deine Liebe verehren können, und nicht nur mit den Lippen und Geberden, sondern im Geist und in der Wahrheit dir davor Dank sagen, dir Ehre, und unser Herz, und unser Alles bringen mögen.

O Herr

O Herr Jesu, es müße sich unser
Herz mit allen deinen lieben Kindern hier
auf Erden vereinigen, die auch an diesem
Tage deine Wunderliebe bedenken und
erwägen, und auch vor deinem Thron,
vor deinen Füßen liegen, und dich, als
leidend am Stamme des Kreuzes, beschauen. Auf alle ihre Andachten, auf
alle ihre Gebethe, auf all ihr Lob, auf
alles ihr Lieben und Verherrlichen, müßen
unsere Herzen Ja und Amen sagen; denn
du bist es würdig in alle Ewigkeit. Es
müßen in eben diesem Augenblick alle
deine himmlische Heerschaaren, alle Cherubinen und Seraphinen, und alle viel
tausend mal tausend selige und erlösete
Geister, und alle Verklärte in der seligen
Ewigkeit, mit uns vor dir, dem geschlach-
teten Lämmlein, niederfallen, und uns
helfen dir danken, dich loben und dich
verherrlichen, für diese deine Liebe, die
weder Engel noch Mensch ergründen, und
kein englischer noch menschlicher Verstand begreifen kann. O Gotteslamm,
o Jesu, laß uns dich doch ein wenig
gründlicher erkennen, ein wenig andäch-
tiger anbethen, und ein wenig herzlicher
lieben, bis du uns einer Ewigkeit wür-

　　　　　　　　　digen

digen wirſt, da wir, mit dieſen und allen
deinen ſeligen Geiſtern, dir vollkommener
danken, und dich vollkommener lieben und
verherrlichen können.

O liebſter Immanuel, o würdigſtes
Gottes Lamm, laß deine Leiden unſere
Herzen aufs neue erweichen, in tiefſter
Reue und Leidweſen über alle unſere Sünden, die dir dein Leiden verurſachet haben.
Gib uns und drücke uns ein einen wahren und bleibenden Abſcheu vor allen,
auch den kleinſten Sünden, die nur gefunden werden mögen. O daß wir dir
keine Laſt mehr auf dein Herze legen
möchten, daß wir dich nicht weiter kreuzig-
ten mit unſern Sünden, und deine Wunden nicht mehr erneuerten mit unſeren
Miſſethaten! O liebſter Herr Jeſu, laß
mir und uns allen bleibend eingedrückt
werden das große Gewicht der Sünde,
und die Heiligkeit Gottes, die die Sünde,
auch an dir, dem Sohne Gottes, da du
unſere Sünde auf dich genommen, nicht
ungeſtraft hat wollen bleiben laßen. O
drücke uns ein eine heilige Furcht vor deiner göttlichen Majeſtät, daß wir vor dir
und mit dir wandeln mögen die Zeit unſerer Fremdlingſchaft in dieſem Leibe, damit

mit wir dermaleinst ohne Furcht und
Schrecken vor Gott, als vor unserm
Gott, erscheinen können. Laß durch dein
bitteres Leiden und Todeskampf unsern
Herzen eine wahre Gemeinschaft mit deinem Leiden, mit deinem Kreuz und Sterben, eingedrückt werden, daß wir auch,
durch dich und deine Gnade, in die Gemeinschaft deiner Leiden eingeführet werden, um deinem Tode ähnlich zu werden
in der täglichen Absterbung der Welt, und
aller weltlichen Lüste, der Sünde und
aller Eitelkeiten, und daß wir, durch die
Kraft deines Todes, unser Liebstes auch
mögen dran wagen, um dir, unserm liebenden und einzig vergnügenden Heilande
auch wiederum Vergnügen und Gefallen zu
erweisen.

O Herr Jesu, laß doch deine
Verlaßung am Stamme des Kreuzes,
und deine Beständigkeit in der Verlaßung,
auch uns beständig machen in allen äuße-
ren und inneren Leiden, die über uns kommen möchten, in der Entziehung alles göttlichen Lichts, Trostes, Freudigkeit und
Friedens. O gib uns, in der Kraft deiner Leiden, einen beständigen Sinn, daß
wir mit dir hier am Kreuze mögen hangen

S 5   blei-

bleiben , damit wir auch mit dir Ueber-
winder werden mögen über alle Noth und
Verlaßung, bis wir in deinem ewigen himmlischen Reiche werden angelanget seyn.

Liebster Immanuel und Heiland Jesu,
laß uns doch dir, dem Lämmlein, und
dem göttlichen Beruf folgen, wo du auch
mit uns hingehest. Du Lamm Gottes,
du willst uns, als Mittler, wieder zu
Gott, als zu unserm Gott hinführen;
nun, nimm mich armes Kind, nimm alle
diese Herzen bei der Hand, in der Wild-
niß dieser argen Welt. Ach hier hat auch
Finsterniß die Welt bedecket, eine geistliche
Finsterniß, die größer ist als die Finsterniß war, da du am Kreuze hingest. Ach
führe uns doch in dieser finstern Welt,
damit wir nicht mögen verirren, sondern
daß wir den richtigen Pfad, den genauen
Pfad der Absterbung unser selbst und aller Sünden, und den Pfad des wahren
Herzensgebeths, mögen erwählen und
fest halten, damit wir durch dich, unsern
einigen Weg und Führer, durch lebendigen Glauben zu Gott, als zu unserm
Gott, und als zu unserm Vater, mögen hingeführet werden, um mit dir, unserm Führer, in der wahren Absterbung

unsers

unsers Fleisches hinein zu dringen in das
Allerheiligste deiner innigen und ewigen
Gemeinschaft.

Nun, liebster Herr Jesu, dein Kreuz
und dein Todeskampf bleibe uns eingedrückt bis in unser letztes Stündlein. O
Herr Jesu, Herr Jesu, dann, dann,
wann uns alles verläßt, dann laß uns
doch nicht von dir verlaßen seyn. Dann,
dann, wann wir nichts mehr haben, o
Herr Jesu, dann laß uns dich nur in
unserm Herzen haben, und an dir mit
wahrem keuschen und unverrückten Glauben hangen bleiben, um mit dir, als unserm Heilande und Mittler, eingehen zu
mögen in dein himmlisches ewiges Königreich.

Segne, o Herr Jesu, alle die Deinigen. O Herr, gedenke, daß sie dir
am Stamme des Kreuzes so theuer sind
zu stehen kommen. Ach laß doch keinen
einzigen verloren werden. Halte fest, die
du erkauft hast mit deinem Blute. Laß
unsere Seelen dir doch theuer seyn in deinen Augen. Habe und behalte alle deine
Schäflein im Auge; stehe bei allen be-
drückten und verlaßenen Herzen, die auch
über innere Trostlosigkeiten und Verlaßungen,

gen schreien müßen. O laß sie durch
dich, fest gehalten; durch dich gerettet, und
ihnen ausgeholfen werden. Segne alle
Kranke und Leidende auch unter deinen
Kindern, die sich unserm Andenken anbe-
fehlen laßen. O Herr Jesu, wir legen
sie mit uns auf dein Herz: opfere du
sie und uns deinem himmlischen Vater auf,
in der Kraft deiner unendlichen Verdienste
und Fürbitte. Segne, Herr Jesu, dein
ganzes Zion und Heerde. Segne und erquicke die Deinigen an diesem Tage, wo
sie hin und wieder in deinem Namen Charfreitag halten. Deine Liebe, o Herr Jesu, sey ihnen und uns nahe, damit wir von
diesem Tage ewige Freude erlangen mögen.
Alles aus freier Barmherzigkeit, zur Verherrlichung deines theuren Blutes, und zur
Verherrlichung deines großen Namens Jesu
Immanuels, nun in und der ganzen Ewigkeit. Amen.

Siebente

Siebente Rede.

Gehalten über

Joh. XIX, ℣. 28.

O Herr Jesu, o Lamm Gottes unschuldig,
am Stamme des Kreuzes geschlachtet,
allzeit erfunden geduldig, wiewohl du
wurdest verachtet; alle unsere Sünde
hast du getragen, sonst müßten wir
verzagen. Erbarme dich unser, und
gib uns deinen Frieden, Herr Jesu.
Amen.

Dieser Tag, geliebten Freunde, den wir
heute begehen, ist ein wichtiger und großer Tag, deßgleichen, wenn wir die Sache im
Grunde ansehen und betrachten wollen, keiner
mehr gewesen ist, so lange Himmel und Erde
gestanden hat; ein Tag, deßgleichen weder Engel noch Menschen mehr gesehen haben; ein Tag,
wornach alle Patriarchen von Anbeginn der Welt
her gedürstet haben; ein Tag, der von allen

Geistern

Geiſtern der Ewigkeit von Ewigkeit zu Ewigkeit
wird verehret und bewundert werden; ein Tag,
da Gott die Welt durch das Blut ſeines Eingeliebten Sohnes mit ihm ſelber hat verſöhnen
wollen; der große Verſöhnungstag, worauf ſo
viele Millionen geſchlachtete Lämmer im alten
Bunde gezielet haben, und worauf insbeſonder
der Tag der großen Verſöhnung zielete. Kein
Tag war, an welchem das Iſraelitiſche Volk
größere Andacht, größere Ehrfurcht, und größere Gottſeligkeit bezeigte und bezeigen ſollte, als
eben an dieſem Tage. Wenn der Hoheprieſter,
welches nur an dem Tage geſchehen durfte, in
das Allerheiligſte einging, dann lag alles Volk
Iſrael bei Tauſenden draußen auf ihren Ange-
ſichtern, in demüthiger Bekenntniß ihrer Sünden, und in ſtiller Erwartung des Segens, welchen der Hoheprieſter aus dem Allerheiligſten
bringen würde.

O möchten wir auch alle in einer ſolchen Ge-
müthsfaſſung der Erwartung des Segens hier
vor unſerm gekreuzigten Ehrenkönige uns befinden, und vor ihm nieder werfen! Dazu ſollen
und wollen wir denn unſer aller Herzensandacht
ſammlen und ſammlen laßen, und unſere zer-
ſtreute Sinnen und Gedanken von dem heiligen Geiſte in eine ſtille Ehrfurcht bringen, und
uns dazu geſchickt machen laßen. laßet uns in
einem demüthigen Gebeth den Herrn um ſeine
Gnade und Segen dazu anrufen.

Gebeth.

Gebeth.

O Herr Jesu Christe, du guter und großer Hirte deiner Schafe, der du für uns, und für alle deine verirrete und in dem Rachen des Wolfes gefährlich steckenden Schafe, dein Blut und dein Leben so bitter und so mildiglich hast wollen vergießen und dahin geben; wir arme, durch dein Blut so theuer erkaufte Geschöpfe, begehren uns im Geiste vor dein heiliges Kreuz niederzulegen, dich zu verehren und unzubethen als unsern Kreuzeskönig, und für alle deine unbegreifliche große Liebe und unaussprechliche bittere Leiden dich zu loben und dir herzlich Dank zu sagen. O Herr Jesu, schenke uns eine selige Ewigkeit, da wir solches vollkommen und ohne Ende und aufhören werden thun können.

O du unschuldiges Lämmlein, du mußtest leiden, und wir waren die Missethäter. Wir sind es, die dir Arbeit gemacht haben an diesem Tage mit unsern Sünden, und dir so bittre Mühe und Leiden verursacht haben mit unsern Missethaten. Um unsertwillen bist du geschlagen, gespottet, verwundet, und gekreuziget

zigt worden. O Jesu, laß dieses unser
aller Herzen aufs neue tief verwunden,
um in herzlicher Wehmuth über alle unsre
vorige, und uns noch anklebende Sünden
und Unordnungen, uns vor dir zu beugen.
O Herr Jesu, laß die Kraft deines
theuren Blutes unser Gewissen stillen, aber
auch zugleich reinigen von allen sündhaften
und todten Werken, dich hinfüro zu lieben
von ganzem Herzen, dir zu dienen aus allen
unsern Kräften, dir Leiden für Leiden und
Liebe für Liebe wieder zu geben, ja, auch
unser liebstes Naturleben nicht zu scho-
nen, sondern um deiner Liebe willen alles
williglich aufzuopfern, und in den Tod dahin zu geben.

O Herr Jesu, wie wenig wirst du
noch in der Größe deiner Liebe erkannt
und angebethet von den Menschenkindern!
Wie wenig wird die Kraft deiner Leiden
und deines Kreuzes erfahren in den Herzen der Sünder! das äußerliche Andenken und Reden von deinem Leiden hat
man wohl gern; aber ach, daß unser Herz
hungern möchte nach der Kraft der Wahrheit in uns, daß wir der Welt, und
uns die Welt, von nun an und bis in den
letzten Athemzug gekreuzigt seyn möchte!

Wir

Wir sind zu dem Ende, o liebster Jesu, durch deine gute Hand an diesem Tage allhier versammlet, daß wir von deinem Leiden reden und hören wollen. O das ist ja deine Güte, wofür dir muß gedanket werden. Was können wir aber, o Jesu, einander geben? Wenn wir gleich noch so viel von dir redeten, was würde es helfen ohne die Kraft deines Geistes? Nun, tritt dann mitten unter uns; verkläre du dich selbst in unsern Herzen als unser wahrer Hoherpriester. Und o werde nicht nur als Hoherpriester in uns verkläret, sondern verkläre dich auch unter uns als unser einziger Prophet. Sei du der Lehrer, und nicht ein untüchtiger Mensch. Dein Kreuzesholz laß unsere Kanzel seyn, um deine süße, Herz erquickende Lehren, aus deinem holden Jesusmunde selbst zu hören.

Nun, von der Gnade deines Geistes wollen wir abhangen. Gib, Herr Jesu, nach deinem Wohlgefallen, heilig zu denken, wichtig zu reden, und erbaulich zu hören, auf daß unser aller Herzen aufs neue in deiner Liebe mögen aufgewecket werden, dir, dem Lamme, nachzufolgen, wo du auch mit einem jeglichen unter uns:

insbesonder möchtest hin und durchgehen
wollen. Komm, Herr Jesu. Hast du
uns mit deinem Blute zu deinem Eigenthum erkaufet, so komm und nimm dann
auch würklich Besitz von unsern Herzen.
Laß den Scepter deines Reichs ausgehen,
den werthen heiligen Geist, der dir unsere
Herzen, alle diese unsterbliche Seelen, un-
terwerfe, daß wir dir aufs neue den Eid
der Treue schwören, dir, als unserm Könige, gehorsam zu leisten, von dem Wink
deines Willens äusserlich und innerlich abzu-
hangen, daß wir als würdige Glieder unter dir, unserm Haupte, mögen wandeln
die Zeit unserer Fremdlingschaft allhier,
um einmal gewürdiget zu werden, bei-
sammen zu kommen in die Versammlung
aller deiner Heiligen, da wir dich, nicht
mehr am Kreuze hangend, sondern auf
dem Thron der größesten Herrlichkeit erhaben, antreffen, dich loben, dir danken,
und alle deine Liebe verherrlichen sollen,
mit allen deinen Erkauften von Ewigkeit
zu Ewigkeit. O Herr Jesu, erhöre uns.
Siehe nicht an unsere Unwürdigkeit und unsere Sünden; gedenke aber deines Kreuztodes, gedenke deiner Liebe, die du uns an diesem Tage bewiesen hast, und segne uns als
Hoherpriester. Amen.   Ver-

Verschiedene von den gegenwärtigen Freunden werden sich zu erinnern wissen, daß wir die sieben Worte unsers Heilandes, die er am Kreuz gesprochen, vor und nach zu unserer Erbauung abzuhandeln vor uns genommen haben. Wir haben bereits das vierte Wort, unter Gottes Güte, abgehandelt; nun kommen wir an das fünfte Wort, das unser Heiland am Kreuz gesprochen hat; dieses stehet beschrieben,

Joh. XIX. V. 28.

Darnach, als Jesus wußte, daß schon alles vollbracht war, daß die Schrift erfüllet würde, spricht er: Mich dürstet.

Wann unser liebster Heiland in seinem Hohenpriesterlichen Gebeth, Joh. 17, 19. diese große Worte spricht: Ich heilige mich selbst für sie, auf daß auch sie geheiliget seyn in der Wahrheit; so will er uns dadurch zwo Hauptwahrheiten unserer Erlösung zugleich eindrücken, welche beide Hauptwahrheiten wir im Lauf der Gottseligkeit, und absonderlich in der Betrachtung des Leidens Jesu Christi, nimmermehr trennen müssen.

Die erste Hauptwahrheit, welche uns unser liebster Heiland eindrücken will, ist diese, daß wir arme Sünder die Vergebung unserer Sünden, die Gunst unseres Gottes, den freien Zutritt zu Gott und seinem Himmelreich,

X 2   reich,

rich, durch keinen andern Weg suchen, erwarten, und zu erlangen begehren sollen, als
allein durch das heilige Leiden unsers liebsten
Heilandes Jesu Christi. Ich heilige mich selbst
für sie. Aller heiligen Engel und aller Seraphinen Heiligkeit wäre zu wenig gewesen, auch
nur eine einzige Seele zu erretten: ich selbst,
sagt Jesus, thue das Werk; ich heilige mich,
ich opfere mich selbst auf. Demnach muß das
Blut des Sohnes Gottes allein unsere Hoffnung und unser Trost seyn; darin, allein müßen
wir die Vergebung unserer Sünden suchen und
finden; durch denselben, durch dessen Blut,
durch dessen Opfer allein, müßen wir allen frei-
müthigen Zugang zu Gott und seinem Himmelreich im Leben und im Sterben suchen und
erwarten. Christus hat sich geheiliget und aufgeopfert für uns. Dieses muß uns eine wichtige
ehrfurchtsvolle und heilige Sache seyn und
bleiben. Und obgleich diese Wahrheit leider!
von viel tausend Menschen zur fleischlichen Sicherheit mißbrauchet wird, so sollen und wollen wir
doch dieselbe darum nicht gering achten noch
wegwerfen.

Die andere Hauptwahrheit, welche wir
von der ersteren nimmermehr trennen müßen,
ist diese: daß wir bei dem Leiden und Erlösungswerk Jesu Christi tiefer gründen und auch
glauben müßen, daß wir durch die Kraft des
Kreuztodes unsers liebsten Heilandes nun
auch müßen gekreuziget, und zu wahrlich frommen, geheiligten Menschen, gemacht werden.

                                    Ich

Ich heilige mich selbst für sie, sagt unser Heiland, damit auch sie geheiligt seyn in der
Wahrheit. Christus hat sich geheiliget und
aufgeopfert für uns alle, zu dem Ende, daß
er auch uns heilige, indem er unser Herz, unsern Willen, unsere Lust, und alle Gemüths-
kräfte, welche sich unheiliglich zu der Kreatur
und zu sich selbst gewendet, wiederum zu sich
locket und ziehet, und unser Herz, unsere Lust
und Willen, wiederum von allen unheiligen
Dingen abreisset, daß wir wieder heilige Leute
und Menschen Gottes werden, die durch unsern großen Hohenpriester Jesum, und durch
seinen werthen heil. Geist, an Leib und Seele,
wiederum ein ganzes und völliges Opfer unsers
Gottes werden. Wir müßen ja nicht meynen,
daß sich eins von dem andern trennen laße.

Da wir nun in dieser Stunde das Stück
des Leidens unsers Heilandes, von seinem
Durst, abhandeln wollen, so sollen wir auch
diese beide Wahrheiten beständig im Auge behalten bei der Betrachtung dieses Durstes, den
unser lieber Heiland so wohl zu unserer Versöhnung, als auch zur kräftigen Mittheilung um
uns zu heiligen, ausgestanden und gelitten hat.
Das Wort, mich dürstet, welches unser
Heiland am Kreuze gesprochen, ist ein kurzes,
aber höchst wichtiges Wort.

O der Herr drücke es doch tief in unsere Herzen, damit es uns im Leben und im Sterben
nutzen könne.

T 3

Wir

Wir halten uns mit den Streitigkeiten der Gelehrten nicht auf, was für ein Durst durch diesen Durst hier eigentlich verstanden werde und besonders gemeynet sei, sondern wir nehmen alles zusammen und betrachten.

Den Durst Jesu am Kreuz,

Wie solcher gewesen sey,

I. Ein natürlicher oder leiblicher Durst;

II. Ein Angstdurst seiner Seelen;

III. Ein sehnlicher Liebesdurst nach unserm Heil und ewigen Seligkeit.

Erster Theil.

Mich dürstet, rief Jesus aus am Stamme des Kreuzes, und zwar, wie dabei steht, als Jesus wußte, daß alles vollbracht war. Dieser Durst, den Jesus litt, war Erstlich ein natürlicher oder leiblicher Durst. Wer von vieler Arbeit ermüdet und abgemattet ist, und nicht schläft, der kriegt viel Durst: Jesus war von vieler Arbeit sehr ermüdet und abgemattet, da er die vorige ganze Nacht von einem Ort zum andern geführet, und bald hie bald dahin gebracht wurde, und war kein Schlaf in seine Augen gekommen, daher dürstete ihn. Wer viel leidet und Schmerzen aussteht, der wird darüber durstig: unser allerliebster Heiland hatte viel erlitten im Garten Gethsemane, viel erlitten

im

im Pallast des Hohenpriesters, viel erlitten und
Schmerzen ausgestanden in dem Richthause
Pilati bei der Geisselung, bei Auffetzung der
Dornenkrone, bei der Ausführung nach Gol=
gatha, bei der schmerzhaften Kreuzigung, da
er angenagelt und sein ganzer Leib ausgedehnet
wurde, und drei Stunden lebend am Kreuze
hing; deßwegen dürstete dieses unschuldige
Lämmlein. Wer große Angst, große Seelen=
noth, große Traurigkeit und Betrübniß aus=
stehet, der wird auch leiblich durstig: Christus
hatte überall die größeste Noth ausgestanden; er
hatte gezittert und gezaget am Oelberg, seine
Seele war betrübt gewesen bis an den Tod; ja,
er hatte mit dem Tode gerungen, und noch am
Kreuz hatte er die äusserste Noth ausgestanden;
darum dürstete ihn. Einer der stark verwundet,
dem viel Blut abgezapfet wird, der kommt da=
durch in eine Erhitzung und wird durstig, weil
alle Kräfte dadurch erschöpfet werden: unser
liebster Heiland hatte Blut vergossen, da er
Blut schwitzte im Garten Gethsemane, er hatte
Blut vergossen bei der Krönung mit den Dor=
nen, Blut vergossen bei der blutigen Geisselung,
und vollends Blut vergossen da er am Kreuze
hing, und ihm aus den Wunden an seinen
Händen und Füßen das Blut abgezapfet wurde:
da dürstete ihn nun, weil alle Kräfte und Säfte
erschöpfet waren. Wann Menschen in Todes=
nöthen und in den letzten Zügen liegen, dann
sind sie oft unleidlich durstig: Jesus war nun
auch auf die letzte Minute seines Lebens und

leidens gekommen, und also hängt er da am
Kreuze und ruft: Mich dürstet!

O derjenige, welcher alle Brunnquellen und
Flüsse gemacht und erschaffen hat, der rufet:
Mich dürstet! derjenige, der auch die lieblichsten
und angenehmsten Getränke zur Labung und
Erquickung der Menschen gegeben und hervor
gebracht hat, der muß rufen: Mich dürstet! O
unbegreifliches Wunder über alle Wunder!

Es war denn der Durst Christi vorerst ein
natürlicher oder leiblicher Durst, der aus ange-
regten Ursachen entstanden war. Diesen Durst
aber empfand Christus 1) mit völliger Bewußtheit seiner selbst. Christus wußte alles,
was mit ihm in seinem ganzen Leiden vorging,
wie Johannes hier sagt: Da nun Jesus wußte,
daß alles vollbracht war. Er wußte es so wohl
beim Anfang seines Leidens, als auch beim Ende desselben; da man hätte denken sollen, er
würde nun keine Besinnung mehr haben. O
nein, er wußte alles ganz genau: denn er wollte
alles wissentlich, und auch den bittersten Tod
willig leiden als ein freiwilliges Opfer, weßwegen er auch den ersten Trank, mit Gallen
und Mirrhen vermischt, nicht nehmen wollte,
damit seine Sinnen und Gedanken nicht benebelt würden, und er sein Opfer mit völliger
Bewußtheit darbringen könnte.

Er litte aber auch 2) diesen Durst nach der
Schrift, wie es hier davon heißet: Daß die
Schrift erfüllet würde. Und hiemit werden wir
in die Schriften des alten Testaments zurück ge-
wiesen,

wiesen, wovon ich nur sonderlich Psalm. 69, 22.
anführe: Sie geben mir Essig zu trinken in
meinem großen Durst; und was weiter Psalm
22. und an andern Orten von ihm steht. Christus litte nach der Schrift. Da sollte man sagen:
Ist dann so viel daran gelegen? Ja ein großes
und alles ist daran gelegen. Denn was in der
heil. Schrift von Christo geweissaget worden,
das ist von ihm geschrieben als vom Meßia;
was er gelitten, hat er als Meßias gelitten:
also auch diesen Durst, den er litt, den
hat er als Meßias gelitten um unserer Sünden
willen: denn er selbst hatte ja kein Dürsten ver-
schuldet; weil er aber unsere Sünden trug und
dieselben büßete, darum mußte er dürsten.

Erforderten denn die Sünden solches? Allerdings, nach dem Recht der göttlichen Wiedervergeltung, da ein Mensch damit gestraft wird, womit er gesündiget hat. Der erste Mensch, und
wir alle in ihm, hatten darinn gesündiget, daß
wir unsern Hunger, unsern Durst, unsere Begierden, unsere Liebe, zu den äusseren, eitelen,
irdischen Dingen, gewandt hatten. In unserm
Naturstande sind wir alle zu eitelen Ergetzlichkeiten geneigt: wir trachten nur darnach, wie
wir für unsere fleischliche Gesinntheit und Neigung
Vergnügen finden mögen in allerhand Belusti-
gungen, auch in Essen und Trinken, Riechen,
Sehen und Hören, und in allen sinnlichen
Dingen. Für diesen unsern Durst nach der
Eitelkeit, hätten wir, nach dem Recht der Wiedervergeltung, ein ewiges Dürsten und lechzen

empfin-

empfinden und erfahren müßen. Das nahm
aber der liebe Heiland auf sich, und büßete unsern sündlichen Durst durch seinen Durst am
Stamme des Kreuzes; und zwar litt er diesen
Durst nicht für einen einzigen Menschen allein,
sondern für alle Menschen in der ganzen Welt.
Wie schmerzlich, wie empfindlich, muß nicht
dieser Durst gewesen seyn!

Laßet uns doch das einmal recht bedenken.
Mußte Christus am Kreuz für unsere Sünde
und Sündendurst so ächzen, dürsten und lechzen: wie wird es dann nach dem Recht der
göttlichen Wiedervergeltung denen einmal gehen,
die außer Christo und seiner Gnade sind, die
nur ihren sinnlichen, ihren irdischen, ihren fleischlichen und sündlichen Lüsten folgen, und das
Wohlleben dieser Zeit für ihr Theil erwählen! O
welch ein Dürsten wird darauf in einer unseligen
Ewigkeit erfolgen! denn geschiehet das am grü-
nen Holz, was wills am dürren werden? O
was wird es da nicht geben in jener großen
Ewigkeit, da den unbußfertigen Sündern alles
wieder wird eingeschenkt werden, was sie in
diesem Leben betrieben haben!

Darum laßet uns doch aus unserm Durst
nach der Eitelkeit nicht so eine geringe Sache
machen; es ist wichtiger als wir denken. Wäre
die Sünde und fleischliche Ergezlichkeit solch eine
geringe Sache, so wäre es gewiß viel zu viel,
daß der Sohn Gottes um solcher Dinge willen
so hätte müßen leiden, klagen und ächzen. Es
denkt zwar mancher: Sollte ich das nicht dürfen

essen,

essen, trinken, oder hier und darinn mich vergnügen? das hat mir ja der liebe Gott gegeben. Ja du darfst essen und trinken, aber nicht mit reißender Lust, nur deine Sinnlichkeit zu vergnügen: wenn du aber mit sündlicher Lust issest und trinkest, so wirst du in der ganzen Ewigkeit dafür hungern und dürsten müßen.

Ich rede nicht außer der Schrift; man darf nur das 16. Kapitel Lucä nachschlagen, worinn die Geschichte vom armen Lazaro und reichen Manne steht. Von dem reichen Mann werden keine grobe, schändliche Laster erzählt, sondern es heißt nur: Es war ein reicher Mann, der kleidete sich mit Purpur und köstlichem Leinwand, und lebete alle Tage herrlich und in Freuden. Da könnte man auch sagen: Ist das dann Sünde? der Mann hatte es ja: und wenn ihn jemand wegen seiner kostbaren Kleidung und herrlichem Freudenleben bestraft hätte, so würde er auch gesagt haben: Ich habe es ja, und bezahle es für mein Geld, ist denn das Sünde? Die Folge aber zeigte, daß es allerdings Sünde war, weil er dafür einen solchen Durst leiden mußte, als er in der Hölle und in der Quaal war, daß er begehrte, daß doch Lazarus kommen, und das Aeußerste seines Fingers ins Waßer tauchen und ihn laben möchte. Was bekam er aber für eine Antwort? Gedenke, Sohn, daß du dein Gutes empfangen hast in deinem Leben. Da wird ihm, wie gesagt, von groben Lastern nichts vorgehalten; nur weil er das Wohlleben dieser Zeit zu seinem Theil erwählet hatte, so mußte,

nach

nach dem Recht der Wiedervergeltung, auf sein
gemächlich, lustiges Leben, in der Ewigkeit ein
ewiges Ach und Weh, ein ewiges Dürsten
erfolgen.

Ferner, Christus hat gedürstet, nicht nur unsern sündlichen Durst zu büßen, sondern auch
diesen seinen Durst zur Genugthuung und Vergebung unserer Sünden dem himmlischen Vater
aufzuopfern. Dieses Wort, mich dürstet, sagte
er nicht zu den Menschen, wie die meynten, die
da stunden, daß er ihnen zurief, sie sollten ihm
zu trinken geben, wie sie thaten, und ihm einen
Schwamm mit Essig gefüllet zum Munde reich-
ten: o nein, so müßen wir es nicht nehmen:
Jesus rief dieses Wort, mich dürstet, zu seinem himmlischen Vater, welches anzumerken
sehr wichtig ist. Denn indem er solches zu seinem
Vater sagte, machte er seinen Durst zu einem
Opfer für die Sünde. Es war, als wenn er
zu seinem himmlischen Vater sagte: O wie dürstet mich! siehe doch an, welches Aechzen und
lechzen ich in allen meinen Kräften und Säften
leiden muß: den Durst opfere ich dir auf zur
Versöhnung für alle fleischliche Lüste, alle sinnliche Begierden, und alle sinnliche Ergetzungen,
womit sich die Menschenkinder an dir versün-
diget haben. O Vater, nimm den Durst als
ein Opfer an, damit sie nicht ewiglich und ohne
Ende in der Flamme dürsten müßen.

Siehe, liebe Seele, auch durch dieses Wort,
mich dürstet, hat der liebste Heiland uns
die Vergebung unserer Sünden erworben,
so,

so, daß nun ein bußfertiger Mensch, ob er sich
schon bewußt ist, daß er viel in sündlichem
Wohlleben, in fleischlichen Lüsten und Begierden
gelebet hat, seiner Sinnlichkeit in Essen und
Trinken viel nachgegeben, und die vergangene
Zeit in allerlei Lustbarkeit dieses Lebens zugebracht
hat, daß er, sage ich, wenn er rechtschaffene
Buße thut, durch den Durst, welchen Jesus
seinem himmlischen Vater aufgeopfert hat, völlige Vergebung seiner Sünden erlangen kann
und nicht verzagen darf. O bedächten dieses die
armen Menschen, die in ihren Lüsten so dahin
leben, daß sie in dieser Gnadenzeit noch in
Christo, dem Gekreuzigten, solche reichliche
Gnade der Vergebung ihrer Sünden finden und
haben können, wie würden die Sünder zu diesem Lebensbrunnen laufen, damit sie nicht
ewiglich dürsten möchten!

Aber ist dieses wohl so zu verstehen, weil Christus den Durst für uns gelitten hat, daß wir,
wenn wir uns nun bekehret und Vergebung
unsrer vorigen Sünden erlanget haben, hinfüro
frei und sicher unserer Natur und Sinnen folgen
dürfen? Das sei ferne! sondern eben darum,
weil Christus für uns gelitten hat, so sollen wir
uns auch wafnen mit eben demselbigen Sinn,
den Christus gehabt hat, wie Petrus solches
bezeuget, 1 Pet. 4. Christi Dürsten soll uns nun
kräftig dazu anreitzen, daß wir alle die Dinge
verleugnen, die ihm das Dürsten verursacht
haben: O, soll nun der Gläubigen Herz sagen,
sollte ich meinem liebsten Heilande nun noch wei-

ter

ter Schmerzen und Durst erwecken, den ich,
ach leider! mit meinen Lüsten schon so sehr ge=
peiniget habe?

Ja, es wird durch das Leiden und Dürsten
Jesu Christi, dieser Sinn, der in Jesu Christo
war, selbst eingeflößet in die Herzen der Glau=
bigen, und sie müßen aus diesem Dürsten Jesu
Christi eben den Sinn Christi empfangen, daß
sie nun auch ihr Fleisch kreuzigen sammt den Lüsten
und Begierden, nach Galat. 5, 24. Denn das
Dürsten Jesu Christi hat den Glaubigen, die
sich ihm ergeben haben, dreierlei zuwege ge=
bracht: Erstlich, daß sie dadurch erlangen die
Vergebung ihrer vorigen Sünden; Zweitens,
daß sie bekommen eine herzliche Willigkeit, auch
mit ihm, ihrem gekreuzigten Ehrenkönige, gern
alle irdische Lustbarkeiten, alle fleischliche Er=
gezungen, alles sinnliche Vergnügen in Essen
und Trinken, ja alles, aus Liebe zu ihm zu
entbehren; und drittens, daß sie auch erlangen
das Vermögen und die Kraft, daß sie in die
würkliche und thätige Verleugnung ihrer selbst
und ihrer Natur eingehen können.

Wenn du demnach, o Seele, angefallen
wirst von einer fleischlichen, irdischen und eitlen
Lust, so blicke Jesum an, wie er da am Kreuze
hängt und ruft, mich dürstet; o so wirst du
Willigkeit, du wirst Kraft und Vermögen em=
pfangen, der Natur und Sünde nicht zu folgen,
und ihm keinen Gallentrank dadurch einzu=
schenken, sondern alles dessen dich zu enthalten,
weßwegen Jesus so dürsten müßen. O siehe,

une

unser liebster Heiland ist ein gekreuzigter Ehren-
könig; sein Haupt hat eine Dornenkrone, sein
Leib ist aller Kleidung entblößt, und die seine
Glieder sind, sollten in Seide und Sammet
prangen? Das Haupt dürstet und schmachtet
und die Glieder sollten in allen Ergetzlichkeiten
und Wohlleben hier praſſen? o wie unanständig,
wie ungeziemend würde das nicht seyn! laſſet
uns deßwegen aus dem Durst Jesu Christi
Gnade schöpfen, uns in seine Nachfolge zu ergeben, um seinet willen aller irdischen luſt ab-
zusagen, um seinet willen hier in dieser Welt
unser Theil nicht zu suchen, sondern abgesehnt
und abgeschieden mit unserm Geiste dürsten nach
Gnade, ihm nur allein anzuhangen und in ihn
einzudringen.

Unsern Durst müßen wir unserm liebsten Heilande in seiner Nachfolge zum Opfer bringen,
gleichwie er seinen Durst dem lieben himmlischen
Vater zum Opfer dargebracht hat: das ist, daß
wir uns dieser und jener Dinge nicht nur so bloß
hin enthalten, weil wir es thun müßen, oder
sonst in die Hölle kommen; daß wir uns nicht
nur darum verleugnen, weil wir uns verleugnen
müßen; sondern, wenn uns etwas zu thun, zu
leiden, oder zu verleugnen vorkommt, wenn uns
eine luſtbarkeit angeboten wird, so sollen wir ein
Opfer daraus machen; zwar nicht ein Opfer zur
Versöhnung, denn das konnte Jesus allein darbringen: sondern also, daß wir zum lieben Heilande sagen: Ja ich fühle wohl meine natürliche
Neigung, die luſt, die Reitzung darzu, und
die

die Begierden sind wohl in mir, daß ich der Sache folgte, und meiner irdischen sinnlichen Lust
den Zügel schießen ließe; aber aus Liebe zu dir,
der du aus Liebe zu mir am Stamme des Kreuzes
gedürstet hast, will ich mich dieser Dinge lieber
enthalten, und meine Natur dürsten, schmachten
und verschmachten laßen, nur damit ich dir,
meinem Jesu, wieder Liebe erweisen möge. O
siehe, so würden wir aus allem unserm Leiden
und Verleugnen vielfältige Frucht empfangen.
Zwar verdienen wir durch kein Leiden und Verleugnen etwas; aber wenn wir es aufrichtig unserm lieben Heilande und dem himmlischen Vater
zum Opfer darbringen, so haben wir einen unendlichen Nutzen für unsere Seelen davon zu erwarten. Der Brunnquell göttlicher Liebe, den
uns Christus durch seinen Durst wieder eröffnet,
wird alsdann in unserm Inwendigen wie von
selbst hervorquillen und überfließen, und wir
werden mit Freuden Wasser schöpfen aus diesem
Heilsbrunnen, und in allen unsern Nöthen
Trost, Labsal und Erquickung nehmen und
erfahren.

Zweiter Theil.

Weiter, der Durst unsers lieben Heilandes war
nicht nur ein natürlicher, lieblicher Durst,
ein Durst des äussern Menschen, sondern auch
ein inwendiger Angstdurst seiner Seele,
welcher aus vier Ursachen entstand. Erstlich,
dürstete die Seele des Heilandes wegen der
großen

großen Laſt der Sünden, die ſie fühlte. Alle
Sünden des ganzen menſchlichen Geſchlechtes
hatte der himmliſche Vater auf ſeine, des lieben
Heilandes Schultern gelegt, die hatte er auf
ſich genommen, die trug er, nach Jeſ. 53.
Fürwahr er trug unſere Krankheit, und lud auf
ſich unſere Schmerzen. Die ganze Laſt der
Sünden, alle unſere ſchändliche, abſcheuliche,
gräuliche und läſterliche Sünden, die lauter Gift,
Pech und Schwefel aus der Hölle ſind, die
mußte er fühlen. Kein Wunder alſo, daß das
Lämmlein Gottes unter ſolcher Laſt ausrufen
mußte: Mich dürſtet.

Er dürſtete, zum andern, weil er auch den
durch die Sünde erregten Zorn Gottes fühlen
mußte. Der Zorn und die Gerechtigkeit Gottes
hatten ihm die Kräfte Leibes und der Seele aus-
geſogen und vertrocknet. Wenn durch die
Sünde der Zorn Gottes erreget wird, ſo kann
ſolches im Gewiſſen des Menſchen nichts anders
erwecken als Furcht, Schrecken und Angſt, vor
Gott, vor ſeiner Heiligkeit und Gerechtigkeit:
ja, wenn eine einzige Sünde im Gewiſſen recht
gerüget und beſtrafet wird, ſo kann einem die
ganze Welt zu enge werden. Und Jeſus Chriſtus mußte den Zorn Gottes wider die Sünden
des ganzen menſchlichen Geſchlechts, die er trug,
fühlen und empfinden: kein Wunder alſo, daß
er ausrufen mußte: Mich dürſtet.
O Menſchen, die ihr auſſer Chriſto lebet,
welch einen Schatz des göttlichen Zorns ſammlet

Geſt. B. I. Th.   U   ihr

ihr euch! Eure Sünden, Hochmuth, Haß,
Bitterkeit, Grimm, Argwohn u. d. gl. erregen
den Zorn Gottes, und durch diese höllischen Eigenschaften bereitet ihr euch eine höllische Gluth,
daß der Zorn Gottes in alle Ewigkeit auf eurer
Seele brennen wird.

Es fühlte, drittens, unser liebster Heiland
Jesus auch alle Anläufe der Teufel und bösen
Geistern der finstern Welt, die seine Seele äng-
stigten, jagten, und plagten, daß er ausrufen
mußte: Mich dürstet. Wir können hievon
lesen den 22. Psalm. Dieser Psalm hat die Ue-
berschrift: Von der Hindin, die früh gejaget
wird. Ja ich meine, der liebe Heiland wurde
unsert wegen von den höllischen Geistern also gejaget, daß er endlich dursten mußte wie eine
Hindin, die früh gejaget wird, und klagen:
Große Farren haben mich umgeben; fette Ochsen haben mich umringet; ihren Rachen sperren
sie auf wider mich, wie ein brüllender und reis-
sender Löwe. Ich bin ausgeschüttet, wie Wasser, alle meine Gebeine haben sich zertrennet;
mein Herz ist in meinem Leibe wie zerschmolzen
Wachs. Meine Kräfte sind vertrocknet wie
eine Scherbe, und meine Zunge klebet an meinem Gaumen, und du legest mich in des Todes
Staub. Denn Hunde haben mich umgeben;
und der bösen Rotte hat sich um mich gemacht.
Das waren ja nicht äusserlich solche Thiere,
Löwen, Ochsen und Hunde, sondern es waren
die höllischen Geister aus der finstern Welt, die
eben zu der Zeit ihre Macht und

Gewalt an dem geduldigen Lämmlein Gottes
ausübeten, welches der ganzen Welt Sünde
auf sich hatte.

Nun, auch diesen Durst, den Jesus der
Seele nach litte, und der fürerst aus bemeldten
drei Ursachen entstunde, den litt er nach der
Schrift, daß die Schrift erfüllet würde; und
demnach litt er ihn als Meßias zur Büßung,
Genugthuung und Versöhnung für die Sünde
der Menschenkinder. Jesus trug die ganze
Last der Sünde; er fühlete den Zorn göttlicher
Gerechtigkeit in seiner Seele, er fühlete alle
Kräfte und Anfälle der Finsterniß und aller bösen
Geister auf seine Seele, er litt alle Strafen,
die wir in alle Ewigkeit leiden sollten, da er selbst
nicht gesündiget hatte; o ja, er mußte das alles
fühlen auf seinem unschuldigen Herzen. Er litte
aber diesen Durst seiner Seele auch zu unserer
Erlösung von der Sünde, daß wir nun dadurch
wieder frei werden können von der Sünde.
Nemlich, weil er durch das Tragen unserer
Sünde, durch das Gefühl des Zornes Gottes,
und durch die Anfälle der bösen Geister, in seiner Seele so gedürstet, und diesen Durst seinem
himmlischen Vater aufgeopfert hat: so können
wir nun von unserm Sündendurst los werden,
wir können von dem bösen Gewissen und von der
Macht des Satans befreiet werden. Denn
indem Jesus sprach, mich dürstet — so war
solches nicht allein in Ansehung seiner Seele
wahr, sondern es war auch, als wenn er zu
seinem lieben himmlischen Vater sagte: Siehe

doch, mein Gott und mein Vater, was ich
um der Sünden der Menschen willen leiden muß;
siehe, wie deine Pfeile in mir stecken, was ich
von deinem Zorn, von deiner Gerechtigkeit, in
meiner Seele für Angst und Schrecken fühle;
siehe, wie die höllischen Geister auf mich an-
stürmen, mich matt machen und überwinden
wollen: alle diese meine Noth, und diesen meinen Durst, opfere ich dir auf für die Menschen;
befreie nun alle von dem Durst der Sünde,
befreie sie, meines Durstes wegen, von deinem
Zorn, von der Herrschaft des Satans, und
von allen Anläufen der bösen Geister und finstern Kräften.

Wenn demnach nun ein Mensch auch noch
so fest und tief eingewurzelte Sünden in seinem
Herzen haben möchte, so darf er doch nicht
denken: Ach da und davon werde ich nimmer
mehr los, da und davon werde ich mein le-
benlang nicht befreiet werden: o nein, lieber
Mensch, durch den Durst Christi ist dir das
erworben worden, daß du nun von allen deinen
Sünden kannst los gemacht und befreiet werden;
du darfst nun nicht unter der Last deiner Sünden
ewiglich dürsten; du kannst nun von dem Zorn
Gottes befreiet, und vor demselben bewahret
werden, wenn du dich hältst an diesen dürstenden gekreuzigten Ehrenkönig Jesu. Du
darfst dich auch nicht fürchten vor den Anfechtungen und Anfällen des Teufels und allem
seinem Anhang; o nein, Christus hat alle die
Mächten des Satans und der Finsterniß, da sie
dach-

dachten ihn zu überwältigen, da hat er sie überwunden, Schau getragen öffentlich, und einen
Triumph aus ihnen gemacht, nach Colloss. 2, 15.

Ein Vorbild von dem Durst unsers lieben
Heilandes, nachdem er die Feinde überwunden,
finden wir im Buch der Richter, Cap. 15. als
wo uns die große Heldenthat des Israeliti-
schen Helden Simsons beschrieben wird, daß
er mit einem unansehnlichen eben gefundenen
Werkzeuge, einem Eselskinnbacken, tausend
Philister, als Feinde Gottes, auf einmal überwunden und sie getödtet hatte, und dadurch
so abgemattet war, daß ihn sehr dürstete. Unser liebster Heiland hatte nun auch die höllischen Feinde überwunden; er konnte nun auch
mit Simson sagen: Da liegen sie bei Haufen; denn unser liebster Heiland sagte dieß Wort,
mich dürstet, nicht im Anfang seines Leidens,
sondern, wie mit Nachdruck dabei steht, da
er wußte, daß alles vollbracht war: die Feinde
waren nun alle überwunden, sie lagen da bei
Haufen; nun dürstete ihn.

Nun, die Feinde sind allerdings überwunden, sie liegen da bei Haufen; aber die Gläubigen haben doch noch mit diesen überwundenen
Feinden zu streiten; sie kommen noch wohl in
allerhand Anfälle und Versuchungen; durch
allerlei böse, schreckliche, ja lästerliche Gedanken, werden sie noch wohl von den bösen
Geistern angefallen, so daß sie nicht nur mit
Fleisch und Blut, sondern auch mit den Ober-

keiten und Mächten der Finsterniß streiten müßen. Aber, o es ist gut streiten, wann die
Feinde schon mit Haufen da liegen und überwunden sind. Wenn Gott sein Volk Israel
streiten ließ, dann sagte er ihnen zum voraus
dabei: Ich habe dir diese Feinde in deine
Hände gegeben: da hatten sie in der Kraft
Gottes gut streiten. Und also ist es auch mit
uns, gläubige Seelen; die Feinde sind schon
in unsere Hände gegeben; Christus, unser
großer Simson, hat die Feinde alle zerschlagen;
wir fühlen nur noch die Anfälle; und die müs-
ßen wir noch fühlen zu unserer Demüthigung,
damit wir so viel sehnlicher dürsten nach der
Kraft Christi. Wir sollen uns nur mit einem
gänzlich abgeschiedenen Willen vor den bösen
Eingebungen und der Sünde hüten, und lei-
dentlich mit Jesu am Kreuz hangen: so werden wir endlich gewiß von allem Uebel erlöset
werden.

Der Durst, den Jesus der Seele nach
fühlte, entstund viertens auch aus der Ent-
behrung des göttlichen himmlischen Trostes und
Einflusses. Kurz vorher hatte der liebe Heiland gerufen: Mein Gott, mein Gott, warum hast du mich verlaßen? Und alsobald darauf rief er: Mich dürstet. Wesentlich war
Christus nimmermehr von Gott verlaßen; aber
in diesen Augenblicken mußte er doch Gottes nach der Empfindung entbehren; er mußte
alles tröstlichen Einflusses der Gottheit in feine
Menschheit entbehren, und als ohne Gott am
Kreuze

Kreuze hangen, schmachten und dürsten. Und
auch diesen Durst, als einen Angstdurst litt
Jesus nach der Schrift, und als Meßias,
um unsert willen. Weil wir die Quelle des
Lebens verlaßen, und uns mit unserm Durst
zu den Kreaturen und Sünden gewandt hatten,
so hätte darauf ein ewiges Entbehren von
Gott, dem Brunnen des Lichts und Lebens,
erfolgen müßen: aber Jesus hat alles dieses
Entbehren getragen, er hat die Entziehung
Gottes, seines tröstlichen Einflusses, seines
Lichts; seiner empfindlichen Liebe, seiner göttlichen Mittheilung, ja, allen Mangel, den
wir hätten leiden sollen, getragen, da er am
Stamme des Kreuzes ausrief: Mich dürstet.
O wie hat Jesus da gefühlet, was das heißet,
ohne Gott seyn, von Gott keine Liebeseinflüsse,
keine Tröstungen zu haben!

O die Menschen, die hier so sicher außer
Christo dahin leben und endlich ohne Christum
sterben, die werden ohne Gott seyn und bleiben
müßen in alle Ewigkeit! O wie werden sie
in jener unendlichen und unseligen Ewigkeit
nach Gott dürsten, und seiner doch ewig entbehren müßen!

Dieses wird der Zustand seyn aller ungedul-
derten und unbekehrten Menschen. Wie ist es
doch möglich, o Menschen, also Tage, Wo-
chen und Jahre lang, ohne Gott leben zu können! Der Geist ruft: Mich dürstet; und der
Mensch höret es nicht: Jesus ruft es uns zu,

das-

damit wir noch in dieser Gnadenzeit sollen
aufwachen, und auch anfangen zu dursten nach
Gott, dem höchsten Gut, dem Brunnquell
aller Glückseligkeiten.

O sollte es nicht auch uns allen, die wir
schon in der Bekehrung stehen, die wir uns
zu Gott gewandt und uns ihm ergeben haben,
sollte es uns nicht einen tiefen Eindruck geben,
daß wir doch auch mehr mit und vor Gott
wandelten! Gewiß, liebste Herzen, wir leben
auch noch zu viel wie ohne Gott dahin. O
wie so oft laßen wir unsern Sinn, unser Herz
und unsre Seelenbegierde, sich noch von Gott,
dem höchsten Gut, aus- und abwenden; wodurch
wir unserm Geist manche Noth machen. O
die Seelen klagen manchmal über Dürre, über
Dunkelheiten, über innere leiden und Nöthen,
aber ach! wir sind oftmals selbst schuld daran, weil wir uns von Gott, dem Licht und
leben, entfernen, da es dann nicht anders gehen kann. Wenn wir aber an unserer Seite behutsam sind, und uns treulich suchen an uns-
sern Gott zu halten mit unserm Seelendurst
und ganzer Sehnsucht, und dann doch sollten,
nach Gottes Willen, in Gemäßheit der Aus-
theilung Christi, als des Hauptes auf seine
Glieder, mit ihm als einmal in einen Stand
der Verlaßung gesetzet werden, da wir inwendig mit Christo dursten und auf eine Weile
seines inneren Trostes und Einflußes entbehren
müßen: siehe, so hat uns Jesus Christus
durch den Durst seiner Seele am Stamme

des

des Kreuzes, die Gnade erworben, daß wir
es mit ihm und bei ihm aushalten können,
daß, obschon wir auch eben keinen empfindlichen wahrnehmlichen Trost und Einfluß seines
Geistes empfangen, wir dennoch inwendig so
viel stärkende Kraft aus dem Durst Jesu
Christi in unsere Seelen nehmen und empfangen, daß wir anderwärts keinen fremden Trost
suchen noch begehren. Das ist eine große
Gnade, die uns Jesus Christus durch seinen
Durst erworben. Denn er gibt den Gläubigen, die sich ihm ergeben, immer mehr den
Sinn, daß, wenn sie es auch noch so sauer
haben, wenn sie auch nicht ein Tröpflein Trö-
stes, kein Blickchen lichtes empfangen, wenn
sie ganz dürsten und schmachten müssen, ja
in Gottes Wort und im Gebeth nichts tröst-
liches finden noch empfinden können, daß sie
dennoch nicht zurück kehren wollen, sondern
sich weigern, mit David, ihre Seelen von
den Eitelkeiten trösten zu lassen, damit sie nicht
vom Kreuz herab steigen, sondern mit ihrem
dürstenden Heilande daran aushalten. Sie
glauben und wissen, daß die Ewigkeit lang
genug seyn werde, um daselbst aus dem Brunnen des Lebens zu trinken, vollkommen erquicket und getröstet zu werden ohne Ende.

Dritter Theil.

Feuriger und edlich, so war auch der Durst
Jesu am Durst seiner brünstigen Liebe
und

U 5

und sehnlichen Verlangens nach unserm Heil und ewigen Seligkeit. Ihn
dürstete nach uns, da er am Stamme des Kreuzes, nach vollbrachter Arbeit, ausrief: Mich dürstet! Es dürstete ihn nach deiner und meiner unsterblichen Seele; es dürstete ihn nach mir und
dir, und unserer Wiedervereinigung mit ihm.
Und auch dieser Durst nach unserm Heil, war
in Christo nach der Schrift. Wir finden von
dem Durst und Verlangen Christi nach der
Menschen Heil und Seligkeit, unter andern
Exempeln schon eine Spur, Joh. 4. da er mit
dem samaritischen Weibe bei dem Brunnen
Jakobs redete, und zu ihr sprach: Gib mir
Trinken. Das Weib redete immer von dem
äusseren Wasser, und Jesus redete immer vom
geistlichen Wasser, von dem Wasser des Geistes und der Gnade. Das Weib ward bekehrt,
ging in die Stadt, und rief noch mehr Leute
herzu. Die Jünger Jesu kamen zwar unter
dieser Unterredung, und brachten Speise; Jesus aber sagte: Meine Speise ist die, daß ich
thue den Willen deß, der mich gesandt hat, und
vollende sein Werk. Er vergaß der leiblichen
Speise, so sehr freuete es ihn, daß er auch diese
Seele zu ihrem Heil gebracht hatte.

Und an allen Orten, wo von dem Leiden
Jesu Christi geweissaget wird, da wird auch
jederzeit von der großen Frucht desselben Christi
in Ansehung der Bekehrung der Menschen, und
Wiederbringung zu ihrem Heil, wornach Ihn
so sehnlich dürstete, geredet. Denn deß er,

Jes. 53: Wann er sein Leben zum Schuldopfer gegeben hat, so wird er Samen haben;
verglichen mit Psalm 22, 24. bis zu Ende, als
welcher Psalm eine Weissagung von Christi Leiden enthält. Christus war am Kreuz wie eine
Gebährende in großen Geburtsschmerzen, welche nach lang ausgestandenen Schmerzen einen heftigen Durst empfindet. Jesus sagte,
da nun alles vollbracht war: Mich dürstet;
gleich als wenn er sagen wollte: Mein lieber
himmlischer Vater, nun habe ich das Werk
vollbracht; ich habe nun mein Leben zum Schuldopfer für die Sünder dahin gegeben; nun laß
mich dann auch Samen sehen, nun laß von
meinen Geburtsschmerzen mich doch auch die
Kinder sehen, die durch meinen Durst, durch
meine Schmerzen mir sollen geboren werden,
zu meinem Erbtheil und zur Freude und Labsal meines Herzens.

Durch diesen Durst Christi, welchen er
auch in solcher Absicht seinem lieben himmlischen Vater aufopferte, kann nun allen armen
Sündern wieder geholfen werden. Durch diesen Durst Christi entstehet in aller Menschen
Herzen ein Anfang, ja, der erste Durst nach
Gnade, nach einer wahren Bekehrung, sich
aufrichtig Gott wieder ergeben zu wollen. Wer
nun Christum in seinem Durst erquicken will,
der muß dem, durch Christi Durst, in ihm er-
weckten Durst nach Gnade, treue Folge leisten,
sodann wird in Jesu wieder ein neuer Durst erwecket, daß er nach einer immer völligern Ver-

leugnung

leugnung und Absterbung aller Eitelkeiten in uns
dürstet.   Wenn nun die Seele auch darinn Christo gehorsam wird, daß sie ihr Herz, ihre Lust
und Liebe, immer mehr von allen Dingen ab-
scheidet, und nur in Christo allein zu bleiben
und zu leben suchet, und sich zu seinem völligen
Eigenthum schenket: so wird Christus in seinem
Durst immer mehr gelobet und erquicket.

Denn unser Herz ist allein geschaffen für
Gott, und Gottes Herz ist zu uns und für
uns. Gott hat uns hervor gebracht als sein
Geschlechte. Gleichwie nun das Herz und die
Liebe der Mutter sich sehnet nach ihrem Kinde,
und der Zug des Kindes nach der Mutter ist,
wohin seine Sehnsucht, seine Liebe und sein Herz
allein ausgehet: eben eine solche Beziehung
haben wir durch die Schöpfung auch zu Gott
in uns, als zu unserm Vater; unser Herz muß
Gott lieben, oder in Noth und Tod bleiben.
Gottes Herz ist auch zu uns gewandt und gekehret. Er will uns zu sich ziehen; er hat uns
dazu erschaffen, daß er uns lieben will. So,
als Gott uns anfänglich erschaffen, gebildet
und dargestellet, hätte er sein Wohlgefallen an
uns, wie eine Mutter an ihrem lieben Kinde,
darinn sie ihr Bild erblicket, und ihr herzliches
Vergnügen hat. Wir aber hatten durch den
leidigen Sündenfall, wie schon gesagt, unser
Herz von Gott abgetrennet, und uns zu uns
selbst und zu der Kreatur gewandt. Ach, Jammer, ach Noth! dadurch ist die Liebe und Sehnsucht nach Gott in dem menschlichen Herzen

endlich

endlich ganz erstickt und erloschen; und dagegen ist in uns aufgewacht eine liebe und Sehnsucht zu den Kreaturen, zu allen Eitelkeiten und
Sünden. Daher ist Gottes Herz und liebe
auch gegen uns ganz zugeschlossen worden; Gott
kann ein solches Geschöpf nicht mehr lieben; er
kann kein Wohlgefallen mehr an demselben haben,
Gottes Herz ist abgelenkt. Christus aber hat
uns durch sein Dürsten am Stamme des Kreuzes, die Eingeweide der liebe Gottes wieder
geöffnet; er hat sie uns, und allen nach ihm
und nach Gott hungernden und dürstenden armen Sündern, wiederum offen dargestellt; durch
Jesum Christum ist im Herzen Gottes wieder
eine rechte Sehnsucht und Verlangen nach uns
erwecket worden: so daß er unsere Seelen nun
den ersten Augenblick gern wieder haben wollte in
seine Freundschaft, in seine Bekanntschaft, in
seine allerinnigste Gemeinschaft.

Je mehrere Seelen sich nun Christo ergeben,
desto völliger wird sein Durst gelöschet. Und
dieses wird endlich einmal in der völligen Vollen-
dung in den letzten Tagen geschehen, wann ihm
die Heiden zum Erbe, und der Welt Ende zum
Eigenthum, als ein lohn und Frucht seiner ausgestandenen leiden und seines Durstes am Stamme des Kreuzes, wird gegeben werden.

Nun, Jesus rief: Mich dürstet! und das
hat er nicht allein damals am Kreuze gethan,
sondern er thut es noch. Gott und Jesus
stehen an unserm Herzen und rufen immer: Mich
dürstet. O wenn wir, wenn der allerfrecheste
Sün-

Sünder, wenn der gottloseste Sünder, nur
mit einem einzigen Blick die große Liebe Gottes einsehen könnte, wie sich Gott und Jesus
nun sehnen, ihn wieder bei sich zu haben, o so
würde kein Herz so felsenhart seyn: es müßte
sich den Augenblick diesem ewig liebenden Gott
ergeben, und würde der Kraft seiner zu sich zie-
henden Liebe nicht widerstehen können.

Es ist wohl die Wahrheit, daß diese Ueber-
gabe durchgehends im Anfang mit Zwang, mit
Mühe, mit Peinlichkeit geschiehet: denn weil
wir so sehr Abgefallene und Entfremdete von
Gott und seiner Liebe geworden sind, und durch
unsern Fall einen solchen Hang und Neigung in
uns haben zu der Kreatur, zu der Sünde und
zu uns selbst, so kostet es ein Gewöhnen, ehe
sich die Liebe wieder zu Gott, dem höchsten
Gut, umwendet, darum muß man sich Gewalt
anthun: aber wir können gewiß versichert seyn,
das bleibt so nicht, sondern Jesus Christus
will dasjenige wiederum in uns erwecken, was
Gott in uns erschaffen hatte. Die Sehnsucht
nach Gott, unserm Ursprung, die Liebe zu
Jesu, unserm Bräutigam, das innigste Verlangen nach ihm, und seiner seligsten Gemeinschaft, wird uns allgemach als wie natürlich
werden, gleichwie ein Kind nicht anders kann
als seine Mutter lieben. Ein Kind liebt seine
Mutter nur darum, weil sie seine Mutter ist; es
hält sich zu ihr, und kann nicht als seine Mutter seyn: also wird es auch unsre Seele erben, sonderlich je mehr wir durch die Liebe Gottes
uns

uns gründlich abrufen laßen von aller Liebe der
Welt, der Sünde, der Kreatur und zu uns
selbst, damit seine Liebe sich unvermischt in unsere Herzen ergießen könne. Zu dem Ende
müßen wir uns fein viel üben im Gebeth, und
in der Zukehr unsers Herzens zu Gott in unserm Inwendigen, und unsern Durst also still
in ihn einfließen laßen: dann werden wir erfahren, wie die magnetische, zu sich ziehende Kraft
der Liebe Christi, wie sein Durst in uns wird
erwecken eine so herzlich süße Sehnsucht nach
ihm, daß wir uns wie von selbsten überwogen
finden, ihn lieben und ihm anhangen zu müßen; ja, wir werden nicht leben noch sterben
können ohne ihn; wir werden in uns keine
Ruhe finden, sondern immer dürsten und mehr
dürsten, bis wir uns unauflöslich und ewig mit
ihm vereinigt finden. Denn dahin zielet dieser
geheime Durst Jesu nach unsern Seelen. Er
wird, o Seele, nicht müde, nach deinem und
meinem Herzen zu dürsten, bis er uns völlig in
sein Herz eingeschlossen findet, bis wir mit ihm
ein Herz und eine Seele geworden sind.

Nun, sehet, unser liebster Heiland hängt
da am Stamme des Kreuzes und ruft: Mich
dürstet! Sollten wir ihn nicht laben? Sollten
wir ihn nicht erquicken in dem großen Durst seiner Seele? Wenn wir nur einen armen Menschen in Todesnöthen liegen sähen, der da
rieft: Mich dürstet! würde einem dieses nicht zu
Herzen gehen? Würden wir den nicht gerne laben, wenn wir ihn laben könnten? O so laßet uns

Jes

Jesum laben; laſſet uns ihn dadurch laben, daß
wir sein leiden und seinen Durst nicht laſſen an
uns vergebens ſeyn; daß wir das Heil, das er
uns erworben, und das er uns zu ſchenken ſich
ſo herzlich ſehnet, gerne annehmen und uns ihm
ergeben. laſſet uns ihn in ſeinem Durſt laben,
daß wir, aus liebe zu ihm, unſern Durſt von
aller Eitelkeit abwenden, daß wir aller luſt und
aller Vergnügens auſſer ihm willig und gern
entbehren, daß wir die Welt und was in der
Welt, iſt ja, uns ſelbſt, immer gründlicher verleugnen, daß wir ihm allein unſer ganzes Herz
geben, uns zu ihm allein zugewandt halten und
in ihm bleiben unverrückt: Kurz, daß wir nur
mit ihm und in ihm leben, bis wir endlich in
ihm ſterben, und mit ihm einen ruhigen Hingang in die ſelige Ewigkeit nehmen können. laſſet uns auch Jeſum laben und erquicken in
ſeinen Gliedern, wenn ſie Mangel und Durſt
leiden: denn in ſeinen Gliedern können wir ihn
laben, wie zu leſen, Matth. 25: Ich bin durſtig
geweſen, und ihr habt mich getränket. Wie
und auf welche Weiſe haben ſie Jeſum getränk-
ket? Der Heiland ſagt: Was ihr gethan habt
einem unter dieſen meinen geringſten Brüdern,
das habt ihr mir gethan. Darum wenn wir
Vermögen haben in der Welt, wenn wir eſſen
wenn wir trinken, wenn wir uns erquicken, ſo
laſſet uns herum denken, ob Jeſus auch irgendwo in den Seinigen Durſt leide, ob etwa
ein Frommer, ob etwa in armer Menſch dieſes
oder jenes nöthig habe, und wo uns jemand ein-

fällt,

fällt, eilen und Jesu zu trinken geben und Jesum erquicken.

Kindern Gottes gehet es oft kümmerlich in dieser Welt, daß sie arme, geringe, schlechte Leute sind, deßwegen sie auch von der Welt mit Christo verachtet, und wohl in Mangel und Dürftigkeit gelaßen werden. Da denkt die Vernunft: Wenn dieser Leute ihre Sache so richtig wäre, wenn sie Kinder Gottes wären, sollte Gott denn zulaßen, daß sie so dürstend, so jämmerlich und elend, in der Welt lebten? Aber, liebe Seelen, laßt uns doch auch hierinn die Schmach Christi umfassen; laßet uns dieses Merkmahl Christi nicht gering schätzen; laßet uns weder Schmach noch Schande, weder Mangel noch Dürftigkeit, um Christi willen scheuen, sondern auch hierinn seinem Vorbild ähnlich werden, wenn es auch gleich bis an unser Ende währen sollte. Es wird doch nicht ewig währen, sondern in jenem Leben wird es heißen, wie Offenb. 7, 16. 17. steht: Sie wird nicht mehr hungern noch dürsten, es wird auch nicht auf sie fallen die Sonne, oder irgend eine Hitze. Denn das Lamm, eben das Lamm, das gedürstet hat, mitten im Stuhl wird sie weiden, und leiten zu den lebendigen Wasserbrunnen, da werden sie ja Ueberfluß haben, und Gott wird abwischen alle Thränen von ihren Augen ewiglich. Amen.

Gebeth.

O du unschuldiges, für uns geschlachtetes
Lämmlein Gottes, Jesu Christe,
hochgelobet und innigst geliebet in Ewigkeit,
vor welchem niedergefallen alle Cherubinen
und Seraphinen, und die Menge der erkauften Erstlinge, die deinem Namen ein
vollkommenes Lob, Ehre und Dank darbringen, daß du sie erkaufet hast mit deinem
Blut, und sie ihrem Gott zu Königen
und Priestern gemacht hast; o Jesu, unser Glaube schauet das, wie diese im
Himmel vor dir niederfallen, und vereinigt
sich mit ihnen zu alle dem Lob, zu alle dem
Dank und Anbethung, die sie dir bringen
in alle Ewigkeit. Ja, Herr Jesu, es
werden an diesem Tage auch viele Tausende
deiner Gläubigen hier auf Erden, vor dir
ihre Knie beugen, und dich, den gekreuzigten Heiland und Ehrenkönig, verehren,
anbethen und verherrlichen: auch mit allen
diesen deinen Erkauften, die noch mit uns
auf Erden leben und schweben, vereinigen
wir unsere Andacht, und bringen dir Lob
und Ehre, Dank und Majestät, und
begehren mit ihnen dir unsere Herzen zum
Opfer darzubringen.

O Herr

O Herr Jesu, auch um unsertwillen haſt du auf ſo mancherlei Art
und Weiſe dürſten wollen. Möchte es
doch unſere Seelen aufs tiefeſte rühren
und beſchämen, daß wir dir eine ſolche
Noth, ein ſolches Dürſten und Schmachten, in den letzten Augenblicken deines
Lebens auf Erden, verurſachet haben! Laß
es uns zu gut kommen, o Herr Jeſu,
jetzt und in der Stunde unſeres Todes, daß wir dann nicht auf eine un-
ſelige Weiſe dürſten und ſchmachten müßen, ſondern deinen göttlichen Troſt zu
aller nöthigen Stärkung aus Gnaden erlangen mögen.

O allerliebſter Heiland Jeſu Chriſte, wie ſo wenig wirſt du in deiner
Kreuzeskraft erkannt von den Menſchen
auf Erden! wie wird nicht ſo vieles von
dir und deinem blutigen Leiden geſagt,
geredet und gehöret, ohne einige Kraft
und Saft! O laß doch die Herzen
durch deinen Durſt heilſamlich durſtig
gemacht werden nach Gnade, nach Heil,
nach Vergebung ihrer Sünden; laß noch
viele in ein heilſames Gefühl ihrer Sünden geſetzt werden, damit ſie noch bei

Zeiten bewahret werden mögen vor einem
ewigen unseligen Durst in den Flammen
der Hölle.

O süßester Heiland Jesu, wir haben
gehöret, wie du so inniglich dürstest nach
unserer Seelen Heil, und nach unserer
Wiedervereinigung mit dir. Alles was in
uns ist, beuge sich in tiefester Bewunderung dieser unbegreiflichen Gottes-
liebe. Kannst du, o Gott, der du die
Reinheit selbst bist, noch Verlangen haben
nach solchen Herzen wie wir sind? Ach
siehe uns in Jesu, deinem Sohne, an,
sonst kannst du es in Ewigkeit nicht. Laß
doch dein Herz, dein Herzensverlangen
nach uns, auch in unsern Herzen ent-
zünden ein herzliches Verlangen nach dir
und deiner Gemeinschaft, und nach einer
gründlichen Abscheidung unserer Lust und
Liebe von den Kreaturen, damit wir deinen Zügen in unserm Inwendigen Gehör
geben und Raum laßen mögen, auf daß
du alle Bande zerreißen könnest, womit
wir noch gefesselt sind, der eine hierinn,
der andere darinn. Ja, Herr Jesu,
zerreiße doch durch deine Liebe alle diese
Bande, damit wir aus der Peinlichkeit
                                        mögen

mögen erlöset werden, worinn unser Geist
sich nothwendig befinden muß, so lang
er von dir getrennet bleibet. Zeuch,
zeuch o du magnetische Liebe, laß uns
keine Ruhe in einigem falschen, vermisch-
ten und zerstreuten Wesen; dulde es
nicht, daß dir etwas von uns vorenthal-
ten werde von unsern Herzen, ja, von
unserm ganzen Menschen; eigne du dir
alles zu, da du es dir alles in der höchsten Noth deiner Leiden so theuer erkaufet hast.

O liebster Heiland Jesu, lehre uns,
nahe bei unserm Herzen, und nahe bei
dir in unserm Herzen bleiben, damit
deine Liebeskraft uns so viel mächtiger
möge warnen, ziehen, und uns helfen
können. Laß uns alsbald Angst und
Noth fühlen, wenn wir uns zu weit
und zu lang von dir befinden; mache uns
alles ausser dir zur Bitterkeit, Laß uns
alles ausser dir ohne Trost und Labsal
seyn. Wir wollen uns dazu begeben,
in deiner Gnadenkraft, o Jesu; wir
wollen uns bequemen, uns mit dir an
das Kreuz nageln zu laßen; wir wollen
gern unsern sündlichen Durst verleugnen,

X 3 damit

damit wir dein Herz vergnügen mögen, und gewürdiget werden ewiglich von den Strömen des Lebens getränket zu werden.

O Jesu, erbarme dich über alle Leidende, Kranke, Betrübte und Bekümmerte, auch für die, welche leiblich dürsten und in Mangel seyn mögen. Erwecke und bewege unsere Herzen, daß wir um deinetwillen uns der Nothleidenden und Dürftigen annehmen, damit wir dich in deinen Gliedern erquicken mögen. Erbarme dich, o Herr Jesu, über alle, welche in inwendigen Nöthen und Leiden sich befinden, deren Herz auch schreien muß; mich dürstet, weil sie von dir keinen Einfluß und Trost empfangen, und von den Kräften der Finsterniß angefallen werden. O laß diesen leidenden Herzen dein am Stamme des Kreuzes vergossenes Blut zu gut kommen, liebster Immanuel, damit sie durch deinen Frieden doch inwendig mögen gestärket und fest gehalten werden, nicht zu wanken oder auszuschreiten, bis alles in ihnen vollbracht sei. Laß sie zu rechter Zeit deinen Trost spüren, u. dr. deine Kraft

ihnen

ihnen zufließen, zur Erquickung der Seele und des Leibes, zur Verrherlichung deines Namens in und an ihnen.

Nun, Herr Jesu, wir haben geredet von deinem großen Worte am Stamme des Kreuzes — mich dürstet! o ersetze du doch alles durch deinen heiligen Geist was so mangelhaft gesprochen worden. Du weißt auch, wie wir alles angehöret haben, und wie unsere Herzen dabei vor dir sind beschaffen gewesen. O laß es doch nicht in den Wind geredet und vergebens gehöret seyn, sondern wie Stachel und Nägel durch deinen heiligen Geist in die Herzen eingedruckt werden, in ein jegliches nach seiner Bedürfniß.

O Herr Jesu, du hast das Erlösungswerk so schmerzlich vollbracht, so laß dir doch aus deinen Geburtsschmerzen Kinder geboren werden, wie der Thau aus der Morgenröthe. Du hast dein Leben zum Schuldopfer gegeben, und solltest Samen haben, o laß uns alle mit einander, die wir hier vor deinem Angesichte sind, dein Same werden,

werden, dein Same seyn und bleiben,
damit du an uns mögest Freude haben,
und erquicket werden für deinen großen
Durst des Leibes und der Seelen, den
du für uns gelitten hast. Erhöre unser
Seufzen, um deines bittern Leidens und
deiner würdigen Fürbitte willen.   Amen.

Ende des ersten Theils

Geistliche